Asien

Sallie Morris & Deh-Ta Hsiung

Asien

Über 220 Rezepte
aus Wok und Pfanne

BECHTERMÜNZ

Originaltitel: Asian Cooking
Originalverlag: Anness Publishing Ltd., U.K.

Deutsche Erstausgabe

Gestaltung: Nigel Partridge
Fotografien: Nicki Dowey (Rezepte) und Janine Hosegood
Lebensmittel/Gerichte für Fotos: Becky Johnson (Rezepte) und Annabel Ford
Indexbearbeitung: Dawn Butcher

Aus dem Englischen übertragen von Vera Lohrbacher (akapit Verlagsservice)
Produktion der deutschen Ausgabe: akapit Verlagsservice, Berlin – Saarbrücken

Umschlaggestaltung: +Malsy, Kommunikation und Gestaltung, Bremen
Umschlagmotiv: Hoffmann & Reichelt, Delmenhorst

Gesamtherstellung: Offizin Andersen Nexö, Leipzig
Printed in Germany

ISBN 3-8289-1072-6

HINWEIS

Die Zutaten werden fallweise in Tassen und Tee- bzw. Esslöffeln angegeben, wobei 1 Teelöffel (TL.) 5 ml entspricht, 1 Esslöffel (EL.) 15 ml und eine Tasse 250 ml. Wenn nicht anders angegeben, werden mittelgroße Eier verwendet.

INHALT

Einführung

In diesem Buch finden Sie alles, was Sie schon immer über die asiatische Küche wissen wollten, von wichtigen Informationen über asiatische Lebensmittel bis hin zu authentischen Rezepten aus allen Ländern.

Oben: Eine große Auswahl an Getreide und Körners gedeiht auf den Terassenfeldern am Jangtse in China.

DER FERNE OSTEN und Südostasien bieten eine der interessantesten Küchen der Welt. Im weitläufigen China, auf den Inseln Indonesiens sowie den Philippinen wird Essen mit viel Sorgfalt und Liebe zum Detail zubereitet. Jedes asiatische Land hat seine ganz eigene Küche, die durch das Klima, regionale Produkte, kulturelle Eigenheiten und historische Ergeignisse wie Unruhen oder Kriege geprägt ist, doch es gibt auch einige Gemeinsamkeiten. Überall in Asien legt man Wert darauf, das Essen so frisch wie möglich zu Tisch zu bringen. Das Servieren der Speisen spielt speziell in Japan und Thailand eine große Rolle, und das gemeinsame Essen ist so hoch angesehen, dass sich ein geschätzter Gast auch als solcher fühlt.

Reis zählt in ganz Asien zu den Grundnahrungsmitteln. Er wird in Südasien seit über fünftausend Jahren angebaut, zu jedem Mahl gereicht und ist

Unten: Ein Koch bereitet Speisen aus frische Zutaten in einem Straßenladen in Hongkong zu.

Oben: Eine Reispflanzung im Mekong Delta, Vietnam. Geerntet wird zweimal im Jahr.

die Grundlage für süße und salzige Gerichte. Aus Reis wird auch Wein und Essig hergestellt. In Japan wird mit Essig versetzer Reis für Sushi, die kleinen Leckereien, die aus einem Reisklümpchen mit Fisch oder Gemüse oder aus gefüllten Seetangröllchen bestehen, verwendet.

Fisch gehört zu den wichtigen Nahrungsmitteln. Jedes Land, außer Laos, hat kilometerlange Küsten, Flüsse, Seen und Teiche, die einen ungeheuren Reichtum an Fisch bieten. Der untere Teil des Jangtsekiang wird nicht umsonst das „Land von Fisch und Reis" genannt, eine Bezeichnung, die auch auf den Wohlstand der Bewohner schließen lässt. Der erste König von Siam äußerte sich ebenfalls dahingehend, als er 1292 von der Bedeutung schrieb, „Fisch im Wasser und Reis auf dem Feld zu haben".

Japanische Köche sind für ihren virtuosen Umgang bei der Zubereitung von Fisch berühmt. Dies ist zum Teil darauf zurück zu führen, dass Japan einen großen Fischreichtum, aber nur wenig Land für Weiden hat, aber es liegt auch daran, dass damalige japanische Regierungen den Verzehr von Fleisch wegen angeblicher aggressionsfördernder Eigenschaften jahrenlang verboten hatte. Daher dachten sich japanische Köche viele verschiedene Arten der Fischzubereitung aus. Ganz frischer Fisch wird dünn geschnitten und roh oder eingelegt gegessen, doch es gibt auch noch viele andere Fischgerichte. Fisch wird ebenso pochiert, gegrillt, am Spieß gegart, paniert und fritiert.

Auch in Thailand hat Fisch als Nahrungsmittel große Bedeutung. Wie überall in Asien wird er auch hier so frisch wie möglich serviert. In Restaurants wählt der Gastgeber die Fische am Becken aus und bestimmt die Zubereitungsart, ein Zeremoniell, das eine wichtige Rolle für das gemeinsame Mahl spielt. Niemand hat gegen eine längere Wartezeit etwas einzuwenden, das gehört zu einem guten Essen eben dazu. Auf dem Markt kann man lebenden Fisch kaufen, der dann in einem Wassereimer nach Hause gebracht wird.

Die Bedeutung, die die frischen Zutaten in der asiatischen Küche haben, ganz gleich ob Fleisch oder Gemüse, kommt dem westlichen Besucher vielleicht etwas übertrieben vor. Bevor ein Gast die leckeren „betrunkenen" Garnelen aus Hongkong genießen kann, muss sich die gesamte Gesellschaft ansehen, wie die lebenden Garnelen in Shao Xing Reiswein mariniert und dann in duftendem Fond gekocht werden.

Andererseits sind konservierte Fische ein wertvolles Nahrungsmittel in ganz Asien, besonders aber in Südostasien. Jede Sorte Fisch wird haltbar gemacht, durch Pökeln oder Trocknen. Trockenfisch und Schalentiere sind die Grundlage für Fischsoßen und Garnelenpaste, wichtige Zutaten in vielen Gerichten.

Unten: Frische Chilischoten, ein fester Bestandteil der südostasiatischen Küche, auf dem Markt in Myanmar.

Fischsoße ist nicht die einzige Würze, die in der asiatischen Küche eine bedeutende Rolle spielt. Eine noch größere Bedeutung hat die Sojasoße, die vor über tausend Jahren von den Chinesen erfunden wurde. Tofu ist ein weiteres Sojaprodukt, das speziell im asiatischen Raum eingesetzt wird, doch auch Tofu ist, wie die asiatischen Nudeln, heute in der westlichen Welt verbreitet.

Die Länder Südostasiens und des Fernen Ostens haben nicht nur viele Zutaten gemeinsam, sie haben auch eine ähnliche Einstellung zum Essen. Sie richten sich in der Vorbereitung, der Zubereitung und dem Servieren der Gerichte nach dem traditionellen Prinzip, das die Chinesen *fan-cai* nennen. Das „fan" ist die Grundlage der Mahlzeit, in der Regel Reis oder ein anderes Getreide, während das „cai" die weiteren Zutaten wie Fisch, Fleisch, Geflügel und Gemüse bezeichnet. Diese beiden Teile sollen in jedem Gericht augewogen sein, es soll Harmonie unter ihnen herrschen.

Oben: Auf dem schwimmenden Markt in Bangkok/Thailand gibt es exotische Früchte und frisches Gemüse.

Die Harmonie schreibt vor, dass alle Gerichte zusammen serviert werden,

wie bei einem Büfett. Man beginnt mit einer Portion Reis und eines der angebotenen *cai*. Danach nimmt man wieder Reis und dann eine andere Beilage. Suppe wird ebenfalls zum Essen gereicht und zwischendurch verzehrt.

Die Harmonie dehnt sich auch auf die Präsentation der Speisen aus, eine Kunst, die in Japan ihren Höhepunkt erreicht hat. Auch in Thailand wird das Essen als visueller Augenschmaus präsentiert. Thailändische Mädchen lernen schon früh, wie Obst und Gemüse zu den fantastischsten Formen geschnitten werden, Vögel, Schmetterlinge und Blumen gehören zu den Klassikern. Ihr Vorteil bei dieser Kochkunst ist, dass die Ausgangsmaterialien von sehr guter Qualität sind. Besuchen Sie z. B. den schwimmenden Markt in Bangkok oder andere Märkte in diesem Teil der Welt und Sie werden in frischem Gemüse und Früchten schwelgen. Viele Sorten sind erst in jüngster Zeit im Westen bekannt, seitdem Asien ein beliebtes Reiseziel geworden ist.

Der Tourismus ist ein Grund, warum asiatisches Essen bei uns immer beliebter wurde. Reisende entdeckten, dass die chinesische Küche nicht ein großes Ganzes ist, sondern aus vielen regionalen Küchen besteht – Pekingküche im Norden, scharfe, würzige Sichuanküche im Westen und Kantonesische Küche im Süden. Besucher in Vietnam und Thailand lernten, die Landesküchen zu unterscheiden und zu schätzen und wollten auch zu Hause so kochen. In den Großstädten der Welt ist es möglich, authentische Gerichte aus Thailand, Vietnam, Indonesien, Malaysien und sogar von den Philippinen zu bekommen.

Hobbyköche wollen mit dieser schnellen, gesunden und schmackhaften Küche zu Hause experimentieren. Zutaten wie Zitronengras und Ingwerwurzel, die man früher nur in orientalischen Läden kaufen konnte, gibt es heute in vielen Supermärkten. Nie zuvor war es so einfach, alle Reichtümer der asiatischen Küche zu entdecken und nachzukochen. Dieses Buch zeigt Ihnen die kulinarischen Möglichkeiten auf und unterstützt Sie beim Ausprobieren tatkräftig.

Unten: Asien ist groß, von China über Japan und Korea, hinab zu den südostasiatischen Inseln Malaysiens, Indonesiens und der Philippinen.

KÜCHENAUSSTATTUNG

Die Ausstattung einer normalen Küche wird für die meisten Rezepte in diesem Buch ausreichen. Es gibt allerdings einige Geräte, welche die Zubereitung asiatischer Gerichte vereinfachen. Diese Utensilien sind nicht nur nützlich, sondern auch sehr dekorativ und geben Ihrer Küche ein asiatisches Flair.

Zunächst sollten Sie sich einige grundlegende Dinge zulegen, auf denen Sie aufbauen können, wenn Sie durch dieses Buch mit den Feinheiten der asiatischen Küche vertraut werden. Zu einer Grundausstattung gehören ein Hackmesser, ein Bambusdämpftopf und der Wok. Wenn es Ihnen Freude bereitet, Sushi anzurichten, brauchen Sie eine Matte für das Einrollen und Förmchen für den Reis; wenn Sie an thailändischen Currys Gefallen finden, benötigen Sie bald einen Mörser und einen passenden Stößel für die cremigen Gewürzmischungen.

Beim Besuch eines asiatischen Ladens werden Sie erstaunt sein, zu welch günstigen Preisen Sie Küchenzubehör kaufen können. Das Aussehen der meisten Werkzeuge hat sich seit Jahrhunderten nicht verändert, und es ist ratsam, die bewährte klassische Variante einem modernen Design vorzuziehen.

Das Hackmesser

Auf westliche Köche mag das Hackmesser geradezu einschüchternd wirken, doch es zählt zu den besten Dingen, die je erfunden wurden. Ein gutes Hackmesser kann Knochen teilen, aber in den Händen eines geübten Kochs ebenso feine Fischscheiben für Sushi schneiden. Die Klinge ist ideal zum Zerstoßen von Knoblauch oder Ingwer, und damit werden die Zutaten auch gleich in den Wok transportiert.

Hackmesser sind nach Größe und Gewicht unterschiedlich. Die größte Version ist auch die schwerste, die Klinge ist etwa 23 cm lang und 10 cm breit. Das Messer kann bis zu 1 kg wiegen und ähnelt mehr einem Hackebeil als einem Messer. Das andere Extrem ist die kleinste Version, die eine schmalere und kürzere Klinge hat und nur halb so schwer ist. Es wird eher zum Schneiden als zu Hacken verwendet. Die mittlere Version ist am besten für Ihre Zwecke geeignet und kann gut zum Hacken und Schneiden verwendet werden. Der chinesische Name hat die Bedeutung „ziviles und militärisches Messer“, da die leichtere vordere Hälfte zum Schneiden, Filetieren und Ausbeinen (zivile Arbeiten) und der schwere hintere Teil zum Hacken (militärische Arbeit) genommen wird. Der Rücken der Klinge wird zum Klopfen von Fleisch verwendet und die Fläche zum Zerstoßen und für den Transport. Sogar der Griff hat mehrere Funktionen, er dient auch als Stößel.

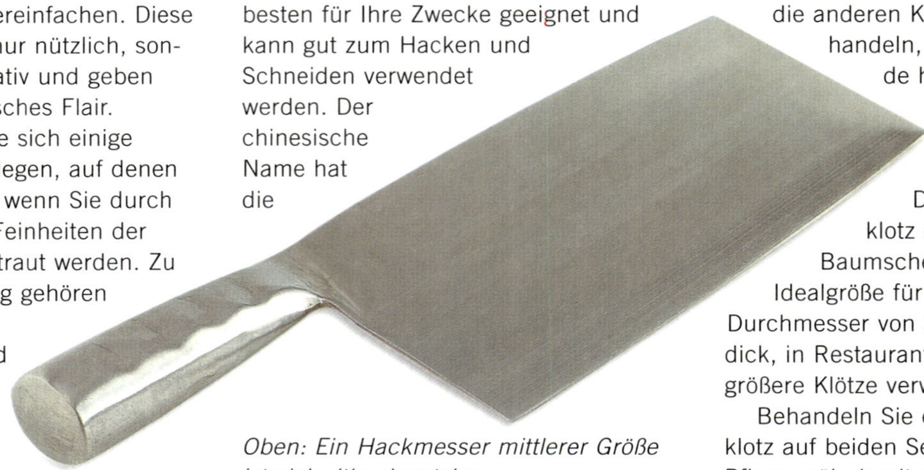

Oben: Ein Hackmesser mittlerer Größe ist vielseitig einsetzbar.

Hackmesser werden aus verschiedenen Materialien hergestellt. Es gibt sie aus einfachem Stahl mit Holzgriff oder aus rostfreiem Stahl mit metallenem oder hölzernem Griff. Suchen Sie sich eines aus, das gut in Ihrer Hand liegt. Testen Sie das Gewicht, das Messer sollte Ihnen nicht zu schwer, aber auch nicht zu leicht vorkommen. Denken Sie daran, dass ein Messer aus rostfreiem Stahl öfter geschärft werden muss. Um ein Hackmesser aus einfachem Stahl vor dem Rosten zu schützen, müssen Sie es nach Gebrauch trockenreiben und mit etwas Pflanzenöl behandeln. Hackmesser sollten immer auf einem feinen Schleifstein, nicht mit einem Wetzstahl, geschärft werden. Das Hackmesser ist sehr benutzerfreundlich. Es ist nicht so gefährlich, wie es aussieht, wenn Sie es mit Vorsicht einsetzen. Wenn Sie es wie die anderen Küchenmesser behandeln, werden Sie viel Freude haben und gute Ergebnisse erzielen.

Der Hackklotz

Der traditionelle Hackklotz des Ostens ist eine Baumscheibe aus Hartholz. Die Idealgröße für zu Hause hat einen Durchmesser von 30 cm und ist 5 cm dick, in Restaurants werden allerdings größere Klötze verwendet.

Behandeln Sie einen neuen Hackklotz auf beiden Seiten großzügig mit Pflanzenöl, damit er nicht bricht. Er soll so viel Öl aufsaugen wie möglich, dann wird er mit Salz und Wasser gesäubert und gut abgetrocknet. Nach jedem Gebrauch schaben Sie den Klotz mit der Rückseite des Hackmessers ab und reiben ihn mit einem Tuch sauber. Sie dürfen den Klotz nicht ins Spülwasser tauchen.

Sie können auch ein Schneidebrett aus Hartholz nehmen. Es sollte 5 cm dick sein, wenn Sie mit dem Hackmesser arbeiten. Plastikbretter passen nicht so recht zur traditionellen asiatischen Küche.

Links: Eine traditionelle asiatische Reibe aus Holz.

Oben: In einem groben Mörtel mit passendem Stößel können allerhand Zutaten fein zerrieben werden.

Die Reibe

Traditionelle asiatische Reiben, mit denen Ingwer, Galgant und Rettich verarbeitet werden, sind aus Holz oder Bambus gefertigt, eine metallene Käsereibe ist jedoch durchaus ausreichend.

Mörser und Stößel

Orientalische Köche bevorzugen Mörser und Stößel aus Granit oder Stein wegen ihrer rauen Oberfläche, an der die Zutaten besser haften bleiben. Größere, flache Mörser eignen sich gut für Kräuterpasten aus vielen frischen Kräutern, Zwiebeln und Knoblauch.

Die Gewürzmühle

Sollten Sie sehr oft Gewürze frisch mahlen, kann eine Gewürzmühle sinnvoll sein. Eine elektrische Kaffeemühle ist ein guter Ersatz, doch sie sollte dann ausschließlich für Gewürze verwendet werden.

Der Wok

Es ist nicht verwunderlich, dass der Wok so beliebt geworden ist, denn er ist außerordentlich vielseitig. Der runde Boden wurde ursprünglich für das chinesische Kohlenbecken erfunden. Er verteilt und hält die Wärme gleichmäßig, und die Zutaten fallen automatisch wieder in die Mitte, wo es am wärmsten ist. Ein Wok eignet sich gut zum Rührbraten, Schmoren, Dämpfen, Kochen und selbst zum Frittieren.

Auf den ersten Blick erscheint der Wok nicht zum Frittieren gedachte zu sein, doch er benötigt aufgrund seiner Form sehr wenig Öl. Er ist tiefer und hat eine größere Frittierfläche als eine Fritteuse, also können mehr Zutaten gleichzeitig gegart werden. Der Wok ist auch viel sicherer als ein Topf. Da er oben weiter wird, kann er auch große Mengen an Frittiergut aufnehmen, und er kocht nicht so leicht über, was bei heißem Fett gefährlich sein kann.

Bei uns gibt es im Wesentlichen zwei Woks. Die gebräuchlichste Form ist der Wok mit zwei Griffen, der sich für alle Zubereitungsarten eignet. Der Wok mit einem Griff ist besonders gut zum schnellen Rührbraten geeignet, da er leichter gedreht werden kann. Beide Woks gibt es mit flachem und rundem Boden, sowohl für Elektro- als auch für Gasherde.

Die besten Woks werden aus einfachem Stahl gemacht. Woks aus Gusseisen sind nur etwas für kräftige Köche, da sie recht schwer sind, und Woks aus anderen Materialien wie rostfreiem Stahl oder Aluminium sind generell nicht so gut geeignet. Sie sind außerdem teurer als die Standardversion aus einfachem Stahl.

Ein neuer Wok aus einfachem Stahl muss zunächst vorbehandelt werden. Stellen Sie den Wok auf eine heiße Herdplatte oder eine andere Wärmequelle, bis die Oberfläche schwarz wird, dann spülen Sie ihn in warmer Seifenlauge. Nehmen Sie eine harte Bürste, um den Wok sauber zu bekommen, dann spülen Sie ihn mit viel Wasser ab und lassen ihn über mäßiger Hitze trocknen. Zum Schluss reiben Sie ihn mit in Pflanzenöl getränktem Küchenpapier ein. Nach jedem weiteren Gebrauch spülen Sie den Wok mit heißem Wasser, aber ohne Spülmittel. Dieses würde das eingezogene Öl auflösen und zum Rosten des Woks führen. Essensreste sollten mit einer harten Bürste entfernt werden, und der Wok sollte nach dem Spülen bei schwacher Hitze trocknen. Bevor Sie den Wok wegräumen, reiben Sie ihn wieder mit Pflanzenöl ein, damit die Schutzschicht erhalten bleibt. So werden Sie lange Freude an Ihrem Wok haben.

Rechts: Ein Wok mit zwei Griffen eignet sich für alle möglichen Zubereitungsarten; Woks mit einem Griff sind gut zum Rührbraten.

Oben: Zu den wichtigen Werkzeugen für den Wok gehört ein gewölbter Deckel, hölzerne Stäbchen, ein langstieliger Pfannenwender und eine große Kelle.

Werkzeuge für den Wok

Bei manche Woks sind der Pfannenwender und die Schöpfkelle aus rostfreiem Stahl oder Gusseisen. Sie sind sehr nützlch, besonders die Kelle, sie kann nicht nur zum Rühren, sondern auch zum Abmessen verwendet werden. Eine herkömmliche Kelle fasst einen Inhalt von 175 ml. Ein kuppelförmiger Deckel ist ebenso sinnvoll wie ein metallenes Abtropfgitter, das auf den Wok passt. Kleine frittierte Portionen können auf dem Gitter warm gehalten werden, während der Rest noch zubereitet wird. Weitere Hilfsmittel sind die hölzernen Stäbchen. Kurze werden zum Essen und in der Küche verwendet – sie sind zum Beispiel ideal zum Eierquirlen –, und mit langen Stäbchen werden frittierte Speisen herausgehoben und Speisen umgerührt. Ein Ring für den Wok ist gut geeignet zum Servieren bei Tisch. Sie stellen den Wok einfach darauf. So werden die Speisen heiß und dekorativ serviert.

Das Sieb

Es gibt verschiedene Siebe in der asiatischen Küche, aber der Schaumlöffel und der Sieblöffel, am besten mit langen Bamusstielen, sind die beiden wichtigsten. Sieblöffel gibt es in unterschiedlichen Größen. Sie sind vor allem nützlich für das Herausnehmen von Frittiergut.

Unten rechts: Ein Schaumlöffel und ein chinesischer Sieblöffel.

Dämpftöpfe

Der traditionelle chinesische Dampftopf wird aus Bambus gemacht. Es gibt ihn in verschiedenen Größen. Der moderne Dämpfer ist frei stehend und aus Aluminium, aber der Geschmack ist nicht derselbe wie im Bambusdämpfer. Wenn Sie keinen Dämpfer haben, improvisieren Sie mit einem Dreibein, das Sie in den Wok stellen. Füllen Sie den Wok zu einem Drittel mit Wasser auf. Das Dämpfgut geben Sie in eine hitzefeste Schüssel auf das Dreibein und setzen den Deckel auf.

Unten: Bambusdämpftöpfe gibt es in vielen Größen.

Der Reiskocher

Elektrische Reiskocher, die richtigerweise auch „Reisdämpfer" genannt werden, sind für die asiatische Küche äußerst nützlich und lohnen sich, wenn Sie häufig Reis zubereiten. Aber ein tiefer Topf mit festem Boden und sehr gut schließendem Deckel tut es durchaus auch.

Oben: Ein echter Tontopf kann in den Ofen geschoben oder vorsichtig auf dem Herd verwendet werden.

Der Tontopf

Er ist auch als Sandtopf oder chinesische Kasserole bekannt und ist – historisch gesehen – erheblich älter als der gusseiserne Topf. Es gibt ihn in verschiedenen Formen und Größen, die meisten sind nur innen glasiert. Diese Töpfe sind nicht teuer, sie sind in asiatischen Läden erhältlich. Wenn Sie vorsichtig sind, können Sie den Topf auch auf dem Herd verwenden, er hält die Wärme gleichmäßig. Er ist jedoch empfindlich und bekommt leicht Sprünge.

Unten: Ein großer Topf mit gut schließendem Deckel ist ideal zum Reiskochen.

Unten: Ein mongolischer Feuertopf oder „Dampfboot" wird zum Garen bei Tisch benutzt. Der Trichter in der Mitte wird mit Kohle gefüllt und erwärmt die Brühe in der umlaufenden Mulde.

Der mongolische Feuertopf

Der Feuertopf wird auch „heißer Topf" oder „Dampfboot" genannt. Er ähnelt einem Fondueset, denn auch hier wird das Essen direkt am Tisch zubereitet. Der Feuertopf sieht jedoch etwas anders aus als ein Fondueset: In der Mitte befindet sich ein Trichter, der mit heißer Kohle gefüllt wird. Um den Trichter herum verläuft eine Mulde, die mit Brühe gefüllt wird. Die Gäste garen Fleisch und Gemüse darin. Wenn alle anderen Zuaten aufgegessen sind, wird die kräftige Brühe als Suppe gereicht. Ein mongolischer Feuertopf macht eine Einladung zum Essen zu etwas ganz Besonderem. Es gibt verschiedene Ausführungen, die teuersten sind aus Messing, preiswerte Modelle bestehen aus Aluminium oder rostfreiem Stahl.

Die japanische Omelettepfanne

Für die gerollten Omelettes, die in Japan so beliebt sind, gibt es eine spezielle rechteckige Pfanne, *makiyaki-nabe,* die aber nicht unabdingbar ist: Eine große beschichtete Pfanne oder ein flaches schweres Blech sind ebenfalls zur Zubereitung geeignet.

Sushi-Ausstattung

Wenn Sie Sushi zubereiten möchten, brauchen Sie einige einfache Utensilien: Ein *makisu,* auch bekannt als *sushimaki sudare,* ist sehr wichtig. Dabei handelt es sich um eine schlichte Bambusmatte (siehe unten), die ungefähr die Größe eines Tischsets hat und zum Rollen von Nori (Seetang) mit Reisbällchen und anderen Füllungen genommen wird, für die so genannten *norimaki.*

Sushiköche verteilen den Reis mit den Fingern, doch das klebt ziemlich und ist schwierig. Ein Spachtel oder *shamoji* hilft. Für Sushi sind Reisförmchen aus Holz oder Plastik sehr sinnvoll.

福
沢の鶴
吟醸
瑞兆
キッコーマン
割烹
さしみ
しょうゆ

ZUTATEN

Auf den folgenden Seiten erfahren Sie alles über die Zubereitung und Aufbewahrung von asiatischen Lebensmitteln, von den alltäglichen Dingen wie Reis und Nudeln bis hin zu außergewöhnlichen Früchten, Gemüse und exotischem Fisch.

REIS

CHINESISCH: *MI;* THAILÄNDISCH: *KHAO*

Reis ist das Grundnahrungsmittel ganz Asiens, also von mehr als der Hälfte der Weltbevölkerung. In Nordchina und Indien wird zwar auch Weizen angebaut, doch ist dessen Anteil an der Grundnahrung eher gering.

In Asien wird die Bedeutung von Reis dadurch unterstrichen, dass es in allen asiatischen Sprachen mehrere Wörter dafür gibt. Das Getreide, das Korn, der rohe sowie der gekochte Reis haben eigene Bezeichnungen. Der chinesische Ausdruck *fan* für gekochten Reis hat in der Umgangsprache weitere Bedeutung erhalten; er steht für Nahrung und gute Gesundheit. Treffen sich Freunde, fragen sie nicht: „Wie geht es dir?", sondern sinngemäß: „Hast du Reis gegessen?" Eine positive Antwort bedeutet, dass alles in Ordnung ist.

Ein weiteres chinesisches Wort mit doppelter Bedeutung ist *fan-wan* (Reisschüssel). Es bedeutet auch Arbeit oder Lebensunterhalt. So heißt z. B. „seine Reisschüssel verlieren" oder „eine zerbrochene Reisschüssel haben", dass jemand entlassen wurde. „Eine eiserne Reisschüssel haben" bedeutet, gute Arbeit haben. Paradoxerweise benennt *fan-tong,* das sich auf einen Eimer voll gekochtem Reis bezieht, jemanden, dem es an Vornehmheit mangelt.

Reis wird in Südasien seit über fünftausend Jahren kultiviert. Allein in China werden mehr als viertausend verschiedene Sorten angebaut. Da Reis ein warmes, feuchtes Klima zum Wachsen braucht, werden 90 % der Weltproduktion in den Monsunregionen Asiens kultiviert und verzehrt. Ein kleiner Teil Reis wird auf trockenem Land in Nordchina angebaut, doch wegen des ebenfalls trockenen Klimas kann nur einmal im Jahr geerntet werden. In südlichen Anbaugebieten gelten jedoch zwei Ernten pro Jahr als Norm.

Frisch geernteter Reis hat ein ganz besonderes Aroma, und der Reis aus der Herbsternte ist in China und Japan sehr beliebt; er gilt als der beste Reis überhaupt.

Oben: Thailändischer Duftreis hat einen feinen, sehr angenehmen Duft.

Unten: Patnareis ist eine Form von Langkornreis.

VERSCHIEDENEN REISARTEN

Generell kann man bei Reis zwischen *Oryza sativa indica* oder *Oryza sativa japonica* unterscheiden. Viele Sorten beider Arten werden in Asien angebaut. Langkörniger Indica-Reis *(xian)* – von dem es viele Sorten gibt – ist am üblichsten.

Bei weißem Langkornreis werden die Hülse, die Kleie und der Keim entfernt, wobei auch das Nahrhafte und einiges an Geschmack verloren geht, der Reis wird nach dem Kochen jedoch locker und körnig. Bei braunem Langkornreis wird nur die äußere Hülse entfernt, die Kleie und der Keim bleiben erhalten und ergeben einen nussigen Geschmack. Er muss länger kochen als weißer Reis, enthält aber mehr Spurenelemente, Mineralien und Vitamine. **Patnareis** hat seinen Namen von der Region Patna in Indien. Einst kam ein Großteil des Langkornreises, der in Europa verkauft wurde, aus Patna. Dieser Name bezeichnete alle Sorten von Langkornreis. In manchen Teilen der USA hat sich der Begriff gehalten, doch ansonsten beschreibt das Wort Patna heute einige Reissorten aus der Gegend Bihar in Indien.

Basmatireis ist ein dünner Langkornreis, der in Nordindien, im Punjab, in Teilen Pakistans und am Fuße des Himalaya-Gebirges wächst. Nach der Ernte muss er ein Jahr reifen, das gibt ihm seinen besonderen Geschmack und eine leichte, lockere Beschaffenheit. Die Körner sind lang und dünn und werden während des Kochens sogar noch länger. Basmatireis ist in der indischen Küche weit verbreitet, er bildet einen sanften Gegensatz zu den scharf gewürzten Curries.

Thailändischer Duftreis hat den feinen und sehr speziellen Duft der Jasminblüte und wird hoch geschätzt.

Japonica Rundkornreis *(geng)* duftet weniger intensiv, schmeckt aber etwas süßer als die Sorte Indica. Diese Reissorte wird in Nordchina, Japan, Korea und Umgebung angebaut. Rundkornreis hat einen höheren Anteil an Amylopektin als Langkornreis, er ist also reicher an Stärke. Die Körner haften aneinander, wenn sie gekocht sind, eine ideale Eigenschaft für Sushi und ähnliche japanische Gerichte.

Klebreis klebt noch stärker als der japanische Rundkornreis, weshalb er bei südostasiatischen Köchen sehr beliebt ist. Der gekochte Reis kann nach Belieben geformt, gerollt und auch einfach mit Stäbchen gegessen werden. Weißer Klebreis aus dicken milchigen Körnern ist die bekannteste Sorte. Man nennt ihn auch Süßreis. Doch es gibt auch schwarzen Klebreis mit Hülse und nussigem Geschmack. Roter Klebreis wird am Ufer des Jangtsekiang angebaut und sogar eine rot-schwarze Variante wurde kürzlich gezüchtet. Klebreis hat einen hohen Zuckeranteil und wird in Japan für *senbei* (Reisplätzchen), *mochi* (Reiskekse) und für süßen Reiswein verwendet.

Oben: Basmatireis wird von vielen als König des Reises angesehen. Es gibt verschiedenen Sorten, doch sie sind fast unmöglich voneinander zu unterscheiden. Probieren Sie einfach verschiedene Produkte aus.

Rechts: Japonica-Rundkornreis ist ideal für Sushi, denn nach dem Kochen kleben die Körner aneinander.

Reisgerichte

Asiatische Gerichte kann man sich ohne Reis kaum vorstellen. Reis wird in der einen oder anderen Form zu jedem Mahl gereicht, auch zum Frühstück. Obwohl Weizen – in Form von Dim Sum oder Nudeln – in einigen Teilen Asiens, z. B. in Nordchina, öfter gegessen wird als Reis, sehen die Asiaten Reis als ihr Grundnahrungsmittel an und Gerichte mit Weizen eher als Beilage. In einigen Sprachen bedeutet „Reis essen" auch die Nahrungsaufnahme an sich.

Es ist allgemein üblich, Reis in gekochter oder gedämpfter Form zu servieren. Gebratener Reis gehört nicht zu den alltäglichen Mahlzeiten; er wird entweder als Zwischenmahlzeit gereicht oder zu festlichen Anlässen. Im Gegensatz zum indischen Pillau, dem italienischen Risotto oder der spanischen Paella basiert gebratener Reis nicht auf rohem Reis. Am besten ist der Reis erkaltet und fest sowie nicht zu weich.

Das allgemein übliche asiatische Frühstück besteht aus einem cremigen, weichen Reisgericht, das als Congee oder Reispudding bekannt ist. Es ist sehr nahrhaft und wird auch bei Verdauungsstörungen gereicht. Anstelle von Wasser wird in südostasiatischen Ländern gerne Kokosnussmilch zum Kochen von Reis verwendet. Da ein guter Congee oft stundenlang kochen muss, mischen viele japanische Köche (und manche Chinesen) einfach heißes Wasser unter kalten gekochten Reis, wenn sie Zeit sparen wollen.

Unten: Schwarzer und weißer Klebreis.

Zubereitung

Es gibt kein endgültiges Rezept für das perfekte Reiskochen, denn jede Reissorte sollte anders behandelt werden. Manche Sorten werden am besten vorher gespült, andere sollten zuerst gewässert werden. Einige Reissorten haben verschiedenen Garzeiten, die Flüssigkeitsmenge ist auch unterschiedlich Eine Daumenregel besagt, dass auf eine Schale Reis zwei Schalen Wasser kommen. Wenn der Reis aber gewaschen oder gewässert wurde, braucht er weniger Wasser zum Garen, ansonsten wird er weich und klebrig und nicht körnig und locker.

Asiatische Köche fügen oft noch einen Löffel Pflanzenöl hinzu, damit der Reis nicht am Topfboden klebt. Ob Sie Salz zufügen wollen, ist eine reine Geschmacksfrage. Üblicherweis wird normaler Langkornreis mit Salz gekocht, thailändischer Duftreis aber immer ohne. Die Größe und Beschaffenheit des Topfes hat auch Einfluss auf das Ergebnis. Am besten kochen Sie Reis in einem elektrischen Reiskocher. Manche Köche erzielen auch in der Mikrowelle akzeptable Ergebnisse.

Aufbewahrung

Roher Reis sollte nicht zu lange aufbewahrt werden, dann verliert er seinen Duft. Geben Sie ihn in einen luftdichten Behälter an einen kühlen, trockenen Ort und brauchen Sie in innerhalb von 3–4 Monaten auf.

Einfacher gekochter Reis
Nehmen Sie Patna- oder Basmatireis, am besten ist thailändischer Duftreis. Pro Person rechnen Sie 50 g.

1 Spülen Sie den Reis in einem Küchensieb unter kaltem Wasser.

2 Schütten Sie den Reis in einen breiten, großen Topf und füllen Sie bis 2 cm über dem Reis kaltes Wasser ein (In Asien misst man dies mit dem Zeigefinger. Wenn die Fingerspitze den Reis berührt, sollte das Wasser bis zum ersten Fingergelenk reichen)

3 Geben Sie evtl. eine Prise Salz hinzu, ca. 1 TL Öl, rühren Sie um und bringen Sie alles zum Kochen.

4 Rühren Sie nochmal um, reduzieren Sie die Hitze und legen Sie einen fest schließenden Deckel auf.

5 Kochen Sie den Reis 12–15 Minuten, dann lassen Sie ihn 10 Minuten quellen. Lockern Sie den Reis vor dem Servieren mit einer Gabel auf.

MEHL

Die beliebtesten Verdickungsmittel der asiatischen Küche sind Maismehl, Tapiokamehl und Kartoffelstärke. Mungobohnenstärke, Wasserkastanienstärke, Lotuswurzel und Pfeilwurz werden gerne für klare Soßen genommen. Kichererbsenmehl wird bei Panaden und Teigen verwendet. Reismehl wird in Reispapier, Dim-Sum und asiatische Kuchen eingearbeitet.

Maismehl
Diese feine weiße Pulver wird aus Maiskörnern gewohnen und ist ein gutes Dickungsmittel für Soßen und Suppen.

Reismehl
Die Beschaffenheit von Reismehl ist dieselbe wie bei Maismehl. Es wird zum Andicken von Soßen, für Reispapier und für Dim-Sum verwendet. Es wird auch oft zur Herstellung von asiatischen Kuchen und Süßigkeiten verwendet, da es aber kein Gluten enthält, sind die Kuchen eher flach. Aus Reismehl in Verbindung mit Weizenmehl kann man auch Brot backen, doch der Laib wird eher krümelig.

Kichererbsenmehl
Diese feine Mehl wird hauptsächlich in Indien verwendet, woher es auch ursprünglich stammt. Indische Auswanderer brachten sie nach Malaysien, wo sie auch heute noch bei vielen Gerichten eine bedeutende Rolle spielen.

Weizenmehl
Vollweizenmehl ist besonders reich an Klebstoffen (Gluten) und daher eine gute Ergänzung zum Reismehl beim Brotbacken.

Sojamehl
Dies ist ein fein gemahlenes, proteinhaltiges Mehl aus der Sojabohne. Es wird in vielen Gerichten als Dickungsmittel verwendet und oft mit anderen Mehlsorten, z. B. Weizenmehl, vermischt, um Gebäck herzustellen. Es hat einen nussigen Geschmack.

Links: Japanisches Reismehl

Ganz links: Japanisches Weizenmehl

Unten: Kichererbsenmehl

Links: Thailändisches Reismehl

Rechts: Maismehl

Links: Japanisches Sojamehl

NUDELN

MANDARIN: *MIAN (TIAO);* KANTONESISCH: *MEIN;* THAILÄNDISCH: *GUEYTEOW*

Ob Marco Polo die Nudel wirklich aus China nach Italien mitgebracht hat, ist umstritten, aber Nudeln aus Weizenmehl hat es in China schon im ersten Jahrhundert vor Christus gegeben. Gerichte mit Nudeln wurden sehr schnell beliebt, nicht nur in China, sondern in ganz Asien.

Bis zum Ende des 19. Jahrhunderts, als Küchengeräte aus Europa nach Asien exportiert wurden, wurden die Nudeln von Hand gemacht. Auch heute sind bestimmte Nudelsorten noch Handarbeit, besonders die „handgezogenen“ Nudeln der nordchinesischen Küchenchefs. Man braucht angeblich 10 Jahre, um die Technik perfekt zu beherrschen, für Normalsterbliche also unerreichbar.

Links: Vier Sorten japanischer Udon-Nudeln

Nudeln nehmen eine wichtige Stellung in der täglichen Nahrung ein, bei den Grundnahrungsmitteln stehen sie nach Reis gleich an zweiter Stelle. Im Gegensatz zu Reis und gedämpften Klößen, die ohne alles serviert und zu gekochten Gerichten gegessen werden, kocht man Nudeln mit anderen Zutaten. Daher werden Nudeln nicht als Beilage serviert, sonder als eigenständige Gerichte.

Unten: Einfache chinesische (oben) und thailändische Nudeln (unten)

In Vietnam besteht das übliche Frühstück aus einer Reisnudelsuppe. Japanische Restaurants haben sich auf Nudeln spezialisiert: Nudeln mit Soße, mit geraspeltem Gemüse und Seetang oder reichhaltige Nudelsuppen. In Thailand gibt es sogenannte Nudelboote, Nudelbuden und auch „Nudeln auf Rädern“, unzählige fahrbare Küchen, die an Fahrräder montiert wurden und immer unterwegs sind. In Asien ist immer ein Nudelverkäufer in Ihrer Nähe.

Unten: Dünne weiße Somen-Nudeln aus Japan

WEIZENNUDELN

Asiatische Nudeln werden aus verschiedenen Zutaten hergestellt: aus Weizen, Reis, Mungbohnen, Buchweizen, Seetang, Mais und auch aus der Teufelszunge, eine Pflanze, die mit der Lilie verwandt ist. Einige Nudeln sind rein, bei anderen wird noch Ei hinzugefügt. Getrocknete Nudeln werden oft „langlebige Nudeln“ genannt, sie werden mit einem langen Leben assoziiert.

Rechts: Frische Eiernudeln

Einfache Nudeln Nudeln aus einfachem Weizenmehl und Wasser gibt es in verschiedenen Formen und Stärken. In Japan nennt man sie **Udon.** Es gibt sie frisch, vorgekocht und getrocknet zu kaufen. **Somen** sind dünne, feine, weiße japanische Nudeln. Sie werden – von einem Papierstreifen zusammengehalten – in Bündeln verkauft.

Eiernudeln: Sie sind weiter verbreitet als einfache Nudeln. In China gibt es sie in verschiedenen Größen und Stärken, und sie werden frisch und getrocknet verkauft. Das japanische Equivalent heißt **Ramen** und wird normalerweise aufgewickelt oder in Blöcken verkauft. Die feinen Eiernudeln, die den italienischen Vermicelli ähneln, heißen in China **Yi Nudeln** nach dem Erfinder.

Krabbennudeln: Diesen gewürzten Eiernudeln werden Krabben und/oder Rogen zugesetzt. Sie werden getrocknet als Knäuel verkauft.

Instant-Nudeln: Vorgekochte Nudelsuppen sind ein bekannter Anblick. Es gibt sie in vielen Geschmacksrichtungen.

Links: Japanische Ramen-Nudeln in Blöcken

Zubereitung

Nudeln sind sehr einfach zuzubereiten. Manche Nudelsorten sollten vor dem Kochen eingeweicht werden. Am besten halten Sie sich immer an die Packungsanleitung, schauen in das Rezept oder fragen beim Kaufen im Laden nach. Sowohl getrocknete als auch frische Nudeln müssen vor der Weiterverarbeitung in kochendem Wasser gegart werden. Die Kochzeit hängt von der Nudelsorte ab, wie dick die Nudeln sind und ob sie noch weiter gegart werden, z. B. in einer Suppe. Getrocknete Nudeln müssen meistens 3 Minuten kochen, frische sind auch oft schon in weniger als einer Minute gar und müssen mit kaltem Wasser abgeschreckt werden, damit der Garvorgang unterbrochen wird. Nach dem ersten Kochen werden den Nudeln in verschiedenen Variationen weiterverarbeitet:

Nudeln in Suppen Die klassische Suppe, wie sie in China, Korea, Japan, Vietnam, Birma und Singapur beliebt ist, besteht aus klarer Brühe, der Nudeln, Fleisch-, Fisch- und Gemüsestücke zugegeben werden. Manchmal wird eine scharfe Soße dazu gereicht.

Geschmorte Nudeln *(lao mein):* Der Unterschied zur Nudelsuppe besteht darin, dass die Nudeln zunächst in der Brühe gekocht und dann in einer angedickten Soße serviert werden.

Gebratene Nudeln *(chow mein):* Dieses Gericht ist bei uns sehr beliebt (ebenso in Südostasien, weniger in Nordchina und Japan). Die Nudeln werden knusprig oder weich gebraten. Allgemein werden nur die dünnen Nudelsorten zum Knusprigbraten verwendet, die dicken, runden, flachen Nudeln sind besser zum Weichbraten geeignet.

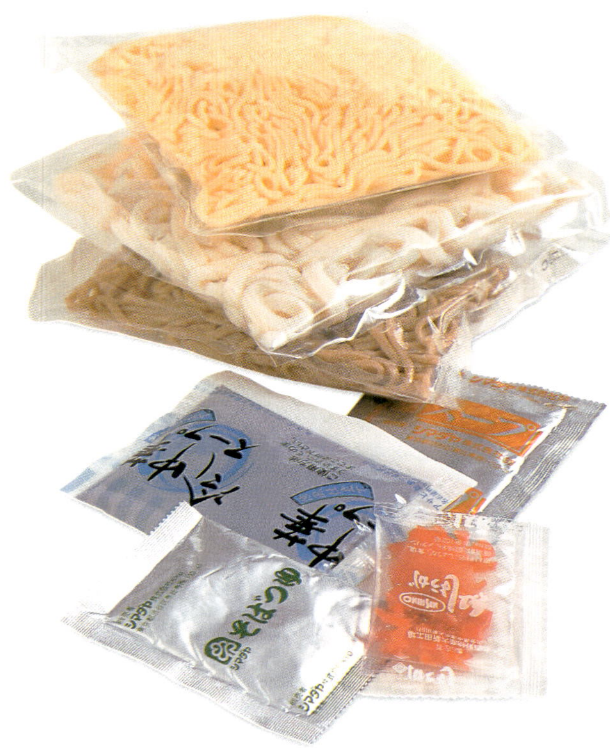

Oben: Instant-Nudeln gibt es in vielen Geschmacksrichtungen.

REISNUDELN

CHINESISCH: *MIFEN;*
VIETNAMESISCH: *LAI FAN*

Weizennudeln gab es wohl schon einige Jahrhunderte vor den Reisnudeln. Diese werden das erste Mal während der Han-Dynastie im 3. Jahrhundert nach Christus schriftlich erwähnt. Reisnudeln sind in Südchina und Südostasien sehr beliebt, denn dort wächst kaum Weizen.

Sie werden nicht, wie die meisten Nudeln, aus einer Mehlsorte hergestellt, sondern aus ganzen Reiskörnern. Diese werden eingeweicht und mit Wasser zu einer Paste zerrieben. Die Paste wird durch ein Sieb gestrichen und zu einem Teig geformt, der in zwei Hälften geteilt wird. Eine Hälfte wird 15 Minuten in kochendem Wasser gegart und dann wieder mit der rohen Hälfte zu einem festen Teig verknetet, der durch eine Presse gedrückt und in verschiedene Formen und Größen zerschnitten wird. Die Nudeln werden dann blanchiert und entweder eingeweicht, als frische Nudeln verkauft oder getrocknet.

Oben: Dünne thailändische Reisnudeln werden auch als Vermicelli bezeichnet.

Unten: Dünne und dicke Reisnudeln und-bänder

Reisnudelsorten

Obwohl die Nudeln in jedem Land verschiedene Bezeichnungen haben, sind sie doch in Südchina, Thailand und Vietnam gleich. Wie die Weizennudeln haben sie unterschiedliche Größen und Formen, von den sehr feinen Reisnudeln oder *lai fan* (*sen mee* in Thailand) bis zu Reisbändern, die 2 mm bis 1 cm breit sein können, wie etwa die *ho fun,* eine Spezialität aus Südchina, die angeblich nur mit Flusswasser statt mit Leitungswasser hergestellt werden. In Thailand gibt es auch Reisnudeln, die mit Ei zubereitet werden; sie heißen *ba mee* und werden in Nestform angeboten. Getrocknete Reisnudeln gibt es in jedem Asialaden in Hülle und Fülle, man findet hin und wieder auch frische Reisnudeln im Kühlregal.

Zubereitung

Da alle Reisnudeln vorgekocht sind, müssen sie nur einige Minuten in heißem Wasser weichen und können dann weiterverarbeitet werden. Werden Reisnudeln zu lange gekocht, werden sie matschig und formlos.

Unten: Japanische Reisnudeln

Zubereitung von Reisnudeln
Reisnudeln müssen nur einige Minuten in heißem Wasser eingeweicht werden.

Geben Sie die Nudeln in eine große Schüssel mit kochendheißem Wasser und warten Sie 10–15 Minuten. Rühren Sie gelegentlich um, damit sich die Nudeln voneinander lösen.

Links: Glasnudeln

Glasnudeln müssen mit gut gewürzten anderen Zutaten oder Gewürzen gemischt werden, da sie geschmacksneutral sind, dafür ist ihre Beschaffenheit aber einmalig. Sie werden nie allein gereicht, sondern immer als eine Zutat in einem Gericht, besonders in der vegetarischen Küche und in chinesischen Fondues, aber auch in vietnamesischen Frühlingsrollen. Es gibt sie nur in getrockneter Form. In Japan heißen Glasnudeln *harusame,* das bedeutet „Frühlingsregen".

MUNGOBOHNEN-NUDELN

CHINESISCH: *FENSI;* VIETNAMESISCH: *BUN;* JAPANISCH: *HARUSAME*

Sie sind auch als durchsichtige Nudeln, Bohnenfäden und Glasnudeln bekannt und werden aus grünen Mungobohnen hergestellt, denselben Bohnen, die zum Keimen von Sprossen verwendet werden. Obwohl die Fäden sehr dünn sind, bleiben sie auch nach dem Kochen fest und beständig; sie werden nicht matschig, was sicherlich auch zu ihrer großen Beliebtheit beiträgt.

Zubereitung von Glasnudeln

Glasnudeln werden nie allein serviert, sie sind immer eine Zutat in einem Gericht. Weichen Sie die Nudeln 10–15 Minuten in warmem oder heißem Wasser ein.

Wenn sie weich sind, können Sie die Nudeln mit einer Schere oder einem scharfen Messer zerteilen, um sie besser essen zu können.

BUCHWEIZENNUDELN

JAPANISCH: *SOBA*

Die bekanntesten Buchweizennudeln sind die japanischen Soba, die meist getrocknet in Bündeln verkauft werden. Soba sind dunkler als Weizennudeln. Es gibt sie in einer dunkelgrünen Variante als *cha-soba* (Tee-Soba); sie werden aus Buchweizen und grünem Tee hergestellt. Auch in Korea sind diese Nudeln beliebt.

Ungewöhnliche Nudeln

Shirataki Die beliebte japanische Sorte *(oben links)* wird aus der Stärke der Teufelszunge gemacht, eine Pflanze, die mit der Lilie verwandt ist.

Bijon Diese Maisnudeln *(oben rechts)* werden in Südostasien hergestellt.

Canton Die chinesischen Weizennudeln *(ganz oben)* gibt es auch mit Ei.

Lagerung

Packungen mit frischen Nudeln sind nur begrenzt haltbar und sollten im Kühlschrank aufbewahrt werden. Getrocknete Nudeln halten sich in der Originalverpackung oder eingeschweißt monatelang an einem kühlen, trockenen Ort. Auch hier gilt das Verfallsdatum.

Unten: Soba-Nudeln

Pfannkuchen und Hüllen

PFANNKUCHEN

CHINESISCH: *BING*

Asiatische Pfannkuchen sind nicht mit den europäischen vergleichbar. Zum einen werden sie aus einem festen Teig gemacht, und zum anderen werden sie eher mit pikanter Füllung als mit süßen Sachen serviert.

Es gibt zwei Sorten Pfannkuchen in China, dünne und dicke. Dünne Pfannkuchen *(bobing)* werden auch Mandarin- oder Entenpfannkuchen genannt, da sie zu der berühmten Pekingente gereicht werden. Sie werden auch mit anderen pikanten Gerichten serviert, besonders mit dem beliebten *mu-shu* oder *moo-soo* Fleischgericht, das aus Rührei mit Schweinefleich und Wolkenohren (das ist ein schwarzer Trockenpilz) besteht. Die Zubereiung von Pfannkuchen verlangt etwas Geschick, daher werden sie oft lieber gefroren im asiatischen Laden gekauft.

Dicke Pfannkuchen werden mit Schmalz gemacht und mit pikanten Zutaten wie Frühlingszwiebeln und Steinsalz gewürzt. In Nordchina werden sie als Snack oder zu einer Mahlzeit gegessen, wie die indischen Parathas. Beide Pfannkuchensorten werden auch mit süßer Bohnenpaste gefüllt als Dessert serviert.

NONYA FRÜHLINGSROLLEN-PFANNKUCHEN

Sie sind die Ausnhame zu der Regel, dass die meisten Pfannkuchen in Asien aus festem Teig gemacht werden. Nach singapurischer Nonyaart werden sie aus einem dünnen Teig aus Ei, Mehl und Maismehl gemacht und gefüllt.

Oben: Dicke Pfannkuchen werden als pikante Snacks oder mit süßer Bohnenpaste gefüllt gegessen.

Unten: Dünne Pfannkuchen werden als Hüllen, besonders für Pekingente, oder zu pikanten Speisen gereicht.

Chinesische Pfannkuchen erwärmen

1 Stapeln Sie die Pfannkuchen übereinander und legen Sie jeweils Backpapier dazwischen.

2 Packen Sie alles in Alufolie ein und falten Sie die Folie so, dass die Pfannkuchen vor Feuchtigkeit geschützt sind.

3 Legen Sie das Päckchen in einen Dämpfeinsatz und decken Sie es zu. Dämpfen Sie die Pfannkuchen in einem Wok mit köchelndem Wasser 3–5 Minuten.

HÜLLEN FÜR FRÜHLINGSROLLEN

MANDARIN: *CHUNJUAN PI;* KANTONESISCH: *SHUEN GUEN PIE*

Asiatische Frühlingsrollen haben im Westen verschiedene Namen. In den USA nennt man sie Eierrollen, in anderen Ländern Pfannkuchenrollen. Sie sind wohl mittlerweile der beliebteste Snack der Welt, auch in China. Die Füllungen variieren von Region zu Region erheblich, aber die Hüllen sind fast überall gleich. Sie werden aus einem einfachen Teig aus Mehl und Wasser hergestellt, außer in Vietnam, dort macht man sie aus Reismehl, Wasser und Salz.

In asiatischen Läden bekommen Sie für gewöhnlich drei handelsübliche Größen: klein, mittel und groß. Alle sind so dünn wie Oblaten. Die kleinsten Hüllen, die etwa 12 x 12 cm groß sind, werden für schmackhafte kleine Röllchen, z. B. als Appetitanreger, verwendet. Die gebräuchlichsten Hüllen sind 21–23 cm² groß und werden in Paketen zu etwa 20 Stück verkauft. Die großen Hüllen von etwa 30 cm² werden zumeist in Streifen geschnitten und für Samosas oder ähnliche Gerichte verwendet.

Oben: Kleine und mittlere Frühlingsrollenhüllen. Nicht benötigte Hüllen können wieder eingefroren werden.

Zubereitung von Frühlingsrollen
Verwenden Sie Hüllen mittlerer Größe, die Sie im Kühlregal des Asialadens finden. Sie sollten zunächst aufgedämpft werden. Für die Füllung eignen sich Bohnenkeime, Bambussprossen, Wasserkastanien und Trockenpilze – allein oder zusammen mit gehackten Garnelen oder Hackfleisch. Wenn Sie die Rollen gefüllt haben, werden sie 2–3 Minuten in heißem Öl gebraten, bis sie braun und knusprig sind.

1 Ziehen Sie die erste Hülle ab und halten Sie die anderen feucht.

2 Geben Sie die Füllung mit einem Löffel diagonal auf die Hülle.

3 Falten Sie die vordere Ecke über die Füllung.

4 Streichen Sie die Ränder der Hülle mit einer Maismehl-Wasser-Paste ein.

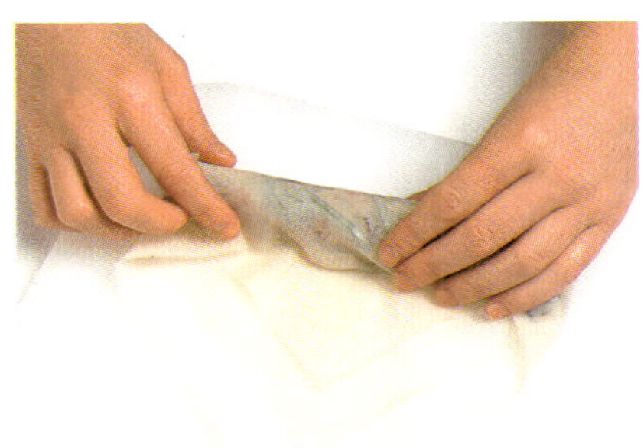

5 Falten Sie die Ecken zur Mitte. Rollen Sie alles zu einem Päckchen auf.

WAN-TAN-HÜLLEN

MANDARIN: *HUNTUN PI;*
KANTONESISCH: *WANTON PIE*

Wan-Tan-Hüllen werden aus einem Teig aus Mehl und Eiern hergestellt, der glatt und dünn ausgerollt wird, wie bei der Nudelherstellung. Dann wird der Teig in kleinere Stücke geschnitten, es gibt aber auch runde Hüllen. Die fertigen Wan-Tan-Hüllen werden zu 25 oder 50 Stück verpackt und frisch oder gefroren in den meisten asiatischen Läden verkauft.

Im Gegensatz zu Frühlingsrollenhüllen, die man vorsichtig auseinandernehmen muss, werden Wan-Tan-Hüllen vor dem Verpacken ausreichend mit Mehl bestäubt. Das hält sie auseinander, und sie sind leicht zu verarbeiten. Gefrorene Hüllen müssen zuerst sehr gut aufgedämpft werden, sonst kleben sie leicht aneinander. Nicht benötigte Hüllen können, in Folie gewickelt, wieder eingefroren werden.

Die Wan-Tan-Hüllen werden ganz unterschiedlich verarbeitet. Sie können frittiert und mit einem Dip gereicht, gefüllt und anschließend gekocht, gedämpft oder einfach nur in einer klaren Brühe gegart werden. In den meisten Chinarestaurants hierzulande wird die letzte Variante unter Suppe geführt, obwohl in China und Südostasien Wan-Tan-Suppe lediglich als Zwischenmahlzeit und nie zu anderen Gerichten gereicht wird.

Oben: Große Hüllen können in Streifen für Samosas geschnitten werden.

Unten: Wan-Tan-Hüllen sind eckig oder rund und von unterschiedlicher Größe.

Zubereitung von Wan-Tans

Geben Sie die Füllung in die Mitte der Hülle und befeuchten Sie die Ränder. Pressen Sie die Ränder zusammen, sodass ein kleines Beutelchen entsteht und die Füllung eingeschlossen ist.

REISPAPIER

VIETNAMESISCH: *BANH TRANG*

Das Reispapier, das in Vietnam (und Thailand) in der Küche verwendet wird, unterscheidet sich von dem, worauf die Chinesen und Japaner schreiben und malen. Das essbare Reispapier wird aus Reismehl, Wasser und Salz hergestellt und ist ein runder, hauchdünner „Crêpe", der in der Sonne auf Bambusmatten trocknet und daher sein typisches Kreuzmuster hat.

Aus Reispapier werden vietnamesische Frühlingsrollen und kleine Snacks mit Fleisch oder Fisch hergestellt, die man aus der Hand ist. Die Blätter sind eher trocken und brüchig, daher werden sie vor dem Rollen kurz in warmes Wasser eingeweicht. Alternativ können sie auch auf ein feuchtes Küchentuch gelegt werden und so lange mit Wasser bestrichen, bis sie ausreichend weich sind. Frühlingsrollen werden normalerweise frittiert, vietnamesische Köche kennen auch eine frische Version. Gekochtes Schweinefleisch, Krabben, Bohnenkeime und kleine Nudeln werden in Reispapier gerollt, das in kaltes Wasser getaucht wurde, bis es durchsichtig ist. Die Füllung wird sichtbar und die Rollen sehen zum Anbeißen delikat aus.

Lagerung

Reispapier – es wird in Größen von 15 cm, 25 cm und 30 cm Durchmesser verpackt und verkauft – hält sich monatelang an einem trockenen, kühlen Ort, vorausgesetzt die Packung ist fest verschlossen. Achten Sie beim Kauf auf Hüllen, die von weißlicher Farbe und gleichmäßiger Dicke sind. Zerbrochene Hüllen sind ein Zeichen für schlechte Handhabung und letzten Endes unbrauchbar, kaufen Sie auch keine angestoßenen Packungen.

Unten: Reispapier wird auf Bambusmatten getrocknet, daher das kreuzförmige Muster.

Asiatische Knödel

Mandarin: *jiao zi/bao zi;* Kantonesisch: *dim sum*

Knödel sind in China sehr beliebt, und es gibt eine große Auswahl an Formen, Größen und Füllungen, von Schweinefleisch bis zu verschiedenen Gemüsesorten, Pilzen und Bambussprossen. Bei einigen steckt die Füllung in einer dünnen Haut *(jiao zi)*, andere sind aus einem glutenhaltigen Reismehl gemacht. Es gibt auch gedämpfte Knödel *(bao zi)*, die mit Fleisch oder süßer Bohnenpaste gefüllt sind.

Am besten lernt man all diese Variationen kennen, wenn man ein kantonesisches Dim-Sum-Essen bestellt. Da werden dann mehrere dieser kleinen gefüllten Kostbarkeiten zusammen gereicht. Obwohl Knödel eigentlich aus Nordchina stammen, hat es sich in Kanton eingebürgert, Knödel zum Tee beim Frühstück oder als Mittagssnack zu essen.

Dim-Sum bedeutet „Punkt auf dem Herzen“ und meint eine kleine Zwischenmahlzeit oder eine Erfrischung, kein vollständiges Mahl. Obwohl die Köstlichkeiten, die sich auf einer Dim-Sum-Menükarte befinden, nicht nur Knödel sind (es gibt auch Frühlingsrollen, Wan-Tan, Rippchen u.a.), sind die Knödel ein sehr wichtiger Bestandteil.

Wichtig für uns ist dabei, dass die meisten Dim-Sum-Spezialitäten nur für geübte Köche zu meistern sind, aber Knödel können auch Sie zu Hause einfach auf den Tisch bringen. Sowohl *jiao zi* als auch *bao zi* gibt es fertig in asiatischen Läden; erstere werden ungekocht und gefroren, letztere fertig gegart und gekühlt verkauft.

Zubereitung

Gefrorene *jiao zi*-Knödel sollten direkt aus der Tiefkühltruhe gegart werden. Es gibt drei verschiedene Arten der Zubereitung und des Servierens.

Pochieren

In China gart man Knödel normalerweise, indem man sie in kochendem Wasser pochiert, waren sie gefroren, dauert das etwas länger.

Die Knödel werden in das kochende Wasser gegeben. Wenn das Wasser wieder aufkocht, gibt man eine Tasse kaltes Wasser dazu und bringt es wiederum zum Kochen. Diese Prozedur wird noch zweimal wiederholt, dann sind sie fertig. Sie werden heiß mit Dips serviert.

Unten: Gegrillte Knödel mit Chilisoße

Gegarte Knödel

1 Zum Pochieren der Knödel kommen sie in kochendes Wasser. Der Kochvorgang wird dreimal mit einer Tasse kalten Wassers unterbrochen.

2 Zum Dämpfen kommen die Knödel in einen Bambusdämpfer auf ein Salat- oder Spinatbett, werden abgedeckt und garen 8–10 Minuten.

3 Zum „Grillen“ werden die Knödel in einer Pfanne angebraten, dann kommt etwas Wasser dazu, und sie werden zugedeckt gedämpft, bis das ganze Wasser verdampft ist.

Oben: Einfache gedämpfte Klöße und süße, mit Bohnenpaste gefüllte Klöße.

Dämpfen

Dafür nehmen Sie am besten einen Bambusdämpftopf bzw. -einsatz. Die Knödel werden auf Kopfsalat oder Spinat gebettet und abgedeckt. Auch bei dieser Garmethode werden sie heiß mit Dips serviert.

Grillen

Dieser Ausdruck ist etwas ungenau, denn die Knödel werden nicht über Feuer, sondern in einer Pfanne gegart. Sie werden zuerst leicht angebraten, dann kommt Wasser in die Pfanne. Anschließend werden sie bei zudedeckter Pfanne so lange geschmort, bis die Flüssigkeit verdampft ist. So werden sie unten knusprig, oben sind sie weich und innen saftig.

PEKING-KNÖDEL

Diese halbrunden Knödel werden oft mit Schweinehackfleisch, Gemüse und Frühlingszwiebeln gefüllt und mit Salz, Zucker, Sojasoße, Reiswein und Sesamöl gewürzt. In Nordchina werden sie besonders gern am Neujahrstag zum Frühstück gegessen, doch es gibt sie auch das ganze Jahr über. Sie werden oft als Snack oder Teil einer Mahlzeit gereicht.

GEDÄMPFTE KLÖßE

Gedämpfte Klöße sind für Asiaten das, was für uns Brot ist, und *bao* (gefüllte Klöße) sind das chinesische Fastfood, wie bei uns Hamburger und Hotdogs.

Es gibt gefüllte und ungefüllte Klöße. Die ohne Füllung werden aus einem Teig mit Backtriebmittel gemacht und wie normaler Reis zu gekochten Speisen gereicht. Dann gibt es noch die gefülten Klöße *(bao zi)*. Der Name bedeutet „Eingewickelte", und sie können süß oder pikant sein. Die süße Variante ist mit Lotussamen- oder Bohnenpaste gefüllt und wird oft kalt gegessen. Pikante *bao zi* gibt es mit vielen Füllungen. Die bekannteste ist eine Schweinefleischfüllung. Ebenfalls sehr beliebt ist die kantonesische *char siu*-Füllung (in Honig geröstetes Schweinefleisch). Die Klöße werden fertig gekocht angeboten und heiß gegessen.

Ebenfalls fertig zu kaufen, allerdings noch im Rohzustand, gibt es die beliebten Shanghai-Knödel. Dies sind kleine runde Knödel – viel kleiner als die *char siu bao* –, die aus Hackfleisch bestehen, das einfach in einen dünnen Teig ohne Backtriebmittel eingewickelt ist. Gekocht werden sie dann zu Hause.

Krabbenbrot

Krabbenbrot, auch als Krabbenchips bekannt, wird aus frischen Krabben, Stärke, Salz und Zucker gemacht. Krabbenbrot ist ein beliebter Cocktailsnack, und in manchen Restaurants wird es gereicht, während man auf das Essen wartet. Die rohen Chips sind von einer grauen Farbe. Die kleinen chinesischen Chips sind im Rohzustand nicht größer als ein Daumennagel, während die indonesischen ca. 15 x 5 cm groß sind. Wenn Krabbenchips frittiert werden, dann plustern sie sich bis zum Fünffachen ihrer Größe auf und werden ganz weiß. Man kann auch bereits frittiertes Krabbenbrot kaufen. Es wird in verschweißten Tüten verkauft, hält sich nach dem Öffnen aber nicht sehr lange und sollten so bald wie möglich verzehrt werden.

GEMÜSE

CHINAKOHL

MANDARIN: *DA BAICAI; HUANG YA BAI;*
KANTONESISCH: *SHAO CHOI; WONG NGA BAK*

Es gibt für dieses Gemüse ebenso viele Namen wie Möglichkeiten, es zuzubereiten. Bei uns heißt es zumeist Chinakohl, ist aber auch als Selleriekohl bekannt. Ein alternativer chinesische Name heißt übersetzt „Gelb-sprießt-weiß" und beschreibt die Farben der Blätter Blätter des Chinakohls. In Kanton nennt man ihn Peking- oder Tianjinkohl in Anlehnung an seine nördliche Herkunft.

Chinakohl gehört zu den Wintergemüsen, seine Hauptzeit reicht von November bis April, er ist jedoch das ganze Jahr über erhältlich. Es gibt drei Varianten, die alle ähnlich aussehen, sich aber in Länge, Umfang und Blattstruktur unterscheiden.

Geschmack

Chinakohl hat ein leicht süßes Aroma mit zartem Kohlgeschmack, der beim Kochen verschwindet. Die weißen Stiele sind sehr fest und lassen sich auch durch Garen nicht vollständig aufweichen.

Verwendung

Chinakohl ist ein sehr vielseitiges Gemüse und kann in rührgebratenen Gerichten, Eintöpfen, Suppen und Salaten verwendet werden. Er nimmt den Geschmack von anderen Zutaten an, mit denen er gekocht wird – ob Fisch, Geflügel, Fleisch oder Gemüse – behält aber doch seinen Eigengeschmack und sein Aussehen. In asiatischen Restaurants wird geschmorter Chinakohl oft als geschmackvolle Beilage zu gegrilltem Fleisch und Ente gereicht.

Zubereitung

Entfernen Sie die äußeren Blätter und schneiden Sie etwas vom Stielansatz ab. Wenn Sie die Blätter waschen möchten – was nur bei Verwendung im Salat notwendig ist – sollten Sie das vor dem Schneiden tun, sonst waschen Sie die Vitamine aus. Wenn Sie Chinakohl in heißem Öl rührbraten, zeigen sich auf den Strünken oft Brandflecken. Profiköche blanchieren die Blätter vorher in kochender Brühe, das verstärkt den Geschmack.

Lagerung

Chinakohl kann lange Zeit gelagert werden, ohne seine Elastizität einzubüßen. Heben Sie ihn im Gemüsefach des Kühlschranks auf, dort hält er sich 10–12 Tage. Wundern Sie sich nicht über kleine dunkle Flecken, das ist ganz normal.

Links: Chinakohlblätter haben eine feste Struktur und ein delikates Aroma. Der leichte Kohlgeschmack verschwindet beim Kochen.

Zubereitung von Chinakohl

1 Entfernen Sie beschädigte Blätter und den Stielansatz.

2 Man muss die Blätter nicht waschen. Schneiden Sie sie einfach von oben nach unten in dünne Streifen.

3 Bevor Sie Chinakohl in einem Salat verwenden, möchten Sie die Blätter vielleicht doch waschen. Dazu trennen Sie die Blätter ab, waschen sie unter fließendem Wasser und trocknen sie ab.

Rechts: Dunkelgrüner Pak Choy schmeckt wie Spinat. Die weißen Stängel können getrennt gekocht und gegessen werden.

PAK CHOY/CHINESISCHER BLÄTTERKOHL

MANDARIN: *XIAO BAICAI;*
KANTONESISCH: *BOK CHOI*

Auch für dieses Gemüse gibt es viele verschiedene Bezeichnungen. Bei uns ist es meistens als Pak Choy in asiatischen Läden erhältlich, es heißt auch „Pferdeohr“ (wegen der Form der Blätter) oder chinesischer Blätterkohl. Die Stängel können ein blasses Weiß, Schneeweiß oder Hellgrün aufweisen. Pak Choy ist mehrjährig, und verschiedene Varianten sind das ganze Jahr über erhältlich.

Geschmack

Obwohl Pak Choy nicht ganz so fein und süß wie Chinakohl schmeckt, hat er doch ein ganz eigenes Aroma, in etwa eine Mischung aus mildem Kohl und Spinat.

Verwendung

Pak Choy und Chinakohl kann man in den meisten Gerichten untereinander austauschen, obwohl ihre Farbe und ihr Geschmack unterschiedlich sind. Pak Choy wird für Suppen und Rührgebratenes verwendet, und auch er schmeckt blanchiert besser, sollte aber nicht zu lange geschmort werden.

Zubereitung

Pak Coy wird fast genauso wie Chinakohl zubereitet, allerdings sind die Stiele hier genauso wichtig wie die Blätter. Blätter und Stängel sollten vor der Zubereitung getrennt werden, da die letzteren länger brauchen, bis sie gar sind. Kleine Pak Choy können ganz, halbiert oder geviertelt zubereitet werden. Nur sehr junger und noch weicher Pak Choy kann roh gegessen werden.

Lagerung

Pak Choy hat nichts mehr mit Chinakohl gemein, wenn es um die Lagerung geht. Sie sollten ihn bald nach dem Kauf verwenden, da die Blätter bereits nach ungefähr 2–3 Tagen welk und gelb werden, sehr viel schneller als bei Kopfsalat oder Spinat.

Unten: Hellgrüner Choy Sum ist leicht zu zubereiten.

CHOY SUM

MANDARIN: *YOU CAIXIN;*
KANTONESISCH: *CHOI SUM*

Choy Sum ist kantonesisch und meint „Kohlherz“. Er ist verwandt mit dem Raps, aus dem auch Treibstoff hergestellt wird. Er hat hellgrüne Blätter und blassgrüne Stängel, die leicht gerillt sind. Die hellgelben Blüten im Inneren sind für den chinesischen Namen „blühender Kohl“ verantwortlich.

Geschmack

Choy Sum hat ein angenehmes Aroma mit mildem Geschmack und bleibt frisch und weich, wenn er richtig zubereitet wird.

Verwendung

Dieses ungemein beliebte Gemüse kann in Suppen oder in Rührgebratenem verwendet werden, allein oder gemeinsam mit anderen Zutaten.

Zubereitung

Choy Sum ist einfach vorbereitet, er muss nur etwas gewaschen und abgetropft werden. Die Restaurantköche lassen die Stiele meist ganz, blanchieren sie in Brühe und reichen Austernsoße dazu.

Zubereitung von Choy Sum

Choy Sum ist leicht vorzubereiten. Sie können ihn vor dem Garen in grobe Stücke schneiden, doch wird er meist ganz gelassen.

Waschen Sie ihn unter fließendem Wasser, tropfen ihn ab und trennen Sie die Stiele vor dem weiteren Gebrauch ab.

Lagerung

Choy Sum kann im Gemüsefach des Kühlschranks 3–4 Tage gelagert werden, wenn er frisch gekauft wurde. Er sollte aber bald verarbeitet werden.

Rechts: Alles am chinesischen Brokkoli ist essbar.

SENFGRÜN

MANDARIN: *GAICAI;* KANTONESISCH: *GAI CHOI*

Obwohl dieses Gemüse mit Choy Sum verwandt ist, sieht es vollkommen anders aus und hat auch einen anderen Geschmack. Die Form ähnelt einem Kopfsalat. Im Gegensatz zu vielen anderen Gemüsen, die außerhalb ihres Ursprungslandes bisher unbekannt waren, ist das Senfgrün bei uns schon lange heimisch. Doch die dunkelgrünen, leicht gekräuselten Blätter wurden lange Zeit einfach weggeworfen, erst die asiatische Küche hat uns gezeigt, dass auch sie gut schmecken. Senfgrün gibt es hauptsächlich im Winter und Frühling in asiatischen Läden zu kaufen, aber auch in Spezialitätenläden und auf Bauernhöfen.

Geschmack

Obwohl Senfgrün wie Kopfsalat aussieht, endet hier die Ähnlichkeit gleich schon wieder. Die Blätter haben einen sehr kräftigen, feurigen Geschmack. Sie können hin und wieder auch leicht bitter schmecken.

Verwendung

Sehr junge Blätter können in Salaten roh gegessen werden; ältere Blätter werden rührgebraten oder in Suppen geköchelt. In China werden sie oft gesalzen und eingemacht.

Zubereitung

Bevor das Senfgrün rührgebraten wird, sollte es kurz in kochendem Salzwasser blanchiert werden, dann bleibt die Farbe erhalten, und der leicht bittere Geschmack verliert sich.

Lagerung

Wenn es frisch gekauft wurde, hält sich Senfgrün einige Tage im Gemüsefach des Kühlschranks.

CHINESISCHER BROKKOLI

CHINESISCH: *GAILAN*

Chinesischer Brokkoli hat mehr mit dem roten sprießenden Brokkoli als mit den dicken Köpfen des kalabresischen (italienischen) Brokkoli, den wir hier kennen, gemeinsam. Die chinesische Version hat lange dünne Stiele, lose Blätter und wird durch die kleinen weißen oder gelben Blüten in der Mitte ausgezeichnet.

Geschmack

Wie der chinesische Name *gailan* (Senforchidee) schon sagt, gehört der chinesische Brokkoli zu derselben Familie wie das Senfgrün, er ist aber robuster in Hinsicht auf Geschmack und Beschaffenheit. Er hat einen deutlichen Kohlgeschmack.

Verwendung

Alle Teile dieses Gemüses sind essbar – die Blüten, Blätter und die Stiele – doch hat jedes einen Eigengeschmack. Chinesischer Brokkoli wird oft allein als Beilage gereicht, kann aber auch mit anderen Zutaten wie weiteren Gemüsesorten oder Fleisch gemischt werden.

Zubereitung

Sortieren Sie die festeren Blätter aus und schälen Sie härtere Stellen an den Stielen. Wenn Sie die Stiele für sich allein servieren wollen, werden sie ganz gelassen, ansonsten werden sie in zwei oder drei Stücke geschnitten. Vor dem Rührbraten wird das Gemüse in Wasser oder Brühe blanchiert, um den Geschmack zu verstärken.

Lagerung

Der Brokkoli hält sich nur 2–3 Tage.

AUBERGINEN

MANDARIN: *QIEZI;* KANTONESISCH: *NGAI GWA*

Es gibt viele Formen dieses wundervollen Gemüses, das eigentlich eine Frucht ist. Obwohl es zur Familie der Paprika und Tomaten zählt, die aus Amerika kamen, stammt es ursprünglich aus dem tropischen Teil Asiens, wo es seit 2.000 Jahren kultiviert wird.

Die gebräuchlichste Sorte in Asien – die asiatische oder japanische Aubergine – ist eher länglich in der Form und entweder gerade oder leicht gekrümmt. In der Regel sind asiatische Auberginen kleiner und schmaler als westliche Sorten, manche sind geradezu winzig. In Thailand gibt es beispielsweise Auberginen, die nicht größer als Erbsen sind. Auberginen gibt es in vielen Farben, von Schwarz über Dunkellila, Orange, Grün bis zu den eierförmigen weißen Früchten.

Unten: Lila und grüne Auberginen aus Thailand

Rechts: Thailändische Babyauberginen

Geschmack

Ganz gleich welche Farbe oder Form sie hat, die Aubergine hat einen ganz eigenen Geschmack, der kaum zu beschreiben ist. Manche mögen die bittere Note nicht, andere sehen das als Vorteil.

Verwendung

Die Aubergine saugt das Aroma anderer Zutaten wie ein Schwamm auf und profitiert vom gemeinsamen Kochen mit stark gewürzten Zutaten. Sie wird rührgebraten, frittiert, gefüllt und gebacken, geschmort, gedünstet oder kalt serviert, aber selten roh gegessen, außer in Thailand, wo Streifen junger Auberginen wie Rohkost mit würzigen Dips gereicht werden.

Zubereitung

Waschen Sie die Aubergine, entfernen Sie den Stiel und schneiden Sie sie in Scheiben, Stücke oder Streifen. Eine Aubergine muss fast nie geschält werden, und die schöne Haut ist nicht nur etwas fürs Auge, sondern gibt auch jedem Gericht einen besonderen Geschmack.

In manchen Rezepten wird das Fleisch der Aubergine mit Salz zum Schwitzen gebracht, das ist bei jungen Früchten jedoch nicht notwendig. Bei älteren Exemplaren nimmt diese Prozedur den bitteren Geschmack und verhindert außerdem, dass das Fruchtfleisch zu viel Öl aufsaugt. Wenn Sie salzen, dann spülen Sie die Frucht anschließend gut ab und trocknen das Fleisch.

Die andere Methode, um das übermäßige Aufsaugen von Öl zu verhindern, ist, die Streifen zunächst kurz zu frittieren und erst dann zu braten.

Lagerung

Auberginen gibt es eigentlich das ganze Jahr über zu kaufen. Wählen Sie bevorzugt kleine bis mittlere feste Früchte mit einer schönen, gleichmäßigen Haut aus. Große Auberginen mit geschrumpelter Haut sind überreif und eher bitter und hart.

Qualitativ gute Auberginen halten sich nach dem Kauf 3–4 Tage im Gemüsefach des Kühlschranks.

CHAYOTE

KANTONESISCH: *FAT SAU GWA*

Diese birnenförmige Melonensorte hat überall auf der Welt verschiedene Namen,in der Karibik ist sie unter der Bezeichnung „Christophin“ bekannt, in anderen Erdteilen heißt sie *choko, shushu* oder China-Chayote. Die Chinesen nennen diese Frucht „Buddhas Faust“, da sie betenden Händen gleicht.

Geschmack

Chayote hat eine zarte, hellgrüne Haut und ein feines Aroma. Der Geschmack ist schwach und die Struktur sehr fest, ähnlich wie bei der Zucchini.

Verwendung

Wegen der religiösen Benennung wird die Chayote zu buddhistischen Festen gereicht. Sie kann roh oder gekocht verzehrt werden, wird in Asien aber meist rührgebraten zubereitet oder in Suppen gekocht.

Zubereitung

Die Chayote wird gewaschen, aber nicht geschält. Schneiden Sie die Frucht auf und entfernen Sie den Kern, dann wird sie in dünne Scheiben oder Streifen geschnitten. Die Chayote wird von asiatischen Köchen mit Knoblauch, Ingwer, Zwiebeln und Chilischoten gekocht.

Oben: Chayote kann roh, rührgebraten und in Suppen gegessen werden.

Lagerung

Die Chayote kann gut aufbewahrt werden. Feste Exemplare halten sich bis zu einer Woche im Gemüsefach.

Links: Roher Daikon ist knackig und fest.

DAIKON/ORIENTALISCHER RETTICH

MANDARIN: *LUOBO;* KANTONESISCH: *LOH BAK;* VIETNAMESISCH: *LOBAC;* MALAYSISCH: *LAPHUG*

Daikon sieht aus wie eine Möhre, allerdings mit weißer, zarter Haut. Er gehört zur Familie des Rettichs und wird orientalischer Rettich genannt. Vermutlich stammt er aus China, wird aber inzwischen fast überall angebaut.

Geschmack

Der orientalische Rettich riecht fast genauso wie unser einheimischer Rettich. Die Struktur ist fest und knackig, und er schmeckt recht mild und süßlich. Daikon erinnert im Geschmack etwas an Steckrüben.

Verwendung

Daikon kann roh oder gekocht verzehrt werden. In China und Japan wird er auch eingelegt. Kantonesische Köche verwenden ihn für einen steifen Reispudding, der oft Bestandteil einer Dim-Sum-Platte in Restaurants ist.

Zu Hause wird Daikon meistens mit Fleisch – am besten Schweine- oder Rindfleisch – geschmort, doch er schmeckt auch rührgebraten sehr gut. Geben Sie ihn erst in den letzten Minuten in den Wok, dann bleibt er knackig und saftig.

Zubereitung

Daikon sollte geschält werden, da die Haut oftmals hart und holzig ist. Dann schneiden Sie ihn in Scheiben oder Stücke. Dieses Gemüse hat die wundervolle Eigenschaft, seine Form auch bei langem Kochen zu behalten und andere Aromen in sich aufzunehmen, dennoch schmeckt es auch roh sehr gut.

Lagerung

Kaufen Sie Daikon am besten, wenn er fest ist, dann können Sie ihn problemlos 3–4 Tage im Gemüsefach des Kühlschranks aufbewahren.

BITTERMELONE

MANDARIN: *KUGUA;* KANTONESISCH: *FOO GWA*

Diese warzenhäutige Frucht wird auch „Bitterkürbis“ genannt, stammt aus Südostasien und ist speziell in Indonesien, auf den Philippinen und Thailand sehr beliebt, wo er als Grundlage für ein schmackhaftes Curry dient. Die Pflanze ähnelt einem wilden Rebstock und wird im Westen eher als Zierpflanze angebaut, nicht zuletzt wegen ihres attraktiven Blattwerks und den ungewöhnlich geformten Früchten.

Geschmack

Wie der Name schon andeutet, schmeckt das Fruchtfleisch leicht bitter, besonders wenn es grün und unreif ist, aber es hat einen süßen, angenehmen Duft. Das Bittere verliert sich etwas, wenn die Frucht reift und zunächst hellgrün und dann gelb-orange wird (letzteres zeigt jedoch Überreife an).

Verwendung

Bitterer Geschmack kann erwünscht sein, in heißen Gebieten hat er darüber hinaus einen kühlenden Effekt und ist in Asien sehr anerkannt. Das Fruchtfleisch nimmt andere Aromen dankbar auf, und der bittere Akzent kann einem Gericht einen besonderen Reiz verleihen.

Zubereitung

Die Schale macht u.a. den optischen Reiz aus und wird nicht abgezogen. Waschen Sie die Frucht und entfernen Sie die Samen. Vor dem Garen wird das Fleisch 2 Minuten blanchiert.

Rechts: In China und Thailand wird die Melone zu einer Suppe verarbeitet und in der Schale serviert.

Lagerung

Feste grüne Bittermelonen halten sich 3–4 Tage und sollten noch etwas nachreifen. Weiche gelbe Früchte sollten innerhalb von zwei Tagen verwendet werden.

Oben: Die Bittemelone einen süßen Duft.

WINTERMELONE

CHINESISCH: *DONG GUA*

Die Wintermelone ist eine der größten Gemüsesorten, die überhaupt kultiviert werden. Sie kann bis zu 25 cm im Durchmesser groß werden und über 25 kg wiegen. Es gibt zum Glück aber auch kleinere, die großen Exemplare werden in Stücken verkauft.

Geschmack

Die Wintermelone hat einen feinen Duft und schmeckt wie Zucchini.

Verwendung

Trotz ihres Namens ist die Wintermelone eine Sommerfrucht, und da sie zu 90% aus Wasser besteht, ist sie bei warmem Wetter sehr beliebt. Sie erfrischt, macht aber nich satt. Sie wird vor dem Verzehr immer gekocht.

Zubereitung

Wintermelone wird im Prinzip wie Kürbis vorbereitet. Die Schale, die Samen und die harten Fäden in der Mitte werden entfernt, bevor das Fleisch in Streifen oder Schnitze geteilt wird. Sie wird in Suppen und Rührgebratenem verwendet, nimmt die Aromen der anderen Zutaten an und wird oft mit herzhaften Zutaten wie getrockneten Krabben, Schinken und Trockenpilzen gemischt.

Lagerung

Eine ganze Melone hält sich tage- oder auch wochenlang, aber einzelne Stücke sollten möglichst bald verzehrt werden, da die Schnittfläche schnell verdirbt.

ZWIEBELN

MANDARIN: *YANG CONG;* KANTONESISCH: *YUN TS'UNG*

Die normale Zwiebel, die wir hier kennen, wird in Asien als „fremde Zwiebel" bezeichnet. Dort sind Schalotten und Frühlingszwiebel weiter verbreitet. Es gibt sie in vielen Größen und Farben, von großen, goldenen Knollen bis zu kleinen, milden, roten und weißen Exemplaren.

Geschmack

Das Aroma einer Zwiebel ist einfach unverwechselbar. Es wird überall in Asien als Geschmacksbringer eingesetzt, aber selten allein serviert.

Verwendung

Die Zwiebel ist vielseitig einsetzbar. Sie kann gebraten, gekocht, gedünstet oder roh gegessen werden und ist ein wichtiger Bestandteil von Soßen und Gerichten wie Curries und Eintöpfen. Gebratene Zwiebeln sind eine beliebte Garnitur in Südostasien.

Oben: Kleine und große Zwiebeln

Zubereitung

Schälen Sie die Zwiebel, entfernen Sie das Häutchen und schneiden Sie die Zwiebel nach Belieben. Um tränende Augen beim Zwiebelschneiden zu verhindern, lassen Sie die Wurzel so lange wie möglich ganz und drücken Sie diese dann fest auf das Schneidebrett, damit keine Luft daran kommt.

Lagerung

Wenn Sie Zwiebeln fest und mit unbeschädigter Schale kaufen, halten sie sich mehrere Wochen an einem kühlen, trockenen Ort. Wenn sie zu keimen beginnen, müssen sie sofort verwendet werden.

SCHALOTTEN

MANDARIN: *FEN CONG;* KANTONESISCH: *TS'UNG TAU;* THAI: *HOM DAENG*

Obwohl sie zur gleichen Familie wie Knoblauch, Lauch, Schnittlauch und Zwiebeln gehören – und wie Babyzwiebeln aussehen – sind Schalotten doch ein eigenständiges Gemüse. Sie vermehren sich durch Keime am Wurzelende.

Geschmack

Schalotten sind milder und süßer als Zwiebeln. Einige Sorten können für Desserts verwendet werden.

Oben: Kleine rote Zwiebeln

Verwendung

Aus der asiatischen Küche sind Schalotten nicht mehr wegzudenken, sie sind weitaus beliebter als Zwiebeln und Frühlingszwiebeln. Gehackt mit Knoblauch, Ingwer und anderen Zutaten, stellen sie eine in Asien nahezu täglich verwendete Marinade dar und sind auch eine wichtige Zutat in Currypasten und Satésoße.In Vietnam werden getrocknete Schalotten *(hanh huong)* bevorzugt.

Zubereitung

Entfernen Sie die Endstücke, schälen Sie die Haut und biegen Sie die Schalotten auf. Beim Schmoren werden sie ganz gelassen, ansonsten zerteilt. Dünne Ringe werden oft frittiert und zum Garnieren verwendet.

Lagerung

Schalotten halten sich monatelang an einem dunklen, kühlen Ort.

FRÜHLINGSZWIEBELN

MANDARIN: *QING CONG;* KANTONESISCH: *TS'UNG;* JAPANISCH: *NEGI*

Frühlingszwiebeln werden seit Urzeiten in Japan und China angebaut. Die Blätter sind röhrenförmig und werden immer mit der kleinen weißen Zwiebel am Ende verkauft. Japanische Frühlingszwiebeln sind größer als unsere einheimischen und haben blau-grüne Stängel.

Links: Frühlingszwiebeln

Geschmack

Frühlingszwiebeln haben ein feineres Aroma als Zwiebeln und können zart bis scharf schmecken. Kleinere Zwiebeln haben meist einen zarten Geschmack.

Wie Sie Zwiebelfächer machen

1 Schneiden Sie fast alle Blätter ab und lassen ca. 7,5 cm über der weißen Zwiebel stehen.

2 Schneiden Sie die Zwiebel fächerförmig bis ca. 1 cm vor der Wurzel sehr fein ein.

3 Geben Sie die Zwiebeln in eine Schüssel mit Eiswasser. Nach etwa 20 Minuten formen sich die Enden zu einem Fächer.

Verwendung

In Asien wird die Frühlingszwiebel sowohl als Gemüse als auch als Gewürz verwendet. Als Gemüse bildet sie mit dem Ingwer eine Jin-Jang-Einheit. Die Zwiebel ist Jin, der Ingwer ist Jang.

Zubereitung

Schneiden Sie die Wurzel der Zwiebel ab und entfernen Sie welke Blätter. Trennen Sie die weißen und grünen Teile und schneiden Sie diese wie gewünscht. In Rezepten wird oft nur der weiße Teil verwendet; wenn auch der grüne Teil zum Gericht dazukommt, dann oft erst in letzter Minute (der weiße Teil muss länger garen), oder das Grün wird roh als Garnitur verwendet.

Lagerung

Heben Sie Frühlingszwiebeln nicht in einer Plastiktüte auf, legen Sie sie lose in das Gemüsefach, damit sie atmen können. So bleiben sie 4–5 Tage frisch, wenn sie in fester Form gekauft wurden.

CHINESISCHER SCHNITTLAUCH

MANDARIN: *JIUCAI;* KANTONESISCH: *GAU CHOI*

Obwohl beide zur gleichen Familie gehören, unterscheidet sich der chinesische Schittlauch erheblich von unserem. Es gibt zwei Sorten: eine hat lange flache Blätter, die andere röhrenförmige Stiele mit Blüten an den Enden.

Geschmack

Chinesischer Schnittlauch hat ein stärkeres Aroma als unserer. Er schmeckt nicht nach Zwiebel, sondern nach einer Mischung aus Knoblauch und Lauch.

Chinesischer Schnittlauch

Verwendung

Schnittlauch wird eher selten zum Garnieren genommen, sondern entweder als eigenes Gemüse oder als Zutat in gegarten Speisen verwendet, meistens bei Gerichten mit Fleisch und Meeresfrüchten. Ein beliebtes vegetarisches Gericht in China besteht aus Schnittlauch mit Rührei und gebratenem Tofu. Dieses Gericht ist nicht nur farbenfroh, es schmeckt auch sehr gut.

Zubereitung

Vom chinesischen Schnittlauch werden nur die Blätter verkauft, ohne Zwiebel. Gleichmäßig dunkelgrüne Blätter sind ein gutes Zeichen, vergilbte Blätter sollten aussortiert werden. Waschen sie den Schnittlauch gut, lassen ihn abtropfen und schneiden Sie ihn klein. Kantonesische Köche blanchieren Schnittlauch gerne vor dem Rührbraten.

Lagerung

Frischer Schnittlauch hält sich in einer luftdicht verschlossenen Dose 4–5 Tage im Kühlschrank.

KARTOFFELN UND SÜSSKARTOFFELN

MANDARIN: *PENSHU;* KANTONESISCH: *FAN SHUE*

Da zunächst in Asien nicht bekannt war, dass Kartoffeln und Süßkartoffeln nicht miteinander verwandt sind, bekamen sie die gleiche Bezeichnung. In Nordchina gehören weiße Kartoffeln zur Grundnahrung. In Südchina haben sie eine geringere Bedeutung. Süßkartoffeln sind auf den Philippinen sehr beliebt.

Geschmack

Es gibt verschiedenen Sorten von Kartoffeln und Süßkartoffeln in Asien. Die Knollen unterscheiden sich nach Größe, Form, Farbe, Geschmack und Struktur. Die Süßkartoffel hat eine rote Schale, und das Fleisch ist weiß bis gelborangefarben.

Verwendung

Kartoffeln sind meist Teil eines Schmorgerichts, können aber auch als Beilage oder als Snack gereicht werden. Kartoffelmehl ist ein beliebtes Mittel zum Andicken.

Zubereitung

Beide Knollen werden gleich zubereitet. Nach dem Schälen und Schneiden werden sie rührgebraten oder mit Gewürzen geschmort. In Thailand gibt es ein Dessert aus frittierten Süßkartoffeln.

Oben: Kartoffeln und Süßkartoffeln

Lagerung

Kartoffeln sollten immer an einem kühlen, dunklen Ort gelagert werden. Wegen des hohen Zuckergehalts halten sich Süßkartoffeln nicht lange.

TARO

MANDARIN: *YUTOU;* KANTONESISCH: *WOO TAU*

Diese Knollen wachsen in den Tropen und werden in Südostasien häufig verwendet. Es gibt zwei Sorten: die große, fassförmige mit den braunen Haaren ist die verbreitetste, aber es gibt auch eine kleinere Sorte, das Fleisch ist weiß mit lila Flecken.

Geschmack

Gekochte Taroknollen haben einen sehr eigentümlichen Geschmack, der oftmals mit der Wasserkastanie verglichen wird.

Verwendung

Taroknollen können in den meisten Gerichten Kartoffeln ersetzen. Sie nehmen viel Feuchtigkeit auf, sind also auch gut für Eintöpfe geeignet. Sie saugen Fett auf, wenn sie mit Fleisch gegart werden.

Oben: Eine fassförmige Taroknolle

Zubereitung

Taros müssen gekocht werden, denn unter der Schale befinden sich Giftstoffe, die aufgelöst werden müssen. Schälen Sie Taros mit Handschuhen oder kochen Sie sie in der Schale.

Lagerung

Lagern Sie Taros an einem kühlen, dunklen Ort, durch ihre dicke Schale halten sie sich lange.

YAMSWURZEL

MANDARIN: *SHANYAO;* KANTONESISCH: *SA GOT*

Die Yamswurzel stammt wohl aus China, wird heute jedoch überall in den Tropen angebaut. Sie hat dünne Haare und weißes Fruchtfleisch.

Geschmack

Yamswurzeln schmecken leicht süß und sind sehr saftig.

Verwendung

Wie Taros kann die Yamswurzel anstelle von Kartoffeln oder auch von Bambussprossen verwendet werden.

Zubereitung

Schälen Sie die Wurzel dick, auch hier verstecken sich Toxine unter der Schale, die sich beim Kochen auflösen.

Lagerung

Siehe Taro.

Oben: Lotuswurzeln und -samen

LOTUSWURZEL

MANDARIN: *LIAN OU;* KANTONESISCH: *LEEN NGAU*

Die Lotuswurzel ist in ganz Asien beliebt, besonders populär ist sie in China und Japan. Rohe Lotuswuzeln sehen aus wie eine Kette aus dicken Würsten, die in Schlamm getaucht wurden. Lassen Sie sich nicht von dem eher unästhetischen Äußeren abschrecken. Säubern, schälen und schneiden Sie die Wurzel, und an jeder Verzweigung kommt ein wunderschönes Muster zum Vorschein. Manchmal gibt es frische Lotuswurzeln in asiatischen Läden zu kaufen. In Dosen sind sie jedoch das ganze Jahr über erhältlich. Getrocknete Scheiben der Wurzel sind in Suppen sehr beliebt.

Geschmack

Die Wuzel hat wenig Aroma, aber der Geschmack ist mild und leicht süß. Lotuswurzel ist sehr knackig, machmal auch leicht holzig.

Verwendung

Von der Lotuspflanze wird nicht nur die Wurzel als Gemüse genutzt, auch die Lotussamen werden frisch als Früchte verzehrt und in getrockneter Form zum Dessert gereicht. Sie können auch püriert und mit Zucker verabeitet als Kuchenfüllung verwendet. Getrocknete Lotusblätter werden in einigen asiatischen Gerichten als Hüllen zum Einpacken der Speise verwendet.

Zubereitung

Frische Lotuswurzeln müssen geputzt werden. Hacken Sie die Wurzel in Stücke und entfernen Sie die äußere Schale. Meist wird sie klein geschnitten, man kann Wurzeln auch füllen. In Japan werden die Stücke vor dem Kochen 5 Minuten in Reiswein gelegt. Sie sind schnell gar und ergeben eine hübsche Garnitur. Getrocknete Lotuswurzel wird geschnitten verkauft und sollte 1–2 Stunden einweichen.

Lagerung

Frische Wurzeln halten sich ca. 4 Tage, wenn sie fest und intakt sind. Wenn die Oberfläche beschädigt und Schmutz eingedrungen ist, wird das Putzen schwierig. Getrocknete Wurzeln halten sich lange an einem trockenen kühlen Ort.

GETROCKNETE LILIENBLÜTEN

MANDARIN: *HUANG HUA; JINZHEN*
KANTONESISCH: *GUM JUM*

In China sind die Stempel der Tigerlilie auch als „gelbe Blumen" oder „goldene Nadeln" bekannt und in ganz Südostasien sehr beliebt.

Geschmack

Die Tigerlilie hat einen einmaligen Duft, der beim Trocknen stärker wird. Die Stempel haben einen milden Geschmack und eine feste Konsistenz.

Verwendung

In der chinesischen Küche werden die Lilienstempel oft mit schwarzem Trockenpilz kombiniert, damit ein Kontrast von Farbe, Geschmack und Konsistenz erreicht wird. Die Stempel sind auch in der buddhistischen vegetarischen Küche sehr beliebt.

Zubereitung

Getrocknete Lilienstempel müssen 30 Minuten in warmem Wasser einweichen und unter kaltem Wasser abgespült werden, bis sie sauber sind. Vor dem Verzehr wird das harte Ende entfernt.

Lagerung

Sie halten sich extrem lange in einem luftdichten Behälter ohne Einwirkung von Licht, Hitze und Feuchtigkeit.

Unten: Lilienstempel werden immer in getrocknetem Form verwendet.

Oben: Roher Bambus in Stücken und Scheiben aus der Dose

BAMBUSSPROSSEN

MANDARIN: *ZHUSUN;* KANTONESISCH: *CHUK SUN;* JAPANISCH: *TAKENOKO*

Bambus gehört zu den wichtigsten Pflanzen in Asien und wird in verschiedenen Sorten angebaut. Die essbaren Sprossen werden kurz bevor sie ans Licht gelangen gestochen. Frische Bambussprossen sind außerhalb Asiens kaum zu bekommen, aber in Dosen gibt es sie überall. In Vietnam isst man gerne eingelegte Bambussprossen.

Geschmack

Bambus hat ein feines Aroma. Liebhaber dieser Gemüsesorte behaupten, der leicht süße Geschmack würde sich mit der Jahreszeit verändern. Sprossen, die im Winter geerntet wurden, genießen einen besseren Ruf in Asien.

Verwendung

In China wird Bambus als Königin der Gemüse angesehen und seit über tausend Jahren angebaut. Die Sprossen schmecken nicht nur an sich gut, sie ergänzen auch viele andere Zutaten, mit denen sie gekocht werden.

Zubereitung

Wenn Sie das Glück haben frischen Bambus zu bekommen, müssen Sie ihn vorkochen, denn er enthält eine Säure, die toxisch wirkt. Entfernen Sie das harte Ende und die äußeren Blätter und schneiden Sie das Herz in Stücke. Diese sollten ca. 30 Minuten in Salzwasser kochen und mit klarem Wasser gespült werden. Bambus in Dosen ist vorgekocht, muss also nur abgespült werden. Getrockneter Bambus lag lange Zeit in der Sonne und schmeckt besser als der aus der Dose. Er muss aber vor der Weitervararbeitung 2–3 Stunden einweichen.

Lagerung

Frischer Bambus hält sich im Winter bis zu einer Woche, im Sommer nur 2–3 Tage. Bambus aus der Dose hält sich in einem Glas mehrere Tage, wenn das Wasser täglich gewechselt wird. Getrocknete Sprossen halten sich an einem trocknen, kühlen Platz nahezu ewig.

BOHNENSPROSSEN

MANDARIN: *DOUYA;* KANTONESISCH: *DAU NGA CHOI*

Aus verschiedenen Bohnensorten können Keime bzw. Sprossen gezogen werden, die populärsten sind kleine „grüne“ Keime der Mungobohnen und die größeren „gelben“ Keime der Sojabohne. Die frischen Sprossen gibt es in vielen Supermärkten, Reformhäusern und auf dem Markt. Sie können die Keime auch zu Hause selber ziehen. Nehmen Sie keine Sprossen aus der Dose, sie sind zumeist matschig und geschmacklos.

Rechts: Mungobohnensprossen (Schale), Sojasprossen

Geschmack

Sojabohnensprossen haben einen stärkeren Geschmack als Mungbohnensprossen, aber beide sind mild und haben eine knackige Konsistenz.

Verwendung

Rührbraten ohne Fleisch ist die beliebteste Zubereitungweise für Bohnenkeime. Mungbohnensprossen können auch roh in Salaten gegessen werden, Sojabohnensprossen werden häufiger in Suppen verwendet.

Zubereitung

Waschen Sie die Keime in kaltem Wasser, entfernen Sie die Hülse und die kleinen Wurzeln. In manchen Restaurants wird der Keimling oben und unten gekappt, so kann man auch eine Luxusdelikatesse daraus machen. Da die Keime hauptsächlich aus Wasser bestehen, werden sie bei längerem Kochen matschig und verlieren ihre herrlich frische Konsistenz.

Lagerung

Um die durchsichtig-weiße Farbe zu erhalten, sollten Sie die Sprossen in einer verschlossenen Box im Kühlschrank aufbewaren. Sie halten sich 2–3 Tage.

WASSERKASTANIEN

MANDARIN: *BIQI;* KANTONESISCH: *MA TAI*

Wasserkastanien sind in ganz Asien beliebt, sie kommen besonders häufig in chinesischen, japanischen, koreanischen und südostasiatischen Gerichten vor. Die Bezeichnung ist etwas irreführend, sie werden zwar im Wasser auf Reisfeldern angebaut, aber gehören sind mit Sicherheit nicht zur Familie der Kastanien. Sie sind Knollen in der Größe von Walnüssen. Es gibt mehrere Sorten, die chinesischen – dunkelbraun, ähnlich den Narzissenzwiebeln – sind die außerhalb Asiens am weitesten verbreiteten. Sie haben eine zarte Haut, die oft durch den Wuchs im Wasser mit Schmutz durchzogen ist. Frische Kastanien sind denen aus der Dose vorzuziehen.

Geschmack

Die Konsistenz ist das Beste an ihnen. Das weiße Fleisch ist knackig und saftig und verändert sich beim Kochen nicht. Sie haben einen süßen Geschmack.

Verwendung

Wasserkastanien können im Salat roh gegessen werden. In Asien werden sie oft als Snack gereicht, wie bei uns Erdnüsse. Gekochte Kastanien schmecken gut in Rührgebratenem und Schmorgerichten. Sie werden auch zu Mehl verarbeitet und dann zum Andicken oder in Kuchen verwendet.

Zubereitung

Frische Wasserkastanien sehen nicht sehr einladend aus, besonders wenn sie noch schmutzig sind. Gewaschen und geschält unterscheiden sie sich kaum von denen aus der Dose. Wasserkastanien können ganz gelassen oder in Scheiben geschnitten werden und finden oft in Fisch- und Fleischgerichten Verwendung.

Lagerung

Frische, ungeschälte Kastanien halten sich gut in einer Papiertüte im Kühlschrank. Geschält halten sie sich in einem Behälter mit Wasser etwa eine Woche.

Gehörnte Wasserkastanien
Diese Nuss wird oft mit dem gleichnamigen Gemüse verwechselt, dabei sieht sie ganz anders aus. Gehörnte Wasserkastanien (*ling gok*), die in China seit vielen Jahrhunderten verzehrt werden, haben eine harte, schwarz glänzende Schale mit zwei scharfen Hörnern. Die Nüsse messen ca. 5 cm von Spitze zu Spitze, und in der harten Schale befindet sich ein weißes, stärkehaltiges Fleisch, das süßlich schmeckt. Diese Nüsse werden vor dem Verzehr immmer gegart und gedünstet oder gekocht als Beilage oder Zutat gereicht.

Gehörte Wasserkastanien kann man asiatischen Läden kaufen und im Kühlschrank einige Wochen aufbewahren. Sind sie jedoch einmal geschält, müssen sie sofort aufgebraucht werden, das Fleisch wird schnell ranzig.

Unten: Kastanien aus der Dose (Schale) und frische Knollen, ähnlich den Narzissenzwiebeln

ZUCKERSCHOTEN

MANDARIN: *XUEDOU;* KANTONESISCH: *HOH LAN DAU*

Zuckerschoten gehören zu den bekanntesten und beliebtesten orientalischen Gemüsesorten, allerdings verweist ihr kantonesischer Name „holländische Bohne" auf eine außerasiatische Herkunft. Der französische Name – *mangetout* – bedeutet „alles essen" und stellt eine einleuchtende Beschreibung für dieses Gemüse dar. Es wird wegen seiner Schoten gegessen, nicht wegen der Erbsen, die gar nicht reifen. Zuckererbsen sind ganz ähnlich, haben aber dickere Schoten.

Geschmack

Frisch geerntete Zuckerschoten haben ein frisches, aber rasch schwindendes Aroma. Der Geschmack ist leicht süß. Die beste Zubereitung ist das Rührbraten, so passen sie sehr gut zu Garnelen, Jakobsmuscheln und anderen Schalentieren.

Zubereitung

Zuckerschoten sind einfach vorzubereiten, sie werden gewaschen und oben und unten abgeknipst. Bei jungen, zarten Exemplaren ist es nicht notwendig, den Faden abzuziehen. Die kleinen Schoten lassen Sie ganz, die großen halbieren Sie. Sie werden für sich allein rührgebraten oder mit anderen Gemüsen, wie Möhren, Frühlingszwiebeln und Maiskölbchen gemischt kurz in heißem Öl geschwenkt.

Lagerung

Junge, zarte Zuckerschoten mit fester Schale halten sich 4–5 Tage im Gemüsefach des Kühlschranks.

SCHLANGENBOHNEN

MANDARIN: *DOUJIAO* KANTONESISCH: *DAU GOK*

Sie werden auch Schnurbohnen oder thailändische Bohnen genannt, ähneln der Buschbohne, sind aber viel länger. Es gibt zwei Sorten, die einen sind hellgrün, die anderen, dunkleren, werden höher geschätzt. Dünne Bohnen sind zarter.

Oben: Schlangenbohnen kennt man auch als Schnurbohnen.

Geschmack

Diese lange Bohnen haben ein unseren grünen Bohnen ähnelndes Aroma, aber der Geschmack ist anders. Junge Bohnen sind süßer und zarter, ältere Exemplare können sehr fest sein und müssen länger kochen.

Verwendung

Schlangenbohnen werden meist rührgebraten, alleine oder mit anderen Zutaten, aber sie werden auch – kurz blanchiert – kalt und als Salat gereicht. Sie schmecken ebenfalls blanchiert und in Sesamöl geschwenkt.

Zubereitung

Nach dem Waschen schneiden Sie die Bohnen in 5 cm lange Stücke. Sie passen gut zu klein geschnittenem Schweinefleisch, Hühnchen oder Garnelen. In Sichuan gibt es dazu ein passendes Bohnengericht namens *kan shao* mit scharfen Gewürzen.

Lagerung

Verbrauchen Sie Schlangenbohnen innerhalb von 3 Tagen nach dem Kauf, bevor sie gelb werden.

Rechts: Zuckerschoten (oben) und Zuckererbsen

Oben: Eine ganze Luffa und Scheiben

LUFFA

MANDARIN: *SIGUA;*
KANTONESISCH: *SZE GWA*

Dieses Gemüse ist auch als Seidenkürbis oder chinesische Okra bekannt. Es sieht wie eine lange, dünne Zucchini oder eine sehr große Okraschote aus. Die bekannteste Sorte ist der Länge nach eingekerbt und dunkelgrün. Die zweite Sorte ist nicht so bekannt, sie ist größer, die Form zylindrischer und der untere Teil ist dicker. Sie ist schwerer als die gekerbte Luffa sowie heller.

Geschmack

Luffa hat einen feinen Geschmack, der dem der Salatgurke ähnelt, diese beiden können in warmen Gerichten oft ausgetauscht werden.

Verwendung

Sie wird meist in Rührgebratenem und in Suppen verwendet und sollte nur mit Zutaten gemischt werden, die ihr feines Aroma nicht überdecken, z. B. Hühnerbrust, Fisch und Meeresfrüchten. Luffa ist auch in vegetarischen Gerichten beliebt.

Zubereitung

Eine junge Luffa muss nur gewaschen und geschnitten werden. Die Kerben müssen nur bei älteren Exemplaren entfernt werden. Wenn sie sehr fest sind, lassen Sie das Fruchtfleisch ganz, so sieht die Luffa weiß-grün gestreift aus. Luffa sollte, wie Gurke auch, nicht zu lange gegart werden, wird aber niemals roh verzehrt.

Lagerung

Bewahren Sie frische Luffa im Gemüsefach auf, 2–3 Tage nach dem Kauf wird sie aber schon welk.

MAISKÖLBCHEN

MANDARIN: *YUMI SUN;*
KANTONESISCH: *YOOK MY SON*

Maiskölbchen gibt es frisch und in Dosen. Die in Dosen können sehr groß sein und sind oft nicht so zart wie die kleinen frischen Kölbchen.

Geschmack

Maiskölbchen haben einen süßen Duft und Geschmack und eine knackige Konsistenz.

Verwendung

Maiskölbchen passen zu Salat, Rührgebratenem und Suppen. Im Wok verleihen sie nahezu jedem Gericht Farbe und Geschmack und lassen sich besonders gut mit Möhren, Paprika, Brokkoli und Zuckerschoten kombinieren.

Zubereitung

Waschen Sie die Kölbchen. Große können der Länge nach geteilt werden, kleine Kolben lässt man am besten ganz. In Asien werden sie zuerst kurz in Salzwasser blanchiert und dann in den Wok gegeben. Kolben aus der Dose sollte man abspülen, trocknen und nicht zu lange garen, da sie bereits gekocht sind.

Lagerung

Frische Kölbchen halten sich eine Woche im Gemüsefach, sollten aber möglichst bald nach dem Kauf verzehrt werden.

Oben: Knackige Maiskölbchen bringen Farbe ins Gericht.

FRISCHE UND GETROCKNETE PILZE

SHIITAKE

MANDARIN: *XIANG GU;* KANTONESISCH: *HUNG GWO;* JAPANISCH: *SHIITAKE*

Frische Shiitake-Pilze waren bei uns früher Mangelware, heute werden sie auch hier angebaut und sind überall zu kaufen. Sie ähneln großen Champignons, gehören aber zu den Pilzsorten, die in ihrer Heimat Japan auf Hartholz gezüchtet werden. Shiitake werden auch getrocknet (s. schwarze Trockenpilze auf der nächsten Seite) und sind in Dosen erhältlich.

Geschmack

Diese fleischigen Pilze schmecken säuerlich und haben eine glatte Oberfläche. Sie enthalten doppelt so viel Eiweiß wie Champignons. Bei getrockneten Shiitakepilzen ist der Gemschack intensiver.

Verwendung

Kleine Pilze können roh gegessen werden, doch erst das Garen bringt den vollen Geschmack zur Geltung. Sie werden in Suppen, Rührgebratenem und Schmorgerichten verwendet. Sie passen gut zu Reis und Nudeln sowie zu Zutaten mit feinem Aroma.

Unten: Frische und getrocknete Shiitake

Zubereitung

Die Stiele frischer Shiitakepilze werden vor dem Garen entfernt. Die Kappen können sautiert, rührgebraten, geschmort oder Suppen zugefügt werden. Shiitake haben eine etwas längere Garzeit als Champignons, aber übermäßiges Kochen verhärtet sie. Für einen Salat sollten Sie die Shiitakepilze kurz in Wasser oder Brühe kochen, abkühlen lassen und in dann in der Marinade schwenken.

Links: Austernpilze

Lagerung

Bewaren Sie frische Shiitake in Papier im Kühlschrank auf und verbrauchen sie Sie innerhalb von 3 Tagen.

AUSTERNPILZE

MANDARIN: *BAOYU GU;* KANTONESISCH: *HOWYOO GWO;* JAPANISCH: *SHIMEJI*

In der freien Natur wachsen Austernpilze auf verottetem Holz. Die Kappen, Lamellen und der Stiel sind von derselben Farbe, die von Grau über Lila bis zu Gelb reichen kann. Seitdem sie in Massen gezüchtet werden, gelten sie nicht mehr – wie früher – als Luxusartikel. Bei uns sind sie auch im Supermarkt erhältlich.

Geschmack

Der Geschmack ist mild und erinnert entfernt an Meeresfrüchte.

Verwendung

Austernpilze sind in Suppen und Rührgebratenem beliebt und werden auch für Nudel- und Reisgerichte verwendet.

Zubereitung

Austerpilze müssen nicht geputzt werden. Große Exemplare werden nur auseinandergezupft und nicht geschnitten. Ihre Zartheit vergeht, wenn sie zu lange gegart werden, deshalb werden sie im letzten Moment erst in den Wok gegeben.

Lagerung

Kaufen Sie Austernpilze, die frisch riechen und ebenso frisch aussehen. Sie sollten keine feuchten oder verfärbten Stellen oder Dellen haben. Bewahren Sie die Pilze in einer Papiertüte im Gemüsefach des Kühlschranks auf und verbrauchen Sie sie so bald wie möglich. Sie halten sich nicht länger als 2–3 Tage.

ENOKI

MANDARIN: *JINZHEN GU;* KANTONESISCH: *GUM JUM GWO;* JAPANISCH: *ENO ITAKE*

Diese schlanken, zarten Pilze werden auch *enokitaki* genannt. Sie haben lange weiße Stiele und kleine weiße Kappen. Der chinesische Name – „Goldnadelpilz" – klingt ähnlich wie der der getrockneten Lilienstempel. Frische Enoki sind in China und Japan beliebt. Vermeiden Sie Pilze aus der Dose.

Oben: Enokipilze haben kleine Kappen und lange Stiele.

Geschmack

Enoki haben einen feinen, süßlichen, fast fruchtigen Geschmack und eine knackige Konsistenz.

Verwendung

Der feine Geschmack kommt am besten zur Geltung, wenn die Enoki roh in den Salat oder leicht gegart als Garnitur auf scharfe Gerichte und Suppen gegeben werden.

Zubereitung

Die Pilze werden in Büscheln geerntet, und nur die schwammartige Wurzel muss entfernt werden, dann sind sie zur Verarbeitung bereit. Sie werden schnell hart, wenn sie zu lange kochen, und werden deshalb erst zum Schluss Suppen oder Schmorgerichten beigegeben. Sie passen auch gut in Rührgebratenes, sollten aber nur eine Minute mitbraten.

Lagerung

Frische Enoki halten sich 4–5 Tage im Gemüsefach. Vermeiden Sie Pilze, die weiche Stellen haben oder verfärbt sind.

Unten: Geschnittene Strohpilze zeigen ihr hübsches Muster.

STROHPILZE

MANDARIN: *CAOGU;* KANTONESISCH: *TSO GWO*

Diese kleinen graubraunen Pilze wachsen auf Reisstroh, daher haben sie ihren Namen. Sie wurden von chinesischen Einwanderern in Südostasien eingeführt.

Geschmack

Bei uns gibt es kaum frische Strohpilze, mit getrockneten könnten Sie dagegen in Asialäden Glück haben. Strohpilze haben ein noch intensiveres Aroma als schwarze Trockenpilze. Pilze aus der Dose gibt es in jedem asiatischen Laden, sie haben eine empfindliche, seidene Oberfläche, einen süßlichen Geschmack und eine etwas schwammige Konsistenz.

Verwendung

Wegen ihres fast neutralen Geschmacks sind Strohpilze mit allen möglichen Zutaten kombinierbar. Sie gehören in viele chinesische Gerichte und werden auch für die Pilz-Sojasoße benutzt.

Zubereitung

Strohpilze in Dosen müssen gut gespült werden. Sie werden meist halbiert, so zeigen sie nicht nur ihr hübsches Muster, sondern sind auch leichter mit Stäbchen zu handhaben. Wie alle Pilzesorten sollten auch die Strohpilze nicht zu lange gegart werden, ganz besonders nicht die aus der Dose, da sie bereits vorgekocht sind.

Lagerung

Frische Strohpilze sind schwierig aufzubewaren, was auch erklärt, warum sie bei uns so selten zu bekommen sind. Getrocknete Pilze halten sich fast unbegrenzt, sie können jedoch mit der Zeit an Geschmack verlieren.

SCHWARZE TROCKENPILZE

Schwarze Trockenpilze sind in ganz Asien beliebt und werden in alle Welt exportiert. Obwohl sie oft als „chinesisch" bezeichnet werden, um sie von anderen Pilzen zu unterscheiden, stammt ein Großteil der in asiatischen Läden verkauften Pilze aus Japan, das weit mehr Trockenpilze produziert und exportiert als China.

Geschmack

Es gibt Trockenpilze in drei unterschiedlichen Stadien, die Kappen variieren von Dunkelgrau über Braunschwarz bis Bronzefarben. Die kleinste Variante hat kleine Kappen, wird mit und ohne Stiel verkauft und könnte als „Duftpilz" bezeichnet werden, was eigentlich der Gattungsbegriff für Shiitakepilze ist. Dann gibt es die „Winterpilze"; sie haben dickere Kappen und sind fleischiger. Die teuersten Pilze werden „Blumenpilze" genannt und gelten als die besten der Winterpilze. Die Kappen sind so dick, dass sie platzen und ein Blumenmuster zeigen, das ihnen den Namen gab. Alle drei haben einen eher dumpfen Geschmack und ein wohl riechendes Aroma, das beim Trocknen noch intensiver wird.

Verwendung

Diese Pilze sind sehr vielseitig. Sie können rührgebraten, geschmort, gedünstet und in Suppen eingesetzt werden. Sie sind für vegetarische Speisen sehr wichtig und passen gut zu Bambussprossen, mit denen sie in Form, Farbe und Konsistenz einen interessanten Kontrast bilden. Trockenpilze passen auch gut zu Meerestieren, Geflügel und Fleisch und natürlich zu anderen Gemüsen.

Oben: Schwarze Trockenpilze sind auch als Duftpilze bekannt und eine getrocknete Form der Shiitake.

Zubereitung

Trockenpilze müssen zunächst zugedeckt in Wasser eingeweicht werden. Am besten werden sie über Nacht oder nur einige Stunden in klares Wasser gelegt, abhängig von der Dicke der Pilze. Zur Not tun es auch 30 Minuten in warmem Wasser, bei kochendem Wasser geht der Geschmack in das Wasser über, und die Pilze werden fade. Verwenden Sie auch das Einweichwasser im Gericht, so können Sie den Geschmack verstärken. Nach dem Einweichen drücken Sie die Pilze gut aus und entfernen gegebenenfalls die Stiele. Kleine Pilze werden ganz verwendet, größere sollten halbiert, geviertelt oder klein geschnitten werden. Die dünneren Pilze werden meistens in feine Streifen geschnitten oder gehackt, die dickeren aber, besonders der Blumenpilz, werden oft ganz gelassen, damit ihre schöne Struktur zum Vorschein kommt.

Lagerung

Schwarze Trockenpilze halten sich meist sehr lange (über ein Jahr lang), wenn sie an einem kühlen, dunklen, trockenen Ort aufbewahrt werden.

Zubereitung von Trockenpilzen

Trockenpilze haben oft ein reiches Aroma, lassen sich gut lagern und sind dann schnell bei der Hand für ein asiatisches Gericht. Nach dem Einweichen können sie in Rührgebratenem, in Schmorgerichten und in Suppen verwendet werden. Trockenpilze müssen länger kochen als frische Pilze.

Weichen Sie Trockenpilze je nach Größe 20–30 Minuten lang in kochendem Wasser ein, bis sie zart sind. Sie sollten gut abgespült werden, damit der Schmutz ausgewaschen wird.

Rechts: Wolkenohren sind auch scharze getrocknete Pilze.

WOLKENOHREN

MANDARIN: *MU'ER;* KANTONESISCH: *WAN YEE;* VIETNAMESISCH: *MOC NHI*

Wolkenohren werden auch bei uns zunehmend als Mu Err bezeichnet. Sie sind ebenfalls schwarze Trockenpilze und werden häufig in China, Thailand und Vietnam verwendet. Sie sind dünn und brüchig und sehen aus wie geschwärztes Papier.

Geschmack

Aus der Packung kommt zunächst ein etwas rauchiger Duft, der aber nach dem Einweichen verschwindet. Sie sind fast geschmacksneutral, haben aber eine interessante Konsistenz: sie sind weich und glatt, aber trotzdem knackig.

Verwendung

Wolkenohren werden zum Rührbaten, Schmoren und in Suppen verwendet. Traditionell werden sie mit getrockneten Lilienstempeln in chinesischen Gerichten gemischt, bekannt ist z. B. eine scharfe, saure Suppe mit Mu Err.

Zubereitung

Der Pilz erreicht beim Einweichen das Sechs- bis Achtfache seiner Größe, Sie sollten daher viel Wasser und eine sehr große Schüssel verwenden. Die Daumenregel besagt, dass ein Esslöffel Mu Err ca. 250 ml Wasser braucht. Lassen Sie die Pilze zugedeckt ca. 30 Minuten einweichen, dann gut spülen und trocknen. Entfernen Sie harte Wuzeln oder sandige Stellen. Schneiden Sie den Pilz klein, damit er nicht seine wellige Form verliert.

Lagerung

Trockenpilze halten sich an einem kühlen, trockenen Ort lange, eingeweicht können sie 2–3 Tage in Wasser aufbewahrt werden.

Links: Silberohren

SILBEROHREN

MANDARIN: *YINER;* KANTONESISCH: *PAK MOOK YEE*

Dieser seltene Pilz, der seinen hohen Preis auch durch seine Verwendung in der chinesischen Medizin rechtfertigt, ist auch als weißer Trockenpilz bekannt. Er soll eine anregende Wirkung haben und wird in Asien bei Beschwerden der Lunge und Leber sowie bei Schlaflosigkeit verabreicht. Experimentieren Sie nicht mit diesem Pilz, überlassen Sie dies geschulten Fachleuten.

Geschmack

Silberohren gehören zu einer anderen Pilzart als die Wolkenohren, und ihr Geschmack ist süßer.

Verwendung

Wolkenohren gehören in die alltägliche Küche, aber Silberohren werden in Asien nur zu besonderen Gelegenheiten gereicht. Sie werden oft in vegetarischen Gerichten mit anderen Gemüsesorten gemischt, aber bei Banketts und festlichen Essen auch oft als besondere Beilage gekocht und alleine serviert.

Zubereitung und Lagerung

Getrocknete Silberohren sollten ebenso zubereitet und gelagert werden wie Wolkenohren.

SEETANG

Links: Kombu schmeckt nach Meer.

KOMBU

CHINESE: *HAIDAI;* JAPANISCH: *KOMBU*

In der asiatischen Küche werden verschiedene Sorten von Seetang verwendet, besonders in Japan und Korea. Die bekannteste Sorte ist der große Seetang, den es bei uns nur in getrockneter Form gibt und der meist mit dem japanischen Namen *kombu* oder *konbu* bezeichnet wird.

Geschmack

Kombu hat viele Vitamine und Mineralien und ist besonders reich an Jod. Es hat einen starken Meergeschmack und eine feste Konsistenz.

Verwendung

Dieser Seetang wird in China meist für Suppen verwendet, in Japan aber auch geschmort als Gemüse und zum Würzen von Fischbrühe *(dashi).*

Dashi

Dieser Fond, der aus Kombu und Thunfischflocken besteht, ist die Basis für viele japanische Suppen. Er kann in jedem Gericht, das einen kräftigen Fond braucht, anstelle von Wasser verwendet werden.

FÜR 800 ML

- 10 cm langes Stück Kombu
- 900 ml Wasser
- 40 g Katsuobushi (getrocknete Thunfischflocken)

1 Reiben Sie den Kombu mit einem feuchten Tuch ab; schneiden ihn in 3–4 Streifen und geben ihn in eine Pfanne. Bedecken Sie ihn mit Wasser und lassen ihn 1 Stunde einweichen.

2 Stellen Sie die Pfanne auf den Herd, kurz bevor das Wasser kocht, nehmen Sie den Tang heraus.

3 Rühren Sie die Fischflocken ein, kochen Sie sie auf, nehmen Sie sie vom Herd und warten, bis die Flocken abgesunken sind. Gießen Sie die Flüssigkeit durch ein Tuch.

Zubereitung

Kombu hat ein pudrige Oberfläche, die dem Aroma zugute kommt, Sie sollten den Tang daher nicht abwaschen. Reiben Sie ihn nur mit einem feuchten Tuch ab und schneiden Sie ihn klein. Weichen Sie ihn 45–50 Minuten in kaltem Wasser ein. Auch das Weichwasser wird beim Kochen verwendet.

Lagerung

Kombu hält sich lange, wenn er an einem trockenen, kühlen Ort im Dunklen gelagert wird.

NORI

JAPANISCH: *NORI*

Dies ist ein oblatendünner, getrockneter Seetang, der meist zur Herstellung von japanischen Sushi oder Maki verwendet wird. Er wird in grünen bis schwarzen Blättern verkauft und ist stellenweise fast transparent. Für Sushi werden die Blätter einseitig geröstet, auf beiden Seiten, wenn er zerbröselt und als Garnitur verwendet wird. Fertig geröstete und gewürzte Blätter sind als Yaki-Nori erhältlich. Ao-Nori ist zu Pulver verarbeiteter Seetang.

WAKAME

JAPANISCH: *WAKAME*

Dieser junge, dunkle Seetang hat einen feinen Geschmack und eine zarte, aber knusprige Konsistenz. Er ist klein geschnitten, frisch (vakuumverpackt) und getrocknet erhältlich und wird gerne für Suppen und Salate verwendet. Getrockneter Wakame sollte in lauwarmem Wasser 10–15 Minuten einweichen. Dann wird er abgegossen, 1 Minute in kochendes Waser gegeben, unter kaltem Wasser gespült und wieder abgetropft.

Oben: Wakame (Schüssel), Hijik (oben) und Nori

HIJIK

JAPANISCH: *HIJIK*

Dieser japanische Seetang ist dem Wakame sehr ähnlich. Es gibt ihn getrocknet und fein geschnitten. Er sollte vor der Weiterverarbeitung wie Wakame behandelt werden.

AGAR-AGAR

CHINESE: *DONGFEN; YANGCAI;*
JAPANISCH: *KANTEN*

Diese gelatineartige Substanz, die aus Seetang gewonnen wird, wird in China auch „Steinblumengemüse" genannt. In Asialäden ist Agar-Agar in langen getrockneten Streifen oder als weißes Pulver erhältlich. Agar-Agar wird gerne zum Andicken genommen, speziell als vegetarische Alternative zu Gelatine.

Geschmack

Agar-agar ist geruchslos und geschmacksneutral. Es übernimmt den Geschmack der Zutaten, mit denen es verarbeitet wird.

Verwendung

In Asien nimmt man eingeweichte Streifen auch für Salat, doch meistens wird es als Verdickungsmittel benutzt, hauptsächlich für Süßspeisen.

Rechts: Agar-Agar wird in dicken und dünnen Streifen sowie als Pulver zum Andicken verkauft.

Zubereitung

Für einen Salat müssen die Streifen 20–25 Minuten in lauwarmem Wasser einweichen. Dann werden sie abgegossen und auf Küchenpapier getrocknet. Teilen Sie die Streifen und schneiden Sie sie klein. Mischen Sie Agar-Agar mit den anderen Zutaten und dem Salatdressig.

Für das Andicken von Süßspeisen wird Agar-Agar langsam bei niedriger Hitze in Wasser aufgelöst, das kann ca. 10 Minuten dauern. Erhitze Sie etwas Milch und Zucker, würzen Sie z. B. mit Mandelessenz und mischen Sie dann die Agar-Agar-Lösung darunter. Lassen Sie die Mischung auskühlen und stellen Sie sie 3–4 Stunden in den Kühlschrank, bis sie fest ist. Bei den Mengenangaben halten Sie sich an die Packungsanleitung.

In der Regel gilt, dass 5 ml Pulver zum Andicken von 300 ml Flüssigkeit ausreichen.

Lagerung

Agar-Agar, in Streifen oder als Pulver, hält sich unbegrenzt an einem kühlen, trockenen Ort.

OBST

DURIAN

CHINESISCH: *LIU LIAN;* THAI: *THURIAN*

Diese tropische Frucht stammt ursprünglich aus Malaysien oder Borneo und ist in Südostasien sehr beliebt. Die runden oder ovalen Früchte haben eine blassgrüne Schale, die mit Spitzen versehen ist, die sich gelb färben, wenn die Frucht reif wird. Eine normale Durian wiegt ca. 2 kg, sie kann aber bis zu 4,5 kg wiegen.

Geschmack

Durian hat einen eher unangenehmen Geruch. Das Fleisch schmeckt jedoch sehr süß und erinnert an Erdbeeren.

Verwendung

Die Frucht wird roh gegessen, die Samen werden geröstet und wie Nüsse verzehrt.

Zubereitung

Jede Frucht besteht aus drei, vier oder fünf Segmenten. Mit einem scharfen Messer wird die Durian zwischen den Segmenten aufgeschnitten, und diese werden herausgedrückt. Der Saft sollte nicht auf die Kleidung gelangen, die Flecken sind ausgesprochen hartnäckig. Das Fleisch kann mit einem Löffel gegessen sowie für ein Dessert oder zu einem Curry püriert werden. Manche Köche legen das Fruchtfleisch 10–12 Stunden in Kokosmilch ein, damit wird der unangenehme Geruch vertrieben.

Lagerung

Eine Lagerung wird nicht empfohlen, denn der Geruch breitet sich überall aus. Beim Kauf sollten Sie auf Früchte ohne Dellen achten und diese schnell nach Hause bringen, damit Sie sich bei Ihren Mitmenschen nicht unbeliebt machen!

Rechts: Mangosteen kann allein oder im Obstsalat gegessen werden.

Unten: Eine Durian und ihre großen Samen

MANGOSTEEN

CHINESISCH: *SANZHU GUO;* THAI: *MANG KHUT*

Mangos und Mangosteens haben lediglich die ersten fünf Buchstaben gemeinsam. Beide sind zwar exotische Früchte, unterscheiden sich aber stark. Mangosteens sind klein, apfelförmig und haben eine lederbraune Haut, die beim Reifen lilafarben wird. Das Fleisch ähnelt äußerlich dem der Litschi, aber es schmeckt anders. Mangosteens stammen aus Südostasien und werden in Thailand angebaut.

Geschmack

Die harte Haut umschließt ein weiches, weißes Fleisch, das in Segmente aufgeteilt ist. Jedes Segment hat einen großen Samen. Das frische Fleisch duftet, es schmeckt ähnlich wie Grapefruit.

Verwendung

Mangosteens werden immer roh gegessen, die verwandte Frucht Kokum wird allerdings in indischen Gerichten zum Säuern genommen.

Zubereitung

Teilen Sie die Frucht in der Mitte und nehmen Sie die Segmente vorsichtig heraus. Reichen Sie diese alleine oder in einem Obstsalat.

Lagerung

Sie halten sich in frischem, nicht überreifen Zustand 8–10 Tage lang.

LITSCHIS

MANDARIN: *LIZHI;* KANTONESISCH: *LA-EE-TZEE;* THAI: *LIN-CHI*

Litschis sind in den subtropischen Regionen Südchinas und Thailands zu Hause und wachsen in Büscheln an kleinen Bäumen. Die reife Frucht hat ungefähr die Größe einer kleinen Pflaume und hat eine schöne altrosafarbene Schale. Diese umschließt ein leicht transparentes weißes Fleisch, in dem ein ungenießbarer Kern steckt. Frische Litschis gibt es nur saisonweise. Es gibt Litschis auch in Dosen, aber da fehlt es am frischen Geschmack. Bevorzugen Sie bei Dosenware die im eigenen Saft eingelegten Früchte, nicht die in Sirup.

Geschmack

Geschälte Litschis haben einen angenehmen Duft. Das Fleisch schmeckt klar und frisch, ein bisschen nach Trauben, aber stärker aromatisiert.

Verwendung

Litschis und ihren Verwandten, Longans (Drachenaugen), wird nachgesagt, dass sie die Fruchtbarkeit erhöhen. In einigen Regionen Chinas wird einem Jugendlichen, der die Pubertät erreicht hat, ein Mahl aus einem jungen Hahn und getrockneten Litschis oder Longans gereicht. Meistens werden Litschis aber frisch verzehrt, nach einem guten Essen reinigen sie die Geschmacksknospen. Sie werden auch im Obstsalat und für Sorbets verwendet.

Zubereitung

Bei Litschis wird nur die Schale abgezogen, das Fruchtfleisch wird einfach abgenagt oder geteilt und entkernt.

Lagerung

Litschis schmecken am besten gekühlt und halten sich im Gemüsefach ca. 1 Woche lang.

Oben: Rambutans, frisch und aus der Dose

Rechts: Litschis, frisch und aus der Dose

RAMBUTAN

KANTONESISCH: *HONG MAO TANG;* THAI: *NGO*

Diese kleine tropische Frucht kommt ursprünglich aus Malaysien, aber sie wächst auch auf den Philippinen und in Thailand. Sie gehört zur gleichen Familie wie die Litschis und schmeckt auch ähnlich, sieht aber anders aus. Die rötlich-braune Haut ist mit feinen, grünspitzigen Haaren bedeckt. Das Fruchtfleisch ist weiß und umschließt einen eckigen Samen.

Geschmack

Rambutans duften nicht so intensiv wie Litschis, schmecken dafür aber etwas schärfer.

Verwendung

Rambutans werden in der unteren Schalenhälfte serviert und aus der Hand gegessen. Sie werden auch im Obstsalat verwendet, aber selten gekocht.

Zubereitung

Ritzen Sie die Frucht entlang der Mittellinie ein und entfernen Sie die eine Schalenhälfte oder die ganze Haut. Das Fleisch ist fest mit dem Samen verbunden, es ist schlechter zu entfernen als bei Litschis.

Lagerung

Wie Litschis, werden auch Rambutans am besten kühl aufbewahrt. Sie halten sich ebenfalls etwa eine Woche lang.

Oben: Eine Auswahl des reichen Angebots frischer Mangos.

MANGOS

CHINESISCH: *MANG GUO;* THAI: *MA-MUANG*

Eine der beliebtesten Obstsorten der Welt stammt ursprünglich aus Indien und wird heute in ganz Südostasien und anderen tropischen und subtropischen Ländern angebaut. Es gibt sehr viele verschiedene Sorten der Mango. Die meisten sind oval, haben eine grüne, goldene oder rote Schale und kräftiges orangefarbenes Fruchtfleisch, das oft sehr faserig ist. Mangos gibt es auch in Dosen oder getrocknet. Achten Sie beim Kauf darauf, dass die Mango nicht allzu hart ist, dann kann sie leicht holzig sein.

Geschmack

Das Aroma einer reifen Mango ist einzigartig. Manche sagen, es erinnere sie an einen Pinienwald im Frühjahr. Das saftige Fruchtfleisch duftet stark und schmeckt fruchtig-süß.

Verwendung

Mangos werden nicht nur frisch als Obst verzehrt, sie finden auch in vielen Chutneys und Pickles Verwendung. In Asien werden sie auch in pikanten Gerichten verwendet. Zu einer rührgebratenen Ente gibt man statt Ananas häufig Mango. Mangoeis ist berühmt, und thailändische Köche machen ein ganz hervorragendes Dessert aus glutenhaltigem Reis, Kokosmilch und Mangos.

Zubereitung

Zunächst wird zu beiden Seiten des Kerns das Fruchtfleisch in zwei großen Scheiben abgeschnitten und mit einem Löffel ausgeschabt. Dann schälen Sie die restliche Schale und knabbern den Kern ab. Das klingt vielleicht für unsere Ohren etwas ungewöhnlich, aber so isst man in Asien traditionell eine Mango. Sie können die Mango auch zuerst ganz schälen und dann das Fruchtfleisch vom Kern abtrennen. Die beiden Scheiben können auch kreuzweise eingeschnitten und dann von der Schale aus gewölbt werden, dann entsteht ein „Mango-Igel“.

Lagerung

Mangos werden in der Regel kurz vor der Reife geerntet, in Stroh verpackt und verschickt. Früchte, die beim Kauf noch fest sind, kann man zu Hause etwas nachreifen lassen. Am besten packen Sie die Mango in Zeitungspapier, legen sie in eine Schachtel und decken sie mit weiterem Zeitungspapier zu. Die Farbe verrät Ihnen nicht unbedingt etwas über den Reifezustand, aber beim Drücken merken Sie schnell, wann eine Mango reif ist. Dann sollten Sie die Frucht sofort essen.

Mangos zubereiten

Mangos sind etwas schwierig vorzubereiten, denn sie haben einen großen Kern, der fest im Fleisch sitzt und sind sehr saftig.

1 Schneiden Sie an beiden Seiten große Scheiben so nah wie möglich am Kern ab.

2 Holen Sie das Fleisch mit einem Löffel aus der Haut, entfernen Sie die restliche Schale und schneiden Sie das Fleisch um den Kern ab.

PAPAYAS

MANDARIN: *FAN MUGUA;* KANTONESISCH: *MUK GWA;* THAI: *MALAKO*

Papayas – oder auch Paw Paws – stammen aus dem tropischen Amerika. Sie wurden erst um das Jahr 1600 in Asien eingeführt, erreichten aber so schnell einen sehr hohen Beliebtheitsgrad, dass sie heute zu den häufigsten und wichtigsten Früchten in tropischen Ländern gehören.

Papayas können klein und rund sein, sind aber oft birnenförmig. Wenn sie reif sind, verfärbt sich die Haut von grün zu gelb, und das Fruchtfleisch, das entweder rosa- oder leuchtend orangefarben ist, wird weich und saftig. Die kleinen schwarzen Samen werden nicht verzehrt, aber in Asien manchmal als Garnitur verwendet.

Geschmack

Der Duft einer reifen Papaya ist süß und wie Parfüm. Er kann unangenehm werden, aber dem kann man mit etwas Zitronensaft abhelfen. Das Fleisch einer unreifen Papaya ist hellgrün und nicht besonders süß.

Verwendung

In Südostasien wird Papaya sowohl als Obst als auch als Gemüse gegessen. Die reife Frucht wird meist allein verzehrt, aber auch in Obstsalaten und anderen Desserts. Papayas, die nicht überreif sind, kommen in Suppen, Curries oder Gerichte mit Meeresfrüchten. Unreife grüne Papayas werden, speziell in Thailand, roh in Gemüsesalaten serviert und eingelegt. Papyas enthalten ein Enzym – Papain –, das hervorragend zum Weichmachen von Fleisch geeignet ist. Saft und Haut werden zum Weichmachen verwendet.

Zubereitung

Halbieren Sie die Frucht in der Mitte und löffeln die Samen heraus. Wird die Papaya als Obst gereicht, schneiden Sie das Fleisch in Schnitze und beträufeln Sie diese mit Zitronensaft, reichen Sie kleine Löffel zum Essen. Für einen Salat schälen Sie die unreife Papaya, hacken das Fleisch klein und kombinieren es mit Möhren, Kopfsalat oder Gurken und verwenden eine würzige Salatsoße. In Thailand kommen oft noch getrocknete Krabben dazu, da sie eine salzige Note in das Gericht einbringen.

Lagerung

Grüne Papayas sind bei uns schwer zu bekommen, sie können bis zu einer Woche im Kühlschrank aufbewahrt werden. Bei den reifen Früchten achten Sie auf eine gelbe Farbe und einen angenehmen Duft. Wenn die Frucht noch nicht reif ist, achten Sie darauf, dass die Schale um den Stängel herum gelb ist. Ist sie grün, wird die Frucht nicht mehr weiterreifen. Fast reife Früchte können nur wenige Tage bei Raumtemperatur nachreifen.

Rechts: Papayas zählen zu den beliebtesten tropischen Früchten.

Drachenfrucht
Diese hellen Früchte wachsen überall in Vietnam. Es gibt sie in Rosa und Gelb. Die rosafarbenen Früchte sind bis zu 10 cm lang und mit grünen Spitzen besetzt. Die gelben sind kleiner und sehen aus wie stachelige Birnen. Das Fleisch ist süß und erfrischend und wird am besten gekühlt mit etwas Zitronensaft gegessen.

Nüsse und Samen

ERDNÜSSE

Chinesisch: *huasheng mi*

Erdnüsse stammen ursprünglich aus Südamerika und wurden wahrscheinlich im 16. Jahrhundert in Asien eingeführt. Erdnüsse sind sehr nahrhaft, sie haben einen hohen Fettanteil (40–50%) und sind reich an Eiweiß (ca. 30%).

Geschmack

Rohe Erdnüsse riechen kaum, aber geröstet haben sie ein einzigartiges Aroma, eine knackige Konsistenz und einen sehr eigenen Geschmack.

Verwendung

Erdnüsse spielen in der asiatischen Küche ein wichtige Rolle. Die kleinen werden zu Öl verarbeitet, die größeren Nüsse mit geringerem Ölanteil werden als Snack angeboten und in Gerichten verwendet. In Indonesien und Malaysien sind zerriebene Erdnüsse die Grundlage für die bekannte Satésoße und die Salatsoße für den Gado-Gado-Salat.

Zubereitung

Genau genommen ist die Erdnuss keine Nuss, sondern eine Hülsenfrucht. Die Schale ist die getrocknete, faserige Schote der Pflanze. Was wir als Nuss bezeichnen, ist eigentlich der Samen, der mit einem rotbraunen Häutchen umgeben ist. Dieses Häutchen muss vor dem Verzehr entfernt werden, da es Bitterstoffe enthält. Am einfachsten geschieht dies durch Rösten oder Braten, beim Erkalten werden die Nüsse aneinander gerieben, so geht die Haut leicht ab. Beim kommerziellen Rösten werden die Nüsse einem heißen Ventilator ausgesetzt.

Oben: Rohe und geschälte Erdnüsse

Lagerung

Rohe Erdnüsse in der Schale halten sich viele Monate bei guter Lagerung. Geschälte rohe Erdnüsse halten sich auch in einem luftdichten Behälter nur 7–10 Tage

GINGKONÜSSE

Chinesisch: *baiguo;* Japanisch: *gingko biloba*

Der Gingkobaum stammt ursprünglich aus China und wächst aber seit vielen Jahren auch in Japan, wo er „Jungfrauenhaar" genannt wird.

Geschmack

Die Gingkonüsse ähneln in Aussehen und Geschmack zwar den Lotusnüssen, sind aber von feinerer, festerer Konsistenz und weniger süß.

Verwendung

Gingkonüsse spielen vor allem in der vegetarischen Küche Asiens eine wichtige Rolle, besonders in China und Japan. Sie kommen in „Buddahs Freude" (ein sehr bekanntes Gericht) und in verschiedenen japanischen Gemüse- und Reisgerichten vor.

Gingkonüsse aus der Dose

Zubereitung

Gingkonüsse lassen sich nicht gut transportieren. Das Fleisch in der Schale wird schnell trocken oder verfault, daher werden nur getrocknete oder in Dosen verpackte Nüsse exportiert. Getrocknete Nüsse müssen einige Stunden in Wasser einweichen. Abgetropfte Nüsse werden in Suppen und Rührgebratenem verwendet.

Lagerung

Eingeweichte oder Nüsse aus der Dose können 2–3 Tage in frischem Wasser im Kühlschrank aufbewahrt werden.

MANDELN

Mandarin: *xingren;*
Kantonesisch: *hang yahn*

Diese Nüsse stammen aus dem Kern einer Frucht, die mit der Aprikose verwandt ist. Die reife Frucht ist allerdings zäh, schmutziggrau und ungenießbar.

Geschmack

Mandeln haben einen einzigartigen Geschmack; es gibt süße und bittere Sorten, aber alle sind knackig.

Verwendung

In Asien werden Mandeln meist für die Zubereitung von Desserts und Kuchen verwendet. Bittermandeln sollten nicht roh gegessen werden, denn sie enthalten Blausäure.

Oben: Geschälte Mandeln

Zubereitung

Ganze Kerne sollten eingeweicht werden, dann kann man die Haut leicht abziehen. Bei uns gibt es aber auch bereits geschälte, gehackte und Mandeln in Scheiben.

Lagerung

Mandeln sind reich an Fett und werden bei zu langer Lagerung leicht ranzig. Ungeöffnete Tüten sollten an einem kühlen, trockenen Ort in einer verschlossenen Dose nur 2–3 Monate lang gelagert werden. Geöffnete Tüten oder lose Mandeln sollten schnell aufgebraucht werden.

SESAMSAMEN

CHINESISCH: *ZHIMA*

Die Sesampflanze kommt wahrscheinlich aus Afrika, wird aber seit Urzeiten auch in Indien und China angebaut. Heute wächst sie in allen tropischen und subtropischen Ländern. Sesamsamen sind klein, flach und oval. Sie sind meist weiß, können aber auch cremefarben, braun, rot oder schwarz sein.

Geschmack

Rohe Samen haben fast kein Aroma und schmecken eher fade. Das ändert sich, wenn man sie röstet. Dann bekommen sie einen nussigen Geschmack und duften auch gut.

Verwendung

Die Samen bestehen zu 50% aus Öl, das in der asiatischen Küche gern zum Würzen eingesetzt wird. Viele chinesische Gerichte, wie die berühmten Honigäpfel und Hühnchen *Bang-Bang* werden damit zubereitet. Das Öl eignet sich hervorragend für das Kochen mit dem Wok. Sesamsamen werden auch oft in Singapur, Malaysien, Indonesien und Japan zum Garnieren verwendet.

Zubereitung

Sesamsamen werden vor dem Verzehr meist geröstet. Geben Sie die Samen bei mittlerer Hitze in einen Wok und rühren Sie ständig um, sie brennen sehr schnell an. Wenn Sie gemahlene Samen verwenden möchten, zerstoßen Sie die Samen in einem Mörser oder reiben Sie sie zwischen zwei flachen Platten, wie in Korea üblich. In Japan verarbeitet man die Samen in einer Mühle, die an unsere Pfeffermühlen erinnert und bei der man den Mahlgrad einstellen kann. Die gemahlenen Samen heißen *irigoma*.

Lagerung

Sesamsamen halten sich aufgrund ihres hohen Ölanteils nicht sehr lange. Beachten Sie unbedingt das Verfallsdatum.

Oben: Weiße und schwarze Sesamsamen

Weitere Nüsse

Kerzennüsse: Diese indonesischen Nüsse ähneln der Macadamianuss. In Asien werden die zerstoßenen Nüsse zum Andicken verwendet. Die Nüsse sollten immer gegart werden.

Cashewnüsse: Diese Nüsse werden roh und geröstet verwendet.

Esskastanien: Sie duften stark und haben eine mehlige Konsistenz, daher sind sie bei vegetarischen Gerichten beliebt. Besonders gut passen sie rührgebraten zu Pak Choy und anderem Blattgemüse.

Oben: Kerzennüsse, Cashewnüsse und Esskastanien, von links

Tofu und Gluten

TOFU/SOJAQUARK

MANDARIN: *DOUFU;* KANTONESISCH: *DAU FOO;* JAPANISCH: *TOFU*

Der aus Sojabohnen hergestellte Tofu ist eine chinesische Errungenschaft, mit der sich eine preiswerte Eiweißquelle auftat, die der Ernährung der Bevölkerung zugute kommt. Er ist sehr nahrhaft, enthält wenig Zucker und Fett und ist viel gesünder als Fleisch oder Fisch, kostet aber nur einen Bruchteil.

Die Sojapflanze ist eine Hülsenfrucht, die seit Tausenden von Jahren in China kultiviert wird. Eine ganze Reihe von Nebenprodukten dieser Bohne wird in Asien verwendet. Zum einen wäre da die Sojasoße, der Tofu natürlich und Miso, eine fermentierte Bohnenpaste, die gerade in der japanischen Küche sehr wichtig ist. Schriftliche Quellen belegen, dass fermentierte Bohnensoßen seit über 2.000 Jahren gegessen werden, aber niemand kann sagen, wann genau der Tofu, wie wir ihn heute kennen, aufkam. Sicher ist nur, dass er im 8. Jahrhundert zusammen mit dem Buddhismus während der Tangdynastie in Japan eingeführt wurde.

Die Herstellung von Tofu ähnelt der von Käse, geht aber viel schneller. Die Sojabohnen werden eingeweicht, geschält und mit Wasser zu Sojamilch püriert. Diese Mischung wird gefiltert, gekocht und mit Hilfe von Kalziumsulfat zum Gerinnen gebracht.

Es gibt zwei Arten von frischem Tofu bei uns zu kaufen, den weichen Silken Tofu („Seidentofu", in Japan *kinu*) und eine festere Variante (*momen).* Beide sind von cremig-weißer Farbe und werden in Wasser oder vakuumverpackt aufbewahrt. Der feste Tofu wird meistens in großen Stücken verkauft. In asiatischen Läden gibt es auch eingelegten, frittierten und gepressten Tofu.

Geschmack

Die Qualität von frischem Tofu hängt von der Qualität des Wassers ab, mit dem er hergestellt wird. Guter Tofu riecht frisch und angenehm fein nach Bohnen. Eigengeschmack hat er kaum, aber durch seine durchlässige, weiche Konsistenz nimmt er beim Kochen die Aromen anderer Zutaten in sich auf.

Verwendung

Auf den Nährwert von Tofu kann gar nicht oft genug hingewiesen werden. Das in ihm erhaltene pflanzliche Eiweiß liefert die acht wichtigsten Aminosäuren für den menschlichen Körper und die Vitamine A und B. Tofu ist frei von Cholesterin und wird ganz besonders Menschen mit Herzkrankheiten oder hohem Blutdruck empfoheln. Dazu ist er noch leicht verdaulich und daher auch für Säuglinge, Kleinkinder, ältere Menschen sowie Menschen mit Magenproblemen gut geeignet.

Tofu ist sehr vielseitig und kann auf alle erdenkliche Weisen verabeitet werden. Er passt zu fast allen süßen und pikanten Zutaten.

Zubereitung

Der weiche Tofu wird meist gedünstet oder Suppen beigegeben, er muss vorsichtig behandelt werden, sonst zerfällt er. Er wird auch für Desserts und für Speiseeis verwendet.

Fester Tofu ist der alltäglichere von beiden, er wird leicht gepresst, und obwohl er nicht so leicht zerfällt wie der Silken Tofu, sollte er vorsichtig gehandhabt werden. Nachdem er nach Rezept geschnitten wurde – Würfel, Streifen, Scheiben oder Dreiecke – werden die Stücke in kochendem Wasser blanchiert oder kurz in Öl gebraten. So wird die Oberfläche geschlossen, und der Tofu kann nicht mehr so leicht zerfallen, wenn er rührgebraten oder geschmort wird. Yakitofu ist auf beiden Seiten leicht gegrillt.

Da Tofu kaum Eigengeschmack hat, sollte er am besten mit eher herzhaften Zutaten, wie Knoblauch, Ingwer, Frühlingszwiebeln, scharfen Chilischoten, Sojasoße, Austernsoße, fermentierten schwarzen Bohnen, gesalzenen gelben Bohnen oder

Oben: Frittierter Tofu, Silken Tofu und frischer Tofu (im Uhrzeigersinn). Jede Sorte nimmt den Geschmack der Zutaten an, mit denen sie gegart wird.

Links: Gepresster Tofu

Sesamöl gemischt werden. Obwohl er in erster Linie als vegetarische Zutat gilt, schmeckt er auch gut zu Fleisch. Er wird dann meist mit Schwein oder Rind zubereitet, selten mit Hühnchen. Tofu passt auch gut zu Fisch und Meeresfrüchten. Eines der bekanntesten Tofugerichte ist das *ma po doufu* aus Sichuan. Gewürfelter Tofu wird blanchiert, dann mit gehacktem Rindfleisch, Knoblauch, Frühlingszwiebeln, Lauch, Salz, Sichuanpfeffer, Reiswein, Chilibohnenpaste, fermentierten schwarzen Bohnen und Sesamöl geschmort.

Lagerung

Kaufen Sie Tofu im asiatischen Laden. Frischer Tofu in Wasser in einer Plastikbox hält sich im Kühlschrank mehrere Tage. Vakuumverpackter Tofu aus Bioläden oder Supermärkten hält sich etwas länger, schmeckt aber wahrscheinlich nicht so gut. Tofu gibt es auch als Mixpulver, dies hält sich sehr lange und kann gut auf Vorrat angelegt werden.

FRITTIERTER TOFU

MANDARIN: *YOUZHA DOUFU;* KANTONESISCH: *DAU FOO POK;* JAPANISCH: *ABURAGE*

Dieser frische Tofu wurde in Würfel geschnitten und dann frittiert, bis er hellbraun wurde. Frittierter Tofu hat eine interessante Konsistenz. Er plustert sich beim Garen etwas auf, unter der krossen braunen Haut ist das Innenleben jedoch weich und zart. Er saugt Gewürze und Aromen auf wie ein Schwamm.

Verwendung

Frittierter Tofu wird ähnlich wie frischer Tofu in Suppen, Rührgebratenem, Schmorgerichten und Ofengerichten verwendet. Da er in pflanzlichem Öl frittiert wird, ist er für die vegetarische Küche geeignet. Man kann große Würfel auch mit Hackfleisch, Hühnchen, Fisch oder Garnelen füllen und in einer Soße schmoren. Die japanische Version heißt *aburage* und wird gerne in einem heißen Topfgericht mit dem Namen *oden* verwendet, das im Winter in den Garküchen angeboten wird.

Zubereitung

Im Gegensatz zu frischem Tofu ist der frittierte Tofu promblemlos zu handhaben, er zerfällt nicht so leicht. Obwohl die Kruste porös ist, sollten größere Stücke halbiert werden, damit die Gewürzen besser eindringen können.

Lagerung

Frittierten Tofu finden Sie in Plastiktüten im Kühlregal von Asialäden oder gut sortierten Supermärkten. Achten Sie auf das Verfallsdatum, er hält sich länger als frischer Tofu. Sie können diesen Tofu auch einfrieren.

GEPRESSTER TOFU

MANDARIN: *DOUFU GAN;* KANTONESISCH: *DAU FOO GONN*

Gepresserter Tofu ist frischer Tofu, aus dem fast alle Feuchtigkeit herausgepresst wurde. Zurück bleibt ein fester Block mit einer weichen Oberfläche. Er wird meist in Sojasoße und Fünf-Gewürze-Pulver mariniert und ist daher außen hellbraun, innen aber weiß.

Verwendung

Gepresster Tofu wird in dünne Streifen, kleine Würfel oder Stücke geschnitten und dann mit Fleisch und Gemüse rührgebraten. Er bietet zu anderen Zutaten einen wunderbaren Kontrast in Farbe, Konsistenz und Geschmack.

Lagerung

Gepresster Tofu wird in asiatischen Läden vakuumverpackt verkauft und hält sich mehrer Wochen im Kühlschrank. Achten Sie auf das Verfallsdatum. Frieren Sie ihn nicht ein, das verändert die Konsistenz dieser Tofusorte.

GETROCKNETE TOFUHAUT

MANDARIN: *FUZHU;* KANTONESISCH: *FOO PI;* JAPANISCH: *YUBA*

Getrocknete Tofuhaut wird aus Sojamilch hergestellt. Das Verfahren ist einfach, verlangt aber ein bisschen Erfahrung: Eine große Pfanne Sojamilch wird langsam zum Kochen gebracht, die dünne Haut, die sich auf der Oberfläche bildet, wird mit einem Stäbchen mit einem Schwung abgezogen und aufgehängt. Wenn sie getrocknet ist, wird sie zu einem flachen Blatt. Werden die Häute aufgerollt, so lange sie noch warm sind, entstehen getrocknete Tofustäbchen.

Oben: Getrocknete Tofuhaut hat keinen Eigengeschmack.

Geschmack

Ebenso wie frischer Tofu haben auch getrocknete Tofuhäute kaum Eigengeschmack, bis sie gegart werden und den Geschmack der anderen Zutaten annehmen.

Verwendung

Die flache Haut wird für Suppen, Rührgebratenes und Topfgerichte verwendet sowie manchmal auch als Hüllen für Frühlingsrollen. Sie sind Bestandteil vegetarischer Gerichte, werden aber auch mit Fleisch in Schmorgerichten verwendet.

Zubereitung

Getrocknete Tofuhaut muss zunächst eingeweicht werden. Die Blätter brauchen nur ein bis zwei Stunden, die Stäbchen sollten am besten über Nacht eingeweicht werden.

Lagerung

Getrocknete Tofuhaut und -stäbchen halten sich sehr lange. Sie sollten sie in ihrer Packung oder in einer verschlossenen Plastiktüte in einem kühlen, trockenen Ort aufheben.

FERMENTIERTER TOFU

MANDARIN: *DOUFU NAI;* KANTONESISCH: *FOO YU;* THAI: *TAO-HOO-YEE*

Frischer Tofu wird auf Stroh zum Fermentieren ausgelegt, anschließend in der Sonne getrocknet und in Salz, Alkohol und Gewürzen mariniert. Letztendlich wird er in einer Lake in Tontöpfen eingelagert. Dort reift er mindestens sechs Monate, bis er verpackt und verschickt wird.

Geschmack

Fermentierter Tofu hat einen deutlichen Eigengeschmack. Er wird auch manchmal chinesischer Käse genannt, da er stark riecht und schmeckt. Es gibt zwei Arten fermentierten Tofus: Die rote Sorte ist nur an der Oberfläche farbig, die weiße Sorte kann sehr scharf und würzig sein.

Verwendung

Fermentierter Tofu wird pur mit Reisbrei zum Frühstück gegessen oder als Gewürz beim Marinieren und Kochen verwendet.

Lagerung

Diesen Tofu gibt es in Dosen und Gläsern im Asialaden. Nach dem Öffnen im Kühlschrank lagern.

Unten: Fermentierter Tofu

Oben: Tempeh hat eine festere Konsistenz als Tofu.

TEMPEH

INDONESIAN: *TEMPEH*

Diese indonesische Spezialität wird aus mit einer Bakterienkultur fermentierten, gekochten Sojabohnen hergestellt.

Geschmack

Tempeh dem chinesischen Tofu zwar ähnlich, hat aber ein nussiges, pikanteres Aroma.

Verwendung

Tempeh kann wie fester Tofu verwendet werden und wird durch das Marinieren noch verbessert. Wegen seiner festen Konsistenz wird er auch gerne als Fleischersatz verwendet.

Lagerung

Tempeh gibt es gekühlt oder gefroren zu kaufen. Gekühlter Tempeh kann bis zu einer Woche im Kühlschrank gelagert werden Gefrorener Tempeh hält sich etwa einen Monat und sollte vor der Verwendung aufgetaut werden.

MISO

JAPANISCH: *KOME MISO, MUGO MISO AND HACHO MISO*

Die dickflüssige Paste wird aus einer Mischung von gekochten Sojabohnen, Reis, Weizen oder Gerste, Salz und Wasser gemacht. Miso fermentiert bis zu drei Jahre lang, bevor er in den Verkauf gelangt.

Geschmack

Es gibt drei Sorten: *Kome* oder weißer Miso ist leicht und süß; mittelstarker Mugi-Miso hat einen vollen Geschmack und wird für den täglichen Gebrauch bevorzugt. Hacho Miso hat eine dunkle Schokoladenfarbe, eine feste Konsistenz und ein herbes Aroma.

Verwendung

Durch Miso bekommen Suppen, Brühe, Rührgebratenes und Nudeln ein pikantes Aroma.

Lagerung

Miso hält sich auch geöffnet im Kühlschrank lange.

Links: Hacho-Miso

Gluten

MANDARIN: *MIANJIN;* KANTONESISCH: *MING GUN;* JAPANISCH: *FU*

Gluten ist eine weitere Quelle für pflanzliches Protein. Es wird aus einer Mischung aus Weizenmehl, Salz und Wasser, aus der die gesamte Stärke ausgewaschen wurde, hergestellt. Zurück bleibt das schwammähnliche Gluten. Der chinesische Name bedeutet sinngemäß „Muskel oder Sehne des Mehls“.

Gluten hat, ebenso wie Tofu, keinen Eigengeschmack. Es ist sehr viel fester und kann beliebig geformt, aromatisiert und gefärbt werden, so dass es Fisch oder Fleisch ähnlich ist.

Im Gegensatz zu Tofu, der oft auch mit Fisch oder Fleisch zusammen gereicht wird, wird Gluten als rein buddhistische Zutat angesehen und darf daher dieser Religion gemäß nur mit vegetarischen Lebensmitteln vermischt werden. Das hindert asiatischen Köche nicht daran, mit Gluten einige Gerichte zu zaubern, die dann „falsches Huhn“, „vegetarische Ente“ oder „buddhistisches Schwein“ heißen. Diese Gerichte sehen dem Original sehr ähnlich und haben auch denselben Geschmack.

Gluten kann man auch zu Hause herstellen, aber es dauert sehr lange. Gewürztes und gekochtes Gluten ist in Dosen erhältlich, es muss nur aufgewärmt werden. Geöffnet hält es sich ungefähr eine Woche im Kühlschrank.

Getrockneter Fisch

GESALZENER FISCH

Mandarin: *yan yu;* Kantonesisch: *gon hahm yu*

Viele verschiedene Fische, sowohl Süß- als auch Salzwasserfische werden in Südostasien gesalzen und gepökelt. Unabhängig von der Größe der Fische werden alle in Lake oder Salz konserviert, einige werden auch in der Sonne getrocknet. In Japan werden kleine, getrocknete Sardinen, bekannt als *niboshi*, als Snack gegessen und für die Herstellung von Fischfond verwendet.

Geschmack

Wer behauptet, gesalzener Fisch habe ein kräftiges Aroma, untertreibt maßlos. Er duftet so stark und schmeckt so eigen, dass viele Menschen ihn nicht mögen. In Südostasien ist er allerdings sehr beliebt.

Zubereitung

Gesalzener Fisch wird auf zwei Arten verzehrt, entweder pur mit Reis oder als Würze für Gemüse- und Fleischgerichte, besonders beim Schmoren und in Suppen.

Zubereitung

Weichen Sie den Fisch zunächst ein, damit er überschüssiges Salz verliert. Große Fische werden meist ohne Kopf verkauft.

Lagerung

In Salzlake konservierter Fisch ist bei uns noch selten, aber gesalzene und getrocknete Fische sind in asiatischen Läden erhältlich. Gesalzene und getrocknete Fische halten sich an einem kühlen, trockenen Ort fast unbegrenzt.

Links: Getrocknete Anchovis

Oben: Bonitoflocken und Bonitopulver

GETROCKNETE ANCHOVIS

Malaysisch: *ikan bilis*

Diese Anchovis, *ikan bilis,* sind eine malaysische Spezialität. Aus bisher nicht genau untersuchten Gründen werden Anchovis in Südostasien selten frisch gegessen, sie werden eher für Fischsoße verwendet oder getrocknet und gesalzen. Die malaysische Anchovi-Verarbeitungsindustrie ist sehr groß.

Die Schwärme werden mit Hilfe elektronischer Suchgeräten geortet, die Fischer holen die Fische an Bord und kochen sie sofort 5 Minuten in Salzwasser. An Land werden die Fische dann getrocknet, sortiert und verpackt.

Geschmack

Getrocknete Anchovis haben ein starkes Aroma und schmecken sehr intensiv. Sie sind nicht jedermanns Sache, aber viele schätzen sie wegen ihrer Würze.

Verwendung

Getrocknete Anchovis können zum Würzen, als Zutat oder als Snack verezehrt werden. Ein beliebtes malaysisches Rezept vereint den gedünsteten, filetierten Fisch mit einer gesüßten Soße aus schwarzen Bohnen, Chilischoten und Limettensaft. Getrocknete Anchovis werden auch frittiert, bis sie knusprig sind, und dann zum Aperitif oder als Vorspeise gereicht. Sie passen auch gut zu herzhaften Currygerichten und zu Hühnchen *Rendang.*

Lagerung

Getrocknete Anchovis halten sich an einem kühlen, trockenen Ort fast unbegrenzt, der Behälter sollte aber luftdicht verschlossen sein, sonst bekommen Sie womöglich Besuch von der Nachbarskatze.

Oben: Getrocknete Jakobsmuscheln

BONITOFLOCKEN

JAPANISCH: *KATSUOBUSHI*

Als Bonito werden verschiedene Arten von Fisch in unterschiedlichen Regionen bezeichnet. Der atlantische Bonito ist z. B. ein Verwandter der Makrele, in Europa als Spanische Makrele bekannt, während der pazifische Bonito eine Art kleiner Thunfisch ist, der in der japanischen Küche oft vorkommt.

Geschmack

Der pazifische Bonito hat ein stärkeres Aroma als normaler Thunfisch, besonders wenn er getrocknet ist.

Verwendung

In Japan gibt es die Flocken in verschiedenen Größen. Feine Späne sind die Basis für einen Fond, der als *dashi* bekannt ist. Sie werden auch zum Garnieren verwendet. Mit Bonitoflockenpulver wird gewürzt.

Lagerung

Getrocknete Bonitoflocken halten sich fast unbegrenzt in einem luftdicht verschlossenen Behälter.

GETROCKNETE GARNELEN

MANDARIN: *XIAMI*; KANTONESISCH: *HA MY*; THAI: *GUNG HAENG*

Getrocknete Garnelen sind in ganz Asien beliebt, besonders aber in China und Thailand. Sie sind blassrosa und wurden vor dem Sonnentrocknen gekocht. Es gibt sie von ganz winzig – nicht größer als ein Reiskorn (daher der chinesische Name „Meeresreis") – bis zu großen Garnelen, die jedoch nicht einmal 1 cm lang sind. Die Größeren werden geschält und ohne Kopf, die Kleinen im Ganzen verkauft.

Geschmack

Getrocknete Garnelen haben einen starken Duft, den man auch durch die Plastiktüten riecht, in denen sie verkauft werden. Der Geruch geht beim Kochen verloren. Der Geschmack ist scharf und salzig.

Verwendung

Wegen ihres starken Geschmacks werden sie meist zum Würzen genommen und nicht als eigenständige Zutat angesehen. Sie werden häufig zum Garnieren von Salaten verwendet und gehören in das bekannte Gericht „Acht Kostbarkeiten", in dem sie mit Trockenpilzen, Bambussprossen, Klebreis und anderen Zutaten kombiniert werden.

Zubereitung

Getrocknete Garnelen werden ca. eine Stunde lang in Wasser oder Reiswein eingeweicht. Das Einweichwasser wird aufbewahrt und oft im selben Gericht weiterverwendet.

Lagerung

Sie halten sich gut in luftdichten Behältern an kühlen, trockenen Orten. Wenn die Garnelen grau werden, sind sie zu alt. Wenn die Garnelen feucht werden, müssen sie kurz im heißen Ofen getrocknet werden.

Links: Getrocknete Garnelen

GETROCKNETE JAKOBSMUSCHELN

MANDARIN: *GANBEI*; KANTONESISCH: *GONG YU CHU*

Getrocknete Jakobsmuscheln gehören zu den teuren Delikatessen, denn die beliebten Sorten kommen nur sehr selten vor. Die chinesische Sorte *conpoy* gibt es z. B. nur auf der Insel Po Hai und dort auch nur in der kurzen Sommersaison. Die besten Jakobsmuscheln sind rund und golden und haben ein feines, süßes Aroma. In Japan gibt es sehr gute Jakobsmuscheln, z. B. die Sorte *aomori*.

Geschmack

Vor dem Trocknen werden Jakobsmuscheln in der Schale gekocht. Dann wird das Fleisch herausgenommen und gesäubert. Getrocknete Jakobsmuscheln haben ein ausgeprägtes Aroma und einen intensiven Geschmack.

Verwendung

Getrocknete Jakobsmuscheln werden meist mit anderen Zutaten kombiniert, speziell in Suppen und Füllungen. Frische und getrocknete Jakobsmuscheln

Oben: Dieser Kalamar hat ein zartes Aroma, aber einen kräftigen Geschmack.

werden manchmal im gleichen Gericht verwendet. Getrocknete Jakobsmuscheln sind die klassische Beigabe zu Seetang. In Restaurants werden die Muscheln aber oft durch gebratenen Fisch ersetzt.

Zubereitung

Die Jakobsmuscheln werden zunächst eine Stunde in kochendem Wasser eingeweicht, dann abgetropft.

Lagerung

Aus unerfindlichen Gründen scheinen Jakobsmuscheln bei uns nur in großen Packungen erhältlich zu sein. Wenn Sie überhaupt welche bekommen, lagern sie diese in verschließbaren Gläsern. Kühl halten sie sich dann unbegrenzt.

GETROCKNETER KALAMAR

MANDARIN: *YOUYU;* KANTONESISCH: *YOW YU*

Im Landesinneren von China und anderen Teilen Asiens, wo frische Meeresfrüchte lange Zeit undenkbar waren, wurde getrockneter Kalamar immer als Delikatesse angesehen.

Geschmack

Er ist hellbraun und hat ein zartes Fischaroma, aber einen starken Geschmack. Die Konsistenz gegenüber frischem Kalamar ist sehr fest, aber viele lieben gerade diese Festigkeit.

Verwendung

In Asien wird getrockneter Kalamar meist in Suppen oder Fleischtöpfen verwendet. Die Festigkeit und der Geschmack ergeben einen interessanten Kontrast zu frischem Kalamar. Beide werden in einem beliebten Gericht rührgebraten, das sich „zweifarbige Kalamar-Blume“ nennt.

Zubereitung

Vor der Verwendung in Speisen muss getrockneter Kalamar mindestens 30 Minuten in warmem Wasser einweichen. Dann wird er abgespült und in frischem Wasser gesäubert. Vor dem Rührbraten wird die Innenseite des Fischs meist kreuzweise eingeschnitten und dann

Getrockneten Kalamar vorbereiten

1 Weichen Sie den Kalamar 30 Minuten in warmes Wasser ein, dann spülen Sie ihn gut ab.

2 Schneiden Sie die Innenseite kreuzweise ein, dann schneiden Sie ihn in kleine Stücke.

klein geschnitten. Beim Garen öffnen sich die Schnitte, und der Kalamar sieht aus wie kleine Kornähren, daher der Name „Kalamar-Blume“.

Lagerung

Getrockneter Kalamar hält sich unbegrenzt, wenn er gut eingewickelt an einem trockenen kühlen Ort aufbewahrt wird.

FISCHMAGEN

CHINESISCH: *YU DU*

Unter diesem Begriff werden die Schwimmblasen bzw. Magenwände großer Fische und Aale zusammengefasst, die einige Tage in der Sonne getrocknet und dann frittiert wurden. In China und Thailand werden sie als Delikatesse gehandelt.

Geschmack

Sie haben nur wenig Aroma und auch keinen ausgeprägten Geschmack.

Verwendung

Fischmägen sind wegen ihrer glatten, etwas schlüpfrigen Konsistenz beliebt.

Zubereitung

Die Mägen werden in einer großen Schüssel mit kaltem Wasser 24 Stunden eingeweicht. Sie müssen beschwert werden, da sie oben schwimmen. Wenn sie das Wasser aufnehmen, wachsen sie auf das Vierfache an. Sie sollen abtropfen, aber nicht trocknen. Schneiden Sie die Mägen nach Rezept klein.

Oben: Fischmagen

Unten: Getrocknete Qualle

Getrocknete Qualle Essbare getrocknete Quallen gibt es in Blattform in asiatischen Läden. Diese ungewöhnliche chinesische Delikatesse ist wegen ihrer knusprigen und gleichzeitig elastischen Konsistenz sehr beliebt. Sie weichen die Blätter einige Stunden in kaltem Wasser ein, wechseln das Wasser dabei regelmäßig und drücken die Quallenblätter jedes Mal gut aus, damit der Fischgeruch vergeht. Nach dem Abgießen werden die Blätter erneut gut ausgedrückt und in Streifen geschnitten. Qualle wird oft erst ganz zum Schluss in rührgebratene Gerichte gegeben, gart sie zu lange, wird sie zäh.

Links: Getrocknete Seegurke ist eigentlich eine Nacktschnecke, kein Gemüse.

Getrocknete Seegurke Sie wird auch unter den Namen *iriko, trepang* oder *bêche-de-mer* verkauft und ist trotz des Namens kein Gemüse, sondern ein Meerestier: eine Nacktschnecke. Sie wird zunächst 24 Stunden in kaltem Wasser eingeweicht, wo sie doppelt so groß und gelantineartig wird. Seegurke passt zu Suppen, Eintöpfen und Schmorgerichten.

Trockenfleisch und Eier

Chinesische Wurst/Luftgetrocknete Wurst

Mandarin: *xiang chang;* Kantonesisch: *lop chong*

Obwohl sie häufig als chinesische Wurst bezeichnet wird, wird die luftgetrocknete Wurst in ganz Südostasien hergestellt und ist auch bei uns erhältlich. Es gibt die weiß- bzw. rosafarbene Variante, die aus Schweinfleisch und -fett gemacht wird und die dunklere Wurst, für die Schweinefleisch mit Entenleber gemischt wird. Die Würste sind ca. 15 cm lang und 2 cm breit und werden meistens paarweise verkauft.

Geschmack

Die getrockneten Würste haben kein Aroma, aber während des Garens beginnen sie zu duften und schmecken angenehm süß.

Verwendung

Chinesische Wurst ist sehr vielseitig. Sie kann pur gegessen, mit Fleisch, z. B. Hühnchen, gemischt oder als Hauptzutat in einem Gemüsegericht verwendet werden.

Zubereitung

Im Gegensatz zu Salami muss die chinesische Wurst vor dem Verzehr gekocht werden. Am besten wird sie diagonal in dünne Scheiben geschnitten und ca. 10 Minuten über Reis gedünstet. Auch die ganze Wurst kann in 10 Minuten angedünstet werden, dann wird sie gepellt und geschnitten, bevor sie z. B. in gebratenen Reis kommt.

Lagerung

Da die Wurst gepökelt ist und Konservierungsmiteln enthält, hält sie sich mehrere Monate im Kühlschrank.

Rechts: Chinesische Wurst ist in ganz Südostasien beliebt.

Oben: Schweinekruste

Schweinekruste

Mandarin: *sai yudu;* Kantonesisch: *ja yuhk pei*

Schweinekruste wird aus der Schwarte gemacht, diese bekommt durch das Frittieren eine knusprige, luftige Konsistenz. Sie wird als Kontrast zu Currygerichten oder klein geschnitten in Salaten serviert.

Geschmack

Die frittierte Schwarte hat ein zartes Fleischaroma. Ihre feste, aber poröse Oberfläche nimmt andere Aromen gut auf.

Luftgetrockneter Saumagen
Diese chinesische Spezialität stammt aus der Provinz Hunan, ist aber in ganz China verbreitet. Saumagen muss vor dem Verzehr gekocht werden. Es gibt ihn in vielen asiatischen Läden zu kaufen.

Verwendung

Schweinekruste wird vor allem in Suppen, Eintöpfen und heißen Töpfen verwendet

Zubereitung

Schweinkruste wird zum Garnieren einfach geschnitten, sonst muss sie erst eingeweicht werden, dabei wird sie jedoch weicher, und überschüssiges Fett geht verloren. Sie wird ca. 35 Minuten in heißem Wasser eingeweicht, abgetropft und klein geschnitten.

Lagerung

Die Kruste hält sich einige Monate an einem kühlen, trockenen Ort, danach wird sie ranzig.

KONSERVIERTE EIER

MANDARIN: *YANDAN; PIDAN;* KANTONESISCH: *HAHAM DON; PEI DON*

In China und den chinesischen Enklaven in Südostasien gehören diese Eier zu den Delikatessen. Es gibt zwei Varianten, beide sind Enteneier. Enteneier sind größer und schmecken besser als Hühnereier, die Eigelbe haben auch einen höheren Fettanteil. Die alltäglichere Variante ist das gesalzene Entenei, die andere ist das berühmte tausendjährige Ei.

Beide Varianten werden zwar mit derselben Methode hergestellt, sie unterscheiden sich jedoch durch die verwendeten Materialien. Für die gesalzenen Eier werden Enteneier in einer Paste aus Salz und Schlamm gewälzt und dann in Reishülsen gerollt, bis sie ganz bedeckt sind. Anschließend werden sie in einen Tontopf gepackt, der gut verschlossen an einem kühlen dunklen Platz 30 bis 40 Tage aufbewahrt wird. Die tausendjährigen Eier sind nicht so alt, wie ihr Name glauben macht. Rohe Enteneier werden mit einer Mischung aus Holzasche und gelöschtem Kalk bedeckt und hundert Tage stehen gelassen. Das Ei wird fest, und das Eiweiß ähnelt brauner Götterspeise. Das Eigelb nimmt eine grünliche Farbe an.

Geschmack

Diese beiden Varianten schmecken sehr unterschiedlich. Die ersten sind natürlich sehr salzig. Die tausendjährigen Eier sind milder, haben aber einen eindeutigen Eigengeschmack. Letztendlich bleibt es jedem selbst überlassen, ob diese asiatische Delikatesse die europäischen Geschmacksnerven trifft.

Oben: Das feste Innere der tausendjährigen Eier wird roh gegessen, sie müssen vorher nur gepellt werden.

Verwendung

Gesalzene Eier müssen gekocht werden. Sie werden oft allein gegessen oder für Füllungen von Festtagskuchen verwendet. Tausendjährige Eier müssen nicht gekocht werden. Geschnitten und mit Sojasoße und Sesamöl gewürzt werden sie meist als Vorspeise gereicht oder klein geschnitten mit Reisbrei zum Frühstück gegessen. Sie können auch mit Fleisch und frischem Hühnerei zu einem Omelette verarbeitet werden.

Zubereitung

Beide Eivarianten müssen zunächst sehr gut gewaschen werden. Gesalzene Eier können mit der Schale gekocht oder gedämpft werden. Das Eiweiß und das Eigelb der tausendjährigen Eier wurde durch das Konservieren fest, daher muss nur noch die Schale vorsichtig abgepellt und die Eier halbiert oder geviertelt werden.

Lagerung

Da diese Eier gut konserviert sind, halten sie sich recht lange. Die gesalzenen Eier halten sich einen Monat im Kühlschrank. Die tausendjährigen Eier halten sich 4–6 Monate.

Links: In ganz Asien sind tausendjährige Eier (vorne) und gesalzene Enteneier beliebte Spezialitäten.

GEFLÜGEL

HUHN

Das Huhn ist ein Nachfahre eines südostasiatischen Dschungelvogels, der vor über 4.500 Jahren domestiziert wurde. Heute wird Hühnerfleisch in fast jeder Küche verwendet. Die große Beliebtheit hängt nicht zuletzt damit zusammen, dass sich Hühnerfleisch mit sehr vielen Zutaten kombinieren lässt. Das sieht man sehr gut an der asiatischen Küche, in der Huhn für Suppen, Salate, Rührgebratenes, Currygerichte sowie gegrillte und geschmorte Gerichte verwendet wird. Alle Teile des Vogel werden verarbeitet, auch die Leber, der Magen, das Herz und sogar die Füße, aus denen in Südostasien ein schmackhafter Eintopf bereitet wird.

Zubereitung

Huhn kann im Ganzen, zerteilt oder von den Knochen gelöst und klein geschnitten gegart werden – zum Rührbraten wird es meist in Streifen geschnitten. In China wird die Hühnerbrust mit Knochen in 20 kleine Stücke geschnitten und rührgebraten. Chinesen nehmen diese Stücke dann mit den Essstäbchen auf und lösen erst im Mund das Fleisch von den Knochen.

In Asien ist es üblich, Fleisch und andere Zutaten in mundgerechten Stücken zu servieren, denn Messer werden als Waffen angesehen und gehören nicht zu einem fröhlichen, friedlichen Ereignis wie einer Mahlzeit. Stäbchen sind sehr verbreitet, nur in Thailand findet man einen Löffel und eine Gabel bei Tisch.

Hühnchen ist in Japan das wichtigste Fleisch auf der Speisekarte, auf der Beliebtheitsskala kommt es gleich nach Fisch. Hühnerbrust ist der begehrteste Teil des Vogels, da sie sich leicht zubereiten lässt und in Gerichten wie *yakitori* oder *teriyaki* schön zart bleibt. Hühnerbrüste ohne Haut und Knochen sind in Japan überall erhältlich; im Gegensatz zum Rest Asiens, wo die Köche das Hühnchen eher im Ganzen kaufen, Portionen werden als zu teuer und als Verschwendung angesehen.

In ganz Asien zählt Sparsamkeit zu den größten Tugenden, daher werden aus einem Huhn verschiedene Gerichte zubereitet: die Brust wird z. B. gebraten, der Rest des Fleisches wird für ein Schmor- oder ein Currygericht verwendet, und aus den Innereien und Knochen macht man eine Brühe.

Asiatische Köche schaffen es, nur mit einem Hackmesser und einem kleinen, scharfen Messer in kurzer Zeit ein ganzes Huhn kunstvoll in seine Einzelteile zu zerlegen.

Kleinvögel
In China und Südostasien isst man kleine Vögel, die meisten werden erjagt. Nur Wachteln und Tauben werden gezüchtet.

Zerteilen eines Huhns
Mit dieser Methode erhalten Sie acht Portionen.

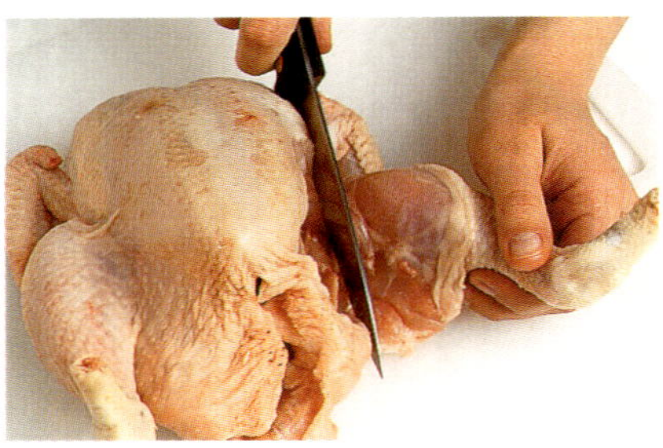

1 Legen Sie das Huhn mit der Brust nach oben auf ein Brett. Ziehen Sie ein Bein zur Seite und schneiden Sie mit einem scharfen Messer am Hüftgelenk entlang. Wenn die Gelenkpfanne sichtbar wird, durchtrennen Sie den Knochen, um den Schlegel und den Schenkel in einem Stück zu lösen. Ebenso verfahren Sie mit dem anderen Bein.

2 Schneiden Sie das Ende des Beinknochens ab, suchen das Kniegelenk und teilen das Bein dort in zwei Hälften.

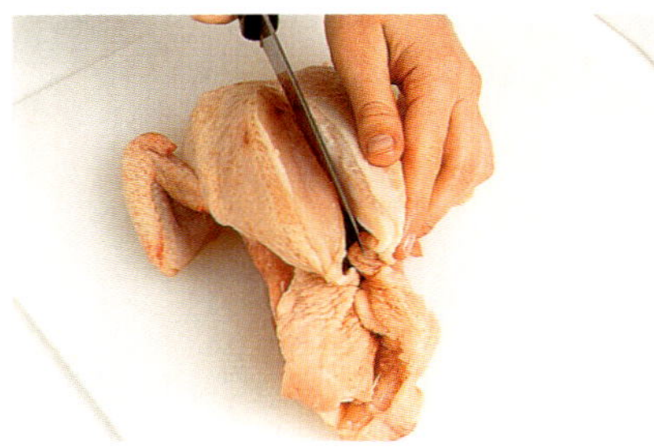

3 Schneiden Sie den Brustknochen in der Mitte in zwei Hälften. Lösen Sie die beiden Brusthäften und die Flügel aus dem Rücken.

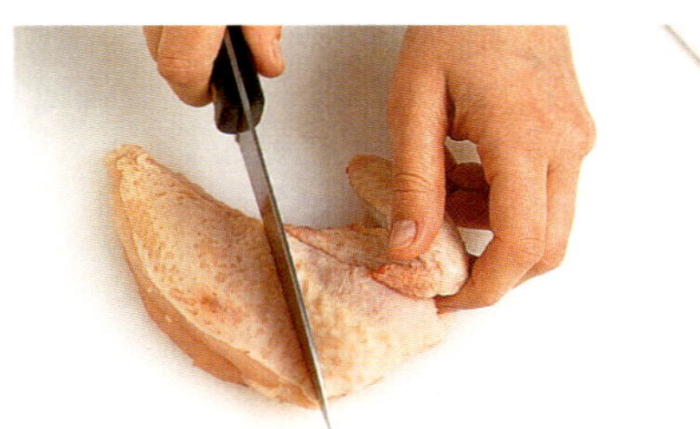

4 Teilen Sie die Bruststücke und die Flügel in je zwei Portionen.

TIPPS

- Aus dem Rückgrat können Sie zusammen mit Zwiebeln, Sellerie und Ingwerwurzel nach Wunsch eine leckere Brühe kochen.
- Für einige Gerichte werden die Hühnerteile noch weiter zerkleinert. Geschickte Köche zerteilen die Brust und die Flügel in bis zu zehn, die Beine in vier und die Schenkel in sechs Portionen.

ENTE

Enten symbolisieren Glück und Treue, was sicher zu ihrer hohen Popularität in der chinesischen Küche beiträgt. Ente wird zu jedem Festessen gereicht, und die unzähligen chinesischen Enten-

Rechts: In Asien wird alles von der Ente verwendet – auch die Füße.

gerichte sind sehr einfallsreich. Ente ist auch in Vietnam, Thailand und Indonesien beliebt, wird aber selten in Japan zubereitet.

Zubereitung

Das berühmteste Entengericht ist wohl die Pekingente. Zu der klassischen Zubereitung gehört das Aufhängen des Vogels an einem zugigen Ort, wo die Ente trocknet. Dann wird sie im Rohr gegart. Früher wurde nur die krosse Haut gegessen. Heute wird das Fleisch zusammen mit Soße, Frühlingszwiebeln und Gurkenstückchen in einen Mandarinpfannkuchen eingewickelt und gegessen. Dieses beliebte Gericht wird bei uns manchmal als eine Art Fertiggericht im Baukastensystem mit allen Zutaten verkauft. Suchen Sie in Asialäden danach.

In China wird die Haut der Ente zunächst mit einer Gabel eingestochen, dann heiß überbrüht und innen und außen gründlich abgetrocknet. Anschließend wird die Ente an einem Fleischerhaken über Nacht kopfunter aufgehängt. Wenn der Vogel trocken ist, wird er gesalzen. Die Ente wird dann auf einen Rost über eine Fettpfanne gesetzt und sehr heiß im Ofen geröstet, bis die Haut sehr braun und knusprig ist und das Fleisch zart und durchgegart.

Eine Ente wird auf dieselbe Art zerlegt wie ein Huhn.

TIPP

Die typische Soße für die Pekingente bereiten Sie wie folgt zu: Erhitzen Sie 30 ml Sesamöl in einem kleinen Topf. Geben Sie 90 ml gelbe Bohnensoße und 30 ml braunen Zucker dazu und rühren Sie alles glatt. Vor dem Servieren sollte die Soße zunächst erkalten.

Rechts: Eine ofenfertige Ente

FLEISCH

SCHWEIN

Schweinefleisch ist in China ebenso beliebt wie Huhn. Es kann mit vielen verschiedenen Zutaten kombiniert werden; mit Gemüse, Meeresfrüchten, aber auch mit gesalzenen und eingelegten Zutaten.

In moslemischen Gemeinden wird aus Glaubensgründen natürlich kein Schweinefleisch gegessen, dort gibt es Lamm und Rind. Das gilt z. B. für Malaysien, außer für die Nonya-Küche. Sie entstand aus den Verbindungen chinesischer Kaufleute mit malaysischen Frauen, die für ihre Männer mit Schweinefleisch kochten. Die Nonya-Küche ist in Singapur, an der Westküste Malaysiens rund um Malacca und auf der Insel Penang sehr beliebt.

In der indonesischen Küche gibt es selten Schwein, außer in chinesisch geprägten Gemeinden auf den vielen Inseln Indonesiens. Bali bildet hier eine Ausnahme. Ein Großteil der Bevölkerung sind Hindus, und diese haben Schweinefleisch durchaus auf ihrem Speiseplan.

In ganz Asien wird die Wahl der Fleischsorte durch religiöse Grundsätze und Gewohnheiten beeinflusst. Fast alle Chinesen, außer die zum Islam übergetretenen, lieben Schweinefleisch. Thais ekeln sich vor dem Geruch von Lamm und Hammel, und Inder würden nie Rindfleisch essen, da die Kuh für sie ein heiliges Tier ist. Für Geflügel existieren solche Tabus nicht.

Beinfleisch, Filet und Rippchen sind die begehrtesten Teile vom Schwein.

Zubereitung

Für rührgebratenen Gerichte werden das Filet oder mageres Fleisch aus dem Bein sowie die fleischigeren Teile von Rippchen bevorzugt. Das Fleisch wird in sehr feine Streifen geschnitten, damit es bei hoher Hitze nur ganz kurz gebraten werden kann.

Für Eintöpfe und Schmorgerichte wird das Fleisch aus der Schulter, die Rippchen oder der Schweinebauch verwendet. Das Fleisch wird oft sehr lange gekocht, so dass das Gericht eine köstliche, leicht dickliche Konsistenz annimmt.

WEITERE FLEISCHSORTEN

Rindfleisch wird in China und Asien erst seit kurzem gegessen, da Rinder als reine Arbeitstiere viel zu wertvoll für die zumeist arme Landbevölkerung waren, um sie zu essen. Büffel wurden hauptsächlich auf den Reisfeldern vor den Pflug gespannt, bevor das Land dann von Hand bepflanzt wurde. In vielen Teilen Asiens ist das auch heute noch so. Rind und Lamm werden traditionellerweise nur in Nordchina und bei den Moslems in Malaysien gegessen. Da ein hoher Anteil der Bevölkerung Pekings aus dem Norden stammt und es immer häufiger moslemische Restaurants gibt, werden auch hier Lamm- und Rindfleisch immer beliebter. Lamm wird hauptsächlich im mongolischen Feuertopf zubereitet, Rindfleisch wird in verschiedenen Gerichten meist als Schweinefleischersatz verwendet. Es wird sehr dünn geschnitten und dann kurzgebraten, wie in rührgebratenen Gerichten. Da Rindfleisch einen stärkeren Eigengeschmack hat als Schweinefleisch, passt es am besten zu würzigen Zutaten wie Knoblauch und Zwiebeln.

Fisch

Ein altes thailändisches Sprichwort besagt: „Alles ist gut, so lange es genügend Fisch im Wasser und Reis auf dem Feld gibt“. Fisch ist in der thailändischen Küche der Hauptlieferant für Eiweiß, was nicht sehr erstaunlich ist, wenn man auf der Landkarte sieht, dass Thailand zusätzlich zu den vielen Reisfeldern eine sehr lange Küste und viele Flüsse, Seen und Teiche hat. An den asserwegen fangen die Menschen ihren täglichen Bedarf mit einfachen Stangen und Netzen. Der Fisch wird gedünstet, mit Kräutern gegrillt oder in Suppen, Currygerichten, Salaten und Omelettes verarbeitet.

Das kantonesische Wort für Fisch ist „yu“, gle chlautend mit dem Begriff für Überfluss. Zum chinesischen Neujahrsfest wird ein ganzer Fisch serviert, der die Hoffnung der Familie symbolisiert, das kommende Jahr über stets genug zu essen zu haben. Es gilt als kulinarisch hochwertig und zudem dekorativ, einen Fisch ganz zu Tisch zu bringen. So wird der Fisch auch nicht trocken, und dem Ehrengast können die Bäckchen des Fisches serviert werden.

Fisch ist in ganz Asien sehr beliebt. China hat eine Küste von über viertausend Kilometern und dadurch eine große Vielfalt an Salzwasserfischen. Manche sind auch bei uns bekannt, z. B. Meerbarsch, Heilbutt, Makrele, Seezunge, Scholle, Thunfisch, Kabeljau, Lachs, Sardine und Hering. China hat auch viele große Flüsse und Seen, in denen eine Fülle von Süßwasserfischen beheimatet ist, u.a. der berühmte chinesische Karpfen.

Indonesien, die Philippinen dun Japan sind Inselstaaten, es ist also verständlich, dass Fisch dort eine große Rolle spielt. In Japan wurde der Verzehr von Fisch zeitweise durch das Verbot von Fleisch in früheren Zeiten unterstützt. So sind die Japaner zu wahren Experten in der Fischzubereitung geworden. Sashimi – sehr frischer Fisch, der dünn geschnitten und roh serviert wird, – ist heute auch außerhalb Japans eine Delikatesse. Forelle, Makrele, Thunfisch, Lachs und Hering sind in Japan sehr beliebt, aber auch die exotischeren Fische wie der Papagaienfisch werden nicht verschmäht.

Das Wichtigste beim Kaufen von Fisch ist, dass der Fisch sehr frisch ist, das gilt für ganz Asien, aber besonders für Japan.

Fischkauf

Das solten Sie beim Fischkauf beachten:

- Die Augen des Fischs sollten hell und klar sowie nicht eingesunken sein.
- Die Kiemen sollten sauber und von hellroter Farbe sein.
- Die Haut sollte fest und frisch sein und glänzen. Der Fisch sollte sich kräftig und lebendig anfühlen.
- Auch am Geruch kann man die Frische ermitteln, ein Fisch, der nicht mehr frisch ist, riecht brackig.

Oben: Karpfen, Makrele und Barbe

Zubereitung

Das Dünsten und Köcheln in Brühe gehören zu den verbreitetsten Zubereitungsweisen in Asien. Fisch wird auch frittiert, rührgebraten und geschmort. **Dämpfen** Nehmen Sie einen frischen, ganzen Fisch (bis zu 700 g schwer). Reiben Sie die Haut mit Salz ein und sprenkeln Sie geraspelten Ingwer darüber. Geben Sie Reiswein, Sojasoße und

Zucker über den Fisch und dämpfen Sie ihn sofort über kochendem Wasser. Nehmen Sie den Fisch heraus, wenn er fast gar ist. Das Fleisch sollte bei Berührung mit einem Messer leicht zerfallen, aber noch saftig sein.

Köcheln Auf diese Weise werden meist große Fische gegart (ca. 1,5 kg). Nehmen Sie dazu einen Fischkessel, wenn Sie einen besitzen, in jedem Fall aber einen großen Topf. Gießen Sie 1,75 l Wasser ein und salzen Sie. Schneiden Sie ein 4 cm langes Stück Ingwerwurzel in Scheiben und geben Sie diese dazu. Bringen Sie das Wasser zum Kochen. Ziehen Sie ein Stück Alufolie unter dem Fisch durch und heben den Fisch auf den Einsatz. Lassen Sie das Wasser nochmals aufkochen, reduzieren Sie die Hitze und lassen Sie den Fisch 4 Minuten simmern. Reduzieren Sie nochmals die Hitze, bis das Wasser kaum noch kocht, und garen Sie ihn 6–8 Minuten. Heben Sie den Fisch aus dem Kessel, lassen Sie ihn abtropfen und legen Sie ihn auf eine hitzebeständige Servierplatte. Erhitzen Sie 75 ml Erdnussöl und gießen Sie es über den Fisch. Diese Schlussbehandlung kommt auch in der vietnamesischen Küche vor, dort werden allerdings vorher noch Frühlingszwiebeln über den Fisch gestreut.

Braten Fisch kann in der Pfanne gebraten, rührgebraten oder frittiert werden, Hauptsache es geht schnell, damit der Fisch nicht vollkommen zerfällt.

Schmoren Nur ganze Fische werden geschmort, sie werden zuerst in Knoblauch und Ingweröl gebraten. Dann erst kommen andere Zutaten wie Sojasoße hinzu, der Topf wird fest verschlossen und der Fisch schnell gegart.

Red Snapper, Papageienfisch und Pomfret

FISCHSORTEN

Barbe hat dunkle Streifen auf dem Rücken, viele große Schuppen und einen mächtigen Kopf. Das Fleisch ist zart und nimmt Aromen sehr gut an. Probieren Sie Barbe gebacken, mit einer Mischung aus Hackfleisch, Garnelen, Ingwer und Frühlingszwiebeln oder chinesischen Pilzen gefüllt, oder dämpfen Sie den Fisch.

Brasse hat einen hellen Kopf mit goldenen Tupfen auf jeder Wange und einem gedrungenen Körper. Brasse muss vor dem Garen geschuppt werden. Das Fleisch ist fest, bleibt bei vorsichtigem Kochen aber saftig. Ritzen Sie jede Seite an den dickeren Stellen ein, damit diese gleichzeitig mit dem Rest gar werden. Brasse wird am besten im Ganzen in gebutterter Alufolie mit Ingwer, Frühlingszwiebel und Gewürzen gebacken. Dazu passt süßsaure Soße.

Heilbutt ist ein Flachfisch, der zu enormer Größe heranwachsen kann. Er hat braune Haut und ist am Bauch perlweiß, die Augen sitzen auf dem Nasenrücken. Der kleine Hühnerheilbutt wiegt bis zu 1,5 kg und ist ideal zum Pochieren oder Backen geeignet.

Kabeljau ist ein Fisch mit einer grün-bronzefarbenen Haut mit gelben Sprenkeln. Er kann von 1 kg bis 30 kg wiegen. Wenn er gut zubereitet wird, ist sein Fleisch saftig und bricht in großen Stücken auseinander. Er eignet sich zum Grillen, Backen oder Braten und in Currygerichten. Geben Sie die Fischstücke aber erst ganz zum Schluss hinein, damit sie nicht zerfallen.

Kalamar ist bei asiatischen Köchen sehr beliebt. Bei uns wird er meist gut gesäubert verkauft, wenn Sie ihn jedoch selbst putzen müssen, sollten Sie wie folgt vorgehen: Ziehen Sie die Fangarme aus der Körpertube und drücken Sie sie zusammen, um die feste zentrale Gräte zu entfernen. Schneiden Sie die Fangarme ab und legen Sie sie beiseite. Holen Sie sämtliche Innereien aus der Tube und entfernen Sie die dünne Außenhaut. Dann waschen Sie die Tube von innen und außen. Jetzt kann sie gefüllt werden. Zum Schluss geben Sie die Fangarme mit hinein und schließen die Tube mit einem Zahnstocher oder mit Küchengarn.

Wenn der Kalamar rührgebraten werden soll, müssen Sie die Tube ganz aufschneiden. Die Innenseite schneiden Sie kreuzweise ein und die Tube der Länge nach in Streifen, diese rollen sich dann beim Braten dekorativ auf.

Karpfen ist ein Süßwasserfisch, den es schon vor Tausenden von Jahren in Asien gegeben haben soll. Er wird überall gezüchtet, in Seen, Teichen und auf Reisfeldern. Es gibt verschiedene Arten. Bitten Sie den Fischhändler, Rückenflosse und Schuppen zu entfernen. Das Fleisch ist gehaltvoll und saftig, jedoch leicht grätig. Karpfen wird im Ganzen gebacken, ebenso wie Barbe sollte er herzhaft gefüllt werden.

Lachs wird oft als König der Fische bezeichnet, und mit wildem Lachs kann man ein wunderbares Sashimi machen. Zuchtlachs von gehobener Qualität macht sich gut in vielen gegarten Gerichten. Die Haut am Rücken ist stahlblau und wird zum Bauch hin silbern. Das Fleisch ist ölig, rosafarben und fest. Lachs wird geköchelt, pochiert oder in Alufolie gebacken. Lachskoteletts werden gegrillt und mit thailändischem Salat serviert oder in dem philippinischen Gericht *Escabeche.* verarbeitet.

Makrele und Bonito stammen aus derselben Familie. Der Fisch ist leicht an der welligen, dunkelblauen Markierung, der silbrig-grünen Seite und dem blassen Bauch zu erkennen. Makrele ist ölig und hat ein zartes rosafarbenes Fleisch. Sie ist gut zum Grillen oder Pochieren mit Miso geeignet. Sie ist auch in einer thailändischen Suppe, *laksa,* sehr beliebt.

Meerbarsch ist silberfarben, hat einen schwarzen Rücken und einen weißen Bauch. Das Fleisch hat einen feinen Geschmack und zerfällt nicht beim Garen. Meerbarsch kann im Ganzen gegrillt, gedämpft oder gebacken werden, oder er wird filetiert oder in Steaks geschnitten. Er ist nicht besonders kostengünstig, aber Ihr Geld ist bei diesem Fisch gut angelegt.

Oben: Thunfischsteaks und Lachskoteletts

Papageienfisch ist blau oder bunt, sieht ungeheuer dekorativ aus und schmeckt zudem noch sehr gut.

Pomfret ist bei malaysischen und thailändischen Köchen sehr beliebt und der Traum jeden Fischers, denn er geht leicht ins Netz. Einst war dieser Fisch fast ausgestorben. Er ist flach, silbergrau und am Bauch perlweiß. Der Geschmack bleibt am besten erhalten, wenn Sie ihn mit ein paar einfachen Aromen, wie Ingwer, Frühlingszwiebeln, heller Sojasoße und Gewürzen dämpfen. Er schmeckt auch gegrillt und gebraten hervorragend.

Scholle ist leicht an ihrem flachen braunen Körper mit den orangefarbenen Tupfen zu erkennen. Das Fleisch ist zart und saftig. Garen Sie Scholle ganz, entweder frittiert oder pochiert. Wenn Sie den Fisch filetieren, kochen Sie aus den Gräten eine leckere Brühe mit Ingwer, Zwiebel und Gewürzen.

Seezunge gehört auch zu den Plattfischen. Sie hat oben eine raue braune Haut und einen rhombenförmigen Körper. Das Fleisch hat eine fantastische Konsistenz und einen sehr feinen Geschmack. Seezunge wird am besten ganz gegrillt oder gebraten. Manchmal wird sie filetiert verkauft, fragen Sie dann nach den Gräten für eine Fischsuppe.

Snapper gehört zur Familie der Barsche. Der Red Snapper ist wohl der bekannteste, aber es gibt auch andere Farben wie Grau, Silber und silber getupftes Grau. Die rote Farbe ist absolut unübersehbar. Der Fisch hat große Augen und starke Rückenflossen, die vor dem Kochen entfernt werden sollten. Das Fleisch ist saftig und geschmackvoll. Kleine bis mittelgroße Snapper können gut im Ganzen gedämpft oder gebacken werden.

Thunfisch ist der große Bruder der Makrelen. Die enorm großen Thunfische überwinden sehr schnell große Distanzen, und dabei füllen sich die starken Muskeln mit Blut, der Grund für die tiefrote Farbe des frischen Fisches. Auch der weiße Thunfisch (Germon) ist bei Japanern für **sashimi** und **sushi** sehr beliebt. Vor dem Grillen sollte Thunfisch mariniert und währenddessen ständig begossen werden, damit er saftig bleibt. Thunfisch kann auch gut gebraten werden.

MEERESFRÜCHTE

Asiatische Köche haben eine Vielzahl an Meeresfrüchten zur Auswahl, nicht nur aus dem Ozean, auch Krebse und Garnelen aus Süßwasserseen und Flüssen bereichern die Küche. In Asien gilt es als ungemein wichtig, dass Meerefrüchte so frisch wie möglich in den Wok kommen. Für uns ist das leider nicht immer möglich, wir müssen öfter auf gefrorene Meeresfrüchte zurückgreifen. Sie sollten vor der Zubereitung langsam aufgetaut und gut abgetrocknet werden. Die Garzeit sollte immer so kurz wie möglich gehalten werden, damit das feine Aroma und die zarte Konsistenz erhalten bleiben. In Asien werden Meeresfrüchte bevorzugt gedämpft, frittiert oder rührgebraten. Sie kommen auch häufig in Suppen vor und werden zu solch ungewöhnlichen Gerichten wie Krebsplätzchen verarbeitet

Oben: Mies- und Venusmuscheln

Abalone Diese große Muschel hat eine besonders schöne Schale, die wie Perlmutt glänzt. Das Fleisch der Abalone kann sehr fest sein und wird vor dem Kochen weich geklopft. Tiefgefrorene Abalone und Abalone in Dosen gibt es in orientalischen Supermärkten. Letztere ist gelb-braun und hat einen würzigen Geschmack. Die Konsistenz ist etwas gummiartig, daher wird Abalone aus der Dose immer mit anderen Zutaten kombiniert. Die Lake kann für Soßen und Suppen verwendet werden. Getrocknete Abalone ist eine begehrte, recht kostspielige Spezialität.

Venusmuschel Es gibt viele verschiedene Arten von Venusmuscheln. In Japan wird aus der großen Venusmuschel und der runden Venusmuschel Sushi gemacht, und in China sind Venusmuscheln mit schwarzer Bohnensoße sehr beliebt. Achten Sie beim Kauf darauf, dass die Schalen intakt sind. Spülen Sie die Muscheln ausgiebig unter fließendem Wasser ab und legen Sie sie vor dem 7–8 Minuten dauernden Garen kurz in Salzwasser.

Oben: Abalone aus der Dose

Mies- und Venusmuscheln in Kokosmilch

Mies- und Venusmuscheln werden meist gedünstet. Hier werden sie nach einem thailändischen Rezept gekocht und mit Kokosmilch und Zitronengras gewürzt.

4–6 PORTIONEN

1,75 kg Miesmuscheln
450 g Venusmuscheln
120 ml trockener Weißwein
1 Bund Frühlingszwiebeln, gehackt
2 Stangen Zitronengras, gehackt
6 Kaffir-Limettenblätter, gehackt
10 ml/2 TL grüne Currypaste
200 ml Kokosmilch
30 ml/2 EL gehackter frischer Koriander
Salz und Pfeffer

1 Schrubben Sie die Muscheln gründlich und entfernen die Bärte. Werfen Sie alle Muscheln weg, deren Schalen offen oder beschädigt sind und die sich beim Zusammendrücken nicht schließen.

2 Geben Sie Wein, Frühlingszwiebeln, Zitronengras, Limettenblätter und Currypaste in einen großen Topf. Köcheln Sie die Flüssigkeit, bis der Wein fast verdunstet ist. Geben Sie die Muscheln dazu, verschließen den Topf gut und dünsten sie 6 Minuten, bis sich die Schalen geöffnet haben.

3 Heben Sie die Muscheln mit dem Schaumlöffel heraus und halten sie Sie warm. Die jetzt noch geschlossenen Muscheln werfen Sie weg. Sieben Sie die Flüssigkeit in eine Pfanne und reduzieren sie bis auf 250 ml.

4 Rühren Sie Kokosmilch und Koriander hinein und würzen mit Salz und Pfeffer. Gießen Sie die heiße Soße über die Muscheln.

Nehmen Sie nur die Muscheln, deren Schale nach dem Garen offen sind. Reichen Sie dazu verschiedene Dips wie Hoisinsoße, Pflaumensoße und Sojasoße mit Ingwer.

Miesmuscheln Auch die Miesmuscheln sind in der orientalischen Küche weit verbereitet. Zuchtmuscheln gibt es überall zu kaufen. Sie werden meist im Kilo verkauft, das auch für ein Hauptgericht für 2–3 Personen ausreichend ist. Achten Sie auf große Exemplare mit glänzender Schale. Werfen Sie alle weg, die geöffnet sind oder sich nicht schließen, wenn man sie zudrückt. Entfernen Sie den Bart von der Schale und spülen Sie die Muscheln gut ab. Dünsten Sie die Muscheln mit wenig Flüssigkeit in einer großen Pfanne mit Deckel 3–4 Minuten, bis sich die Schalen öffnen. Nicht geöffnete Muscheln werfen Sie weg. Zum Würzen nehmen Sie Ingwer, Zitronengras, Limettenblätter und Fischsoße.

Krebse werden in Asien mit großem Genuss gegessen. Es gibt viele verschiedene Sorten. Wer bereits in Thailand oder Hongkong war, hat sicher die blauen Schwimmkrebse gesehen. Diese Spezies wird im Ganzen verspeist. Das Fleisch wird meist mit Reis gekocht und entfaltet ein außergewöhnliches Aroma.

Oben: Hummer und Jakobsmuscheln

Hummer Dieses Luxustier wird zumeist im Restaurant gegessen. Wenn Sie einen lebenden Hummer kochen wollen, legen Sie ihn in eine Pfanne mit eiskaltem Wasser, verschließen die Pfanne und bringen das Wasser zum Kochen. Die Schale wird beim Garen hellrot, und das Fleisch ist zart und saftig. Ein lebendiges Tier zu kochen, ist jedoch bestimmt nicht jedermanns Sache. Wenn Sie einen vorgekochten Hummer kaufen, achten Sie darauf, dass der Schwanz sich wieder einkringelt, wenn Sie ihn lang ziehen und loslassen. Hummer genießen Sie am besten mit Sojasoße und geraspeltem Ingwer.

Jakobsmuscheln Sie sind wegen ihres süßen, zarten Fleisches begehrt. Das empfindliche Fleisch braucht nur eine kurze Garzeit. Marinieren Sie die Muscheln 30 Minuten in Reiswein, Zucker und Sojasoße und dünsten Sie sie in der Marinade mit etwas Ingwer und einigen Frühlingszwiebeln an.

Unten: blaue Schwimmkrebse

Gekochte Garnelen

Fantail oder Phönixgarnelen
Diese Rezept kommt aus China. Die gekochten Garnelen mit ihren roten Schwänzen sollen dem legendären Phönix gleichen, der als Symbol für Glück und Würde steht. Verwenden Sie hierzu Riesengarnelen.

1 Entfernen Sie die Köpfe und die Schale, aber lassen Sie den Schwanz intakt.

2 Schneiden Sie den Rücken der Garnele leicht ein und entfernen Sie den Darm.

3 Fassen Sie die vorbereiteten Garnelen am Schwanz, wälzen sie in gesalztem Maismehl und tauchen sie in einen Ausbackteig. Frittieren Sie die Garnelen, bis die Schwänze rot werden.

Garnelen gibt es im Meer und im Süßwasser, die Kleineren werden auch bei uns eher als Shrimps bezeichnet, die größeren Exemplare als Garnelen, dann gibt es noch die Riesengarnelen. Kaufen Sie Garnelen wenn möglich roh, sie solten von durchsichtiger blaugrauer Farbe sein. Wenn Sie tiefgefrorene Garnelen verwenden, kaufen Sie rohe, die Sie langsam auftauen und gut abtrocknen. Die Weiterverarbeitung hängt vom Rezept ab. Bei manchen Rezepten werden die Garnelen mit ganzer Schale verarbeitet, meist werden sie jedoch so geschält, dass nur die Schwänze intakt bleiben.

Links: Rohe Garnelen

Schmetterlings-Garnelen
Diese Garnelen sind schnell gar und ringeln sich hübsch.

1 Entfernen Sie Kopf und Schale, aber lassen Sie den Schwanz ganz. Ziehen Sie den Darm mit einer Pinzette heraus.

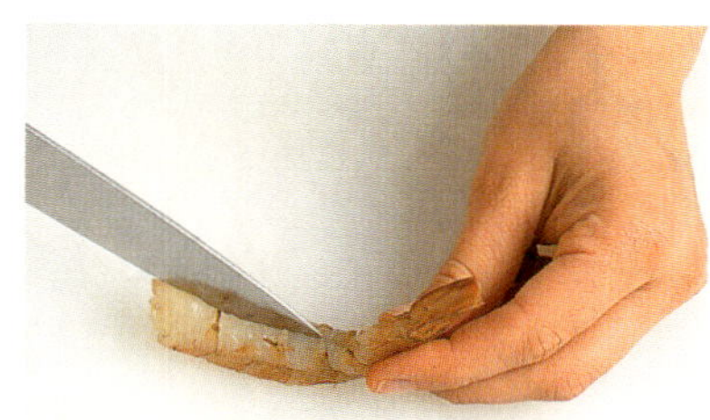

2 Schneiden Sie jeder Garnele der Länge nach den Bauch auf.

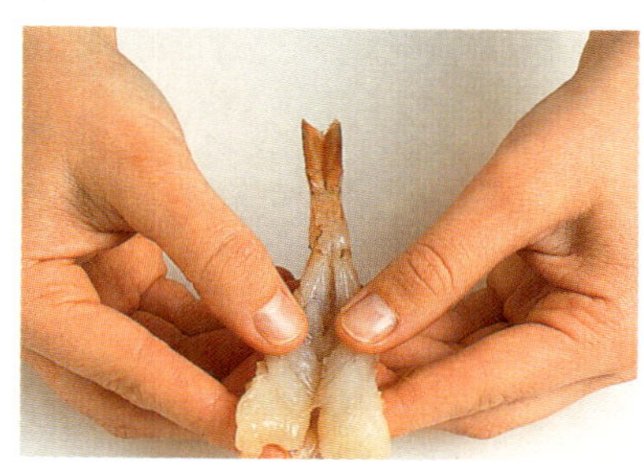

3 Öffnen Sie vorsichtig die beiden Hälften, damit die Garnele wie ein Schmetterling aussieht.

Kräuter, Gewürze und Aromen

Oben: Knoblauch

KNOBLAUCH

Mandarin: *suan;* Kantonesisch: *suen;*
Thai: *kratiam*

Knoblauch gehört zu den Liliengewächsen, ebenso wie Lauch und Zwiebeln. Es wird angenommen, dass er ursprünglich aus Asien stammt, denn anhand chinesischer Texte kann man ihn über 3.000 Jahre zurückverfolgen. Im alten Ägypten wurde er als Gemüse geschätzt und hatte sogar rituelle Bedeutung. Die Heilwirkung von Knoblauch ist gut erforscht, und in vielen Kulturen soll er gegen das Böse helfen.

Geschmack

Es gibt verschiedene Knoblauchsorten, z. B. kleine Knollen und den folgerichtig benannten Elefantenknoblauch. Die Haut kann weiß, aber auch rot und lila sein, und Knoblauch kann sowohl zart und mild als auch herb und scharf schmecken. In Ostasien ist die alltäglichste Sorte lila, hat ein starkes Aroma und einen kräftigen, etwas süßlichen Geschmack. In Südostasien verwenden die Köche eine Miniaturvariante des Knoblauch. Sie hat nur 4 oder 6 Zehen pro Knolle, und Aroma und Geschmack sind sehr viel konzentrierter. Thailändische Köche bevorzugen eine kleine Knoblauchsorte, derenn Schale so dünn ist, dass man sie nicht abschälen muss. Die Zehen werden einfach mit dem Hackmesser zerdrückt und in den Topf gegeben.

Verwendung

Knoblauch bildet in vielen chinesischen Gerichten eine kulinarische Einheit mit Ingwer und Frühlingszwiebeln, speziell in Sichuan und Peking. Er wird überall in Asien viel verwendet, außer in Japan, wo er eher medizinische Bedeutung hat. Vietnamesische Köche kochen viel mit Knoblauch, und in Thailand ist die Mischung aus Knoblauch, Korianderwurzel und Pfeffer eine würzige Grundlage für viele Speisen. Knoblauch ist auch aus den berühmten thailändischen Currypasten nicht wegzudenken. Überall in Asien wird Bratöl gerne mit Knoblauch aromatisiert, zum einen wegen des Geschmacks zum anderen, weil der Knoblauch den Fettgeschmack abmildert.

Roher Knoblauch verfeinert Soßen, Dips und Dressings.

Zubereitung

Knoblauch wird in aller Regel zuerst geschält, einzige Ausnahmen sind Gerichte, für die die ganze Knolle gegrillt wird. Am besten legen Sie die Zehen vor sich hin und drücken sie mit der flachen Seite der Klinge eines Hackmessers platt. Jetzt lässt sich die Schale einfach entfernen. Zerdrückt wird die geschälte Zehe dann ebenfalls mit der flachen Seite der Klinge. Obwohl Sie das Brett und das Messer hinterher gut abwaschen sollten, ist diese Methode einfacher, als eine Knoblauchpresse zu verwenden.

Wenn Sie ganze Knollen verwenden, entfernen Sie nur die Wurzel und so viel von der Schale, wie es mit den Fingern möglich ist.

Wenn der Knoblauch in einer Würze verwendet wird, wie es in südostasiatischen Rezepten häufig vorkommt, legen Sie die Knolle in den Mörser und stoßen einmal kräftig mit dem Stößel darauf, damit sich die Haut ablöst. Sie kann dann entfernt und der Knoblauch mit anderen Zutaten gemischt werden. In der Regel gilt: Zerdrückter Knoblauch gibt seinen Geschmack an das ganze Gericht ab, Knoblauchscheiben werden für einzelne Akzente benutzt und oft zwar früh in den Kochtopf gegeben, aber später entfernt, wenn sie ihr Aroma abgegeben haben.

Knoblauchknollen sind überall erhältlich. Asiatische Köche bedienen sich übrigens gerne des fertig zerdrückten Knoblauchs aus Gläsern. Es gibt auch getrockneten Knoblauch als Granulat oder als Flocken. Die Flocken müssen vor dem Braten in Wasser eingeweicht werden, bei Eintöpfen und Gerichten mit viel Flüssigkeit ist dies jedoch nicht notwendig.

Lagerung

Achten Sie auf dicke, feste Knollen, mit reiner, papierartiger Schale. Nehmen Sie keinen keimenden Knoblauch, dieser ist zu alt. Knoblauch hält sich gut an kühlen, trockenen Orten. Wenn es zu warm ist, trocknet er aus.

Zubereitung von Knoblauchöl

1 Erhitzen Sie 120 ml Öl in einem Topf. Geben Sie 2 EL zerdrückten Knoblauch hinzu.

2 Garen Sie den Knoblauch in 5 Minuten sanft, bis er braun wird und rühren Sie gelegentlich um. Der Knoblauch darf nicht anbrennen. Sieben Sie das Öl durch.

Oben: Frische Ingwerwurzel, gemahlener und eingelegter Ingwer

INGWER

MANDARIN: *JIANG;* KANTONESISCH: *GEUNG;* THAI: *KHING;* JAPANISCH: *SHOGA*

Ingwer stammt wahrscheinlich aus dem tropischen Dschungel Südostasiens und wurde in China vor über 2.000 Jahren aus Indien eingeführt. Der Teil, den wir als Ingwerwurzel bezeichnen, ist eigentlich ein Rhizom, ein unterirdischer Spross. Die Farbe reicht von blassrosa (junger Ingwer) bis zu beige, mit einer papierartigen Schale. Ingwer wird in ganz Asien sehr geschätzt, sowohl in der Küche als auch als Arzneimittel. Er wird bei Verdauungsstörungen, Husten und Brechreiz verordnet.

Geschmack

Frische Ingwerwurzel hat einen erfrischenden Duft nach Zitrusfrüchten und einen angenehmen scharfen Geschmack. Junger Ingwer ist mild und kann wie Gemüse gebraten werden. Ältere Wurzeln werden faserig und schmecken schärfer. Ingwer gibt es auch getrocknet, dieser schmeckt jedoch ganz anders als der frische. Er wird dann hauptsächlich beim Einlegen verwendet, denn er gilt in Asien nicht als gleichwertig mit der frischen Wurzel. Gemahlener Ingwer schmeckt noch einmal anders, in Asien wird er nur mit anderen Gewürzen zusammen z. B. zu Currypulver gemischt.

Verwendung

Ingwerwurzel ist aus der asiatischen Küche nicht wegzudenken. In China wird er meist mit Frühlingszwiebeln kombiniert, um eine ausgewogene Yin-Yang-Balance herzustellen; die kühle Frühlingszwiebel steht für das Yin und der scharfe Ingwer für das Yang. Zusammen ergänzen oder beruhigen sie den Geschmack einiger Fleischsorten und Meeresfrüchte. Ingwer wird auch dazu verwendet, einigen Ölen und Marinaden den öligen Geschmack zu nehmen. In Thailand werden Ingwerstifte oft mit einer würzigen Soße zum Dippen gereicht, während die Köche Indonesiens aus Ingwer, Chilischoten, Schalotten, Knoblauch, Zucker, Salz und Reisessig ein wunderbares Sambal mischen. Auch eingelegter Ingwer spielt in der orientalischen Küche eine Rolle. Er wird als Beilage oder zusammen mit Rindfleisch oder Ente serviert. Eines der beliebtesten Gerichte auf chinesischen Speisekarten ist Ente mit Ananas und eingelegtem Ingwer. Er wird in gesüßtem Reisessig eingelegt und ist recht scharf. Japanischer eingelegter Ingwer hat ein feineres Aroma. Die blassrosa Sorte, Gari, wird immer zu Sushi und Sashimi gereicht und ergänzt diese perfekt.

Zubereitung

Die Ingwerwurzel wird zunächst geschält. Die dünne, aber harte Schale ist leicht mit einem Messer zu entfernen. Das Innere wird dann geschnitten, gehackt oder gerieben. Wird der Ingwer nur zum Gericht gegeben, um das Aroma freizusetzen, und danach wieder entfernt, wird er mit der flachen Seite des Hackmessers zerstoßen.

Lagerung

Früher war es schwierig, frische, saftige Ingwerwurzel bei uns zu bekommen, doch heute führen sie viele Supermärkte und nahezu alle Asialäden. Achten Sie auf feste Stücke mit glatter Schale. Frischer Ingwer hält sich an einem kühlen trockenen Ort bis zu zwei Wochen. Ingwer kann man auch einfrieren und gefroren raspeln, er taut dann beim Kochen auf.

Unten: Japanischer, eingelegter rosafarbener Ingwer ist als Gari bekannt.

Vorbereitung von Ingwerwurzel

1 Schälen Sie den Ingwer dünn mit dem Messer oder Sparschäler.

2 Raspeln Sie die Wurzel fein.

3 Oder schneiden Sie die Wurzel in Stifte oder hacken sie grob.

4 Zerstoßen Sie Ingwer, wenn er aus Gerichten wieder entfernt wird.

GALGANT

CHINESE: *LIANG JIANG;* THAI: *KHAA;* VIETNAMESISCH: *CU GIENG*

Wie Ingwer ist auch Galgant ein Rhizom, das unter der Erde wächst. Die fingerartigen Auswüchse des Galgant sind dünner und blasser als Ingwer, aber sie sehen sich schon ähnlich und werden auch in ähnlicher Weise verwendet. Frischer Galgant war noch vor kurzer Zeit überhaupt nicht bei uns zu bekommen (obgleich er im mittelalterlichen Europa weit verbreitet war), ist heute aber auf jeden Fall in asiatischen Läden erhältlich. Es gibt zwei Sorten: Der große Galgant, *lengkuas,* kommt aus Indonesien, und der kleinere Galgant stammt aus Südchina. Er ist nicht so weit verbreitet wie sein großer Bruder, aber in Thailand als *krachai* sehr beliebt.

Laospulver ist getrockneter, gemahlener Galgant. Obwohl es nicht genauso wie frischer Galgant schmeckt, wird es in Asien wegen der einfachen Handhabung geschätzt und in vielen Gerichten verwendet. 1 TL Pulver entspricht ungefähr 1 cm geschälter, gehackter Wurzel.

Geschmack

Großer Galgant hat ein Aroma, das an Pinien erinnert, und einen scharfen Geschmack. Kleiner Galgant ist noch schärfer, und der Geschmack wird allgemein als eine Mischung aus Ingwer und schwarzem Pfeffer beschrieben.

Verwendung

Galgant wird in Asien in vielen Fisch- und Fleischgerichten als Gewürz eingesetzt. Er wird meist mit Schalotten, Knoblauch und Chilischoten zu einer Paste verarbeitet. In Thailand werden Scheibchen zusammen mit Zitronengras und Limettenblättern Suppen beigegeben. In Vietnam mischen Köche Galgant mit Erdnüssen und Limetten zu einer leckeren Soße für Fleisch- und Gemüsesalate.

Zubereitung

Frischer Galgant sollte immer geschält werden. Zum Kochen wird er meist dünn oder in Stifte geschnitten. Er ist härter als Ingwer, muss vor dem Zerstoßen also klein geschnitten werden. Soll der Galgant wirklich weich werden, muss er länger kochen als Ingwer.

Lagerung

Frischer Galgant hält sich 2 Wochen an einem kühlen, trockenen Ort. Er kann auch im Kühlschrank aufbewahrt werden, wickeln Sie ihn dann in Pergamentpapier, damit er feucht bleibt.

Rechts: Frischer und getrockneter Galgant

CHILISCHOTEN

MANDARIN: *LAJIAO;* KANTONESISCH: *LAT JIU;* THAI: *PRIK*

Chilischoten stammen ursprünglich aus dem tropischen Amerika. Christoph Kolumbus brachte die Schoten nach Europa, nachdem er sie auf seiner Suche nach Pfefferkörnern in Mexiko entdeckt hatte. Ihr Ruhm breitete sich schnell aus, und bald wurden sie auch in Afrika, Indien und im Fernen Osten kultiviert und in der Küche eingesetzt. Es gibt eine wilde Variante, die in der chinesischen Provinz Sichuan wächst und als „Pfauenauge" (*Capsicum sinense*) bekannt ist, sie stammt wahrscheinlich dirket aus China. Scharfe Chili- und süße Paprikaschoten gehören beide zu der Familie der *Capsicum.* Es gibt unzählige Varianten; die in Asien am häufigsten eingesetzen sind die indischen *kalyanpur-, kovilpatt-* und *kesanakurru-*Chilischoten, die japanischen *honka* oder *hontaka,* der koreanische Chili und eine Gruppe thailändischer Chilischoten, aus denen auch das scharfe „Pfauenauge" stammt. Wie auch bei Paprika, geht die Schote beim Reifen vom Grüne ins Rote über, manche ändern ihre gelbe Farbe zu Rot und Braun oder sogar Schwarz. Chilischoten können die Größe einer Erbse haben, aber auch bis zu 30 cm lang werden. In Asien werden sie meist frisch verwendet, aber auch die getrockneten besitzen noch einiges an Schärfe.

Unten: Grüne Chillies

Chilipaste

Fertige Chilipaste wird in Gläsern verkauft, ist aber einfach selbst herzustellen. Halbieren Sie Chilischoten, entfernen die Kerne und mixen sie in einer Küchenmaschine zu feinen Püree. Eine gehackte Zwiebel bringt Masse in die Paste. Kleine Portionen der Paste können Sie im Kühlschrank eine Woche aufheben oder in kleine Gefrierboxen abfüllen und bis zu 6 Monate tiefgefroren aufbewahren. *Sambal oelek*, eine indonesische Chilipaste, wird fast genauso hergestellt, die Chilischoten werden vorher aber blanchiert.

Unten: Die gleiche Chilisorte gibt es in verschiedenen Farben.

Rechts: Rote Chilischoten

Geschmack

Obwohl man mit Chilischoten im Allgemeinen zunächst Schärfe verbindet, gibt es durchaus verschiedene Geschmacksrichtungen. Kenner unterscheiden süße, rauchige und pikante Schoten. Der Schärfegrad reicht von

Links: Mittlere rote Chillies

mild bis feurig-scharf, er kann aber durch das Entfernen der Kerne und Samenwände abgemildert werden. Form und Farbe sind keine Indikatoren für die Schärfe, ein große grüne Chilischote kann sehr mild sein, ganz ähnliche auch sehr scharf. Chilisorten, die in heißem Klima wachsen, sind meist schärfer, Sorten aus gemäßigtem Klima etwas milder.

Verwendung

Dass Chilischoten bevorzugt in Ländern mit heißen klimatischen Bedingungen gegessen werden, scheint auf den ersten Blick paradox zu sein, aber da sie das Blut an die Oberfläche der Haut transportieren, haben sie eine kühlende Wirkung. In vielen Ländern Asiens werden sie als Snack aus der Hand gegessen, und Köche testen die Chilisorten auf dem Markt immer durch Probieren, bevor sie welche kaufen. Chilischoten werden frisch in Salaten, Soßen und in indonesischen Sambals eingesetzt, in denen sie sogar die Hauptzutat sind. Sie werden bei den unterschiedlichsten Zubereitungsarten verwendet und sind, mit oder ohne Kerne, Bestandteil unterschiedlichster Gerichte. Wer nur einen Hauch Chili in seiner Speise haben möchte, gibt die ganze Schote hinzu und nimmt sie später wieder heraus.

Oben: Weder Farbe noch Größe sind ein verlässlicher Indikator für die Schärfe. Grüne Chillies können schärfer als Rote sein und große schärfer als kleine.

Thailand gehört zu den Hauptproduzenten von frischen Chilischoten, daher ist es nicht verwunderlich, dass thailändische Köche eine Vielzahl an Chili-Gerichten erfunden haben. Ganze Chilischoten werden gerne mit Schweinefleisch- oder Garnelenfüllung serviert. Die Schoten werden gedünstet und dann frittiert.

In China stimuliert man mit Chili die Geschmacksknospen. Die Küchen Hunans, Jiangxis, Guizhous und Yunnans kochen alle mit Chili, allerdings nicht so scharf wie die in Sichuan, welche für ihr würzig-scharfes Essen berühmt ist. Doch auch hier wird Chili mit Vorsicht verwendet. Auch die kantonesische Küche kennt Chilischoten, sie werden aber meist als Chilisoße oder Chiliöl bei Tisch zu den Gerichten gereicht.

Vorbereitung frischer Chilischoten

1 Entfernen Sie die Stiele und schneiden die Schote längs auf.

2 Schneiden Sie die Samenfäden und nehmen die Kerne heraus, dann hacken, schneiden oder reiben Sie die Schote je nach Rezept. Die Kerne werden je nach gewünschter Schärfe zum Gericht hinzugefügt oder weggelassen.

Vorbereitung getrockneter Chilischoten

1 Entfernen Sie Stiele und Kerne und teilen jede Schote in 2–3 Stücke.

2 Die Stücke geben Sie in eine tiefe Schüssel und begießen sie mit heißem Wasser. Nach 30 Minuten schütten Sie das Wasser ab (heben Sie es zum Würzen anderer Speisen auf) und verwenden die Schoten wie im Rezept erforderlich.

Herstellung von Chiliblüten
Thailändische Köche sind berühmt für die kunstvollen Verzierungen ihrer Gerichte. Sie garnieren gerne mit Chiliblüten.

1 Fassen Sie die Chilischote am Stiel und halbieren sie längs.

2 Schneiden Sie feine Streifen aus der Schote, der obere Teil bleibt ganz.

3 Legen Sie die Chilischoten für mehrere Stunden in Eiswasser in den Kühlschrank.

4 Die Streifen rollen sich nun dekorativ aus, ähnlich den Blüten einer Blume. Lassen Sie die Schoten abtropfen und verwenden sie als Garnitur. Vorsicht beim Aufessen der hübschen Verzierung!

Getrocknete Chilischoten

Verwendung getrockneter Chilischoten
Rösten ohne Öl erhöht das Aroma von getrockneten Chilischoten. Erhitzen Sie eine schwere Pfanne ohne Öl und drücken Sie die Schoten auf den Pfannenboden, lassen sie aber nicht anbrennen, dann werden sie bitter. Lassen Sie die gerösteten Chilischoten abkühlen und zerstoßen sie vor dem Gebrauch mit Hilfe eines Stößels in einem Mörser.

Zubereitung

Chilischoten sollten mit Vorsicht behandelt werden. Sie enthalten Kapsaicin, eine ölige Substanz, die empfindliche Haut angreift. Wenn Sie Kapsaicin von den Händen aus Versehen in die Augen transportieren, ist das eine schmerzhafte Angelegenheit. Waschen Sie Ihre Hände gründlich mit viel Seife, nachdem Sie mit Chilischoten gearbeitet haben. Oder Sie schneiden Chilies nur mit Handschuhen. Manchen Köchen gelingt es auch, Hautkontakt zu vermeiden, indem sie die Chillies mit Messer und Gabel angehen. Dies braucht aber – vor allem bei sehr kleinen Schoten – recht geschickte Hände. Ganz gleich, welcher Methode Sie den Vorzug geben, denken Sie immer daran, auch die Schneidewerkzeuge und das Brett gründlich abzuspülen.

Lagerung

Achten Sie auf feste Schoten ohne weiche oder schadhafte Stellen. Manche Sorten schrumpeln von Natur aus, lassen Sie sich davon also nicht abschrecken, wenn die Schote ansonsten einen guten Eindruck macht. Am besten wickeln Sie frische Chilischoten in Küchenpapier ein, legen sie in eine Plastiktüte und bewahren sie im Gemüsefach des Kühlschranks auf. Sie halten sich über eine Woche, aber schauen Sie ab und zu nach und sortieren die Schoten aus, die fleckige oder weiche Stellen haben. Wenn Sie Chilischoten nur gekocht verwenden, können Sie diese auch einfrieren. Wenn Sie Chilies trocknen wollen, fädeln Sie die Schoten auf, lassen sie eine Woche an einem warmen Ort hängen und zerstoßen sie dann im Mörser.

Unten: Eingelegte Chilischoten werden gern als Beilage gereicht.

ZITRONENGRAS

MANDARIN: *NINGMENG CAO;* KANTONESISCH: *XIANG MAO;* MALAYISCH: *SERAI;* THAI: *TAKRAI;* VIETNAMESISCH: *XA*

Wenige Zutaten haben die Fantasie unserer Köche so angeregt wie das Zitronengras. Bis vor kurzen war es nur in asiatischen Küchen bekannt, heute bekommt man es auch bei uns zu kaufen. Zitronengras ist eine mehrjährige Pflanze mit zwiebelartiger Wurzel. Es wächst in dichten Büscheln in tropischen und suptropischen Ländern und wird im großen Stil angebaut. Die abgeschnittenen Stängel sind etwa 20 cm lang und ähneln im Aussehen Frühlingszwiebeln bzw. Lauch, sind aber wesentlich härter.

Links: Zitronengras

Geschmack

Nur wenn die Stängel klein geschnitten werden, geben sie ihr Zitrusaroma richtig ab. Dazu passt der intensive Zitronengeschmack, in dem auch etwas Ingwer anklingt, aber überhaupt keine Säure, die so typisch für Zitrusfrüchte ist. Zitronenschale wird manchmal als Ersatz angegeben, aber ihr fehlt die Intensität und die Frische des Geschmacks von Zitronengras, und sie führt meist zu enttäuschenden Ergebnissen.

Getrocknetes und gemahlenes Zitronengras, auch als Seraipulver im Handel erhältlich, kann anstelle von frischem Zitronengras verwendet werden. Dabei gilt 1 TL als Ersatz für einen Stängel. Ganze und gehackte getrocknete Stängel sind in asiatischen Läden erhältlich, ebenso wie Gläser mit Zitronengraspaste.

Unten: Getrocknetes Zitronengras

Verwendung

Zitronengras wird in ganz Südostasien sehr häufig verwendet: in Suppen, Soßen, Rührgebratenem, Currygerichten, Salaten, beim Einlegen und für Marinaden. Es passt sehr gut zu Kokosmilch, speziell in Fisch- und Hühnchengerichten. Thailändische Köche beginnen ihre Speisen meist mit dem Schmoren einiger Zitronengrasringe und etwas Ingwer oder Galgant in Öl. So bekommt das Öl gleich Geschmack, und auch in der Küche selbst riecht es auf einmal fabelhaft. Ein beliebtes vietnamesisches Gericht besteht aus Meerbrasse, die einige Zeit in einer Zitronengraspaste mariniert wird, bis das Aroma den Fisch durchdrungen hat. Dann wird er gebraten.

Zubereitung

Zitronengras wird entweder zerstoßen und langsam in der Suppe oder dem Eintopf mitgekocht, bis es sein Aroma abgegeben hat, oder es werden oft die unteren 5 cm, der zartere Teil, klein gehackt und angedünstet oder für Salate verwendet. Oft werden auch beide Verwendungsarten in einem Gericht angewendet, der härtere Stängel trägt zum Hintergrundgeschmack bei, und der gehackte Teil würzt das Gericht gut durch. Grillgut kann einfach mit einem Zitronengraspinsel bestrichen werden, die Anleitung finden Sie unten.

Oben: Zitronengraspaste

Lagerung

Heben Sie Zitronengras im Gemüsefach in einer Papiertüte auf. Dort hält es sich 2–3 Wochen.

Fertigung eines Zitronengraspinsels

Verwenden Sie den oberen Stängelteil zum Einstreichen von Grillgut.

Schneiden Sie die unteren 5 cm für eine anderweitige Verwendung ab und zerstoßen Sie das Schnittende mit dem Hackmesser oder einem Stößel, so dass ein faseriger Pinsel entsteht.

KAFFIRLIMETTEN

Thai: *bai makrut;* Indonesisch: *daun jerak;* Vietnamesisch: *chanh sac;* Malayisch: *limau purut;* Birmanisch: *shauk-nu*

Diese Früchte sind keine echten Limetten, sie gehören zu einer Untergruppe der Zitrusfrüchte. Sie stammen aus Südostasien und haben im Gegensatz zu ihren Verwandten eine knubbelige, unebene Schale. Die Frucht selbst ist ungenießbar, die Schale wird manchmal in gekochten Gerichten verwendet, aber die Blätter sind das wirklich Wichtige. Kaffirlimetten haben wenig Saft, der dazu noch sehr sauer ist. In Thailand und Malaysia wird er nur manchmal in Gerichten verwendet. Vietnamesische Frauen benutzen ihn als Haarspülung.

Japanische Zitronenschale
In Japan werden sehr dünne Streifen Schale als Garnitur von Suppen verwendet. Die Schale würzt auch Misopaste.

Geschmack

Die Blätter duften nach Zitrusfrüchten, der deutliche Zitronengeschmack entfaltet sich jedoch erst, wenn die Blätter zerpflückt oder klein gehackt werden.

Verwendung

Kaffirlimettenblätter sind ein Symbol für die thailändische Küche, sie werden aber auch in Indonesien, Malaysia, Birma und Vietnam verwendet. Die zerpflückten oder klein gehackten Blätter werden in Suppen und in Currygerichten mitgekocht. Die fein geriebene Schale wird manchmal Fisch- oder Hühnchengerichten beigegeben.

Oben: Kaffirlimetten und ihre Blätter

Lagerung

Frische Kaffirlimetten und ihre Blätter gibt es in asiatischen Läden zu kaufen. Sie halten sich einige Tage, können aber auch tiefgefroren werden. Auch gefriergetrocknete Blätter kann man kaufen. Sie werden im Prinzip wie Lorbeerblätter verwendet. In gut verschlossenen Behältern behalten sie ihr Aroma einige Monate lang.

ORANGEN- ODER MANDARINENSCHALE

Mandarin: *chen pi;* Kantonesisch: *chan pei*

Orangen und Mandarinen stammen aus China. Die sonnengetrocknete Schale der Früchte wird als Gewürz, besonders in Sichuan und Hunan, verwendet.

Links: Getrocknete Orangenschale

Geschmack

Die getrocknete Schale ist dunkelbraun und spröde, enthält aber ein starkes Zitrusaroma. Gerichten verleiht sie einen angenehm scharfen Geschmack.

Verwendung

Ursprünglich wurde die Schale nur im medizinischen Bereich angewendet. Heute verfeinert dieses beliebte Gewürz mit Sternanis und Zimt Schmorgerichte mit Fleisch und Geflügel.

Zubereitung

Die in Schmorgerichten verwendete Schale wird mitgekocht, aber vor dem Servieren wieder entfernt. Vor dem Rührbraten wird die Schale eingeweicht und die innere Haut abgezogen, bevor die Schale klein gehackt wird.

Lagerung

Die getrocknete Schale wird in Plastiktüten verkauft, in denen sie auch gut verschlossen an einem kühl-trockenen Ort mehrere Monate aufbewahrt werden kann. Sie können die Schalen auch selbst trocknen.

Links: Getrocknete Curryblätter

CURRYBLÄTTER

INDONESISCH: *DAUN KARI;* THAI: *BAI KAREE;* BIRMANISCH: *PINDOSIN*

Diese leuchtend grünen Blätter stammen von einem Hartholzbaum, der in Indien heimisch ist. Sie werden vielfach in der indischen Küche verwendet, besonders in Südindien und auf Sri Lanka, und wurden von tamilesischen Einwanderern in Malaysia eingeführt. Die spatenförmigen Blätter wachsen an einen dünnen Stiel. Sie sind leicht gezackt, haben eine blassere Unterseite und ähneln kleinen Lorbeerblättern.

Geschmack

Curryblätter haben einen bestechend warmen Duft, eine leicht süßliche Mischung aus grüner Paprika und Mandarine. Das Aroma wird beim Zerstoßen der Blätter frei gesetzt. Sie geben an Curry- und Schmorgerichte einen ganz eignen Geschmack ab. Getrocknete Blätter kommen nicht an frische heran und verlieren sehr schnell ihr Aroma.

Verwendung

In indischen und malaysischen Currygerichten werden die Blätter ganz oder zerpflückt verwendet. Mit Senfsamen in Ghee gebraten passen sie gut zu Daals.

Zubereitung

Waschen Sie die Blätter und zupfen Sie sie von den Stielen.

Lagerung

Frische Curryblätter können Sie in Geschäften kaufen, die Zutaten für die indische Küche führen. Sie halten sich mehrere Tage lang im Kühlschrank, müssen aber gut eingewickelt werden, damit sie ihr Aroma nicht auf andere Lebensmittel übertragen. Sie können die Blätter am besten offen tiefgefrieren und sie dann in einen Plastikbehälter geben. Getrocknete Blätter haben kaum noch Geschmack, einzige Ausnahme sind die vakuumverpackten, deren Aroma noch nicht verflogen ist.

MINZE

CHINESISCH: *PAK HOM HO;* INDONESISCH: *DAUN PUDINA;* THAI: *BAI SARANAI;* VIETNAMESISCH: *HUNG QUE*

Minze stammt eigentlich aus dem europäischen Mittelmeerraum, hat sich aber rasch auf der ganzen Welt ausgebreitet. In Asien wachsen mittlerweile viele Sorten, aber die in der asiatischen Küche gebräuchlichste Art ist die so genannte tropische grüne Minze, die ovale grün-graune Blätter hat.

Geschmack

Minze hat ein sehr frisches Aroma. Die asische Variante riecht viel intensiver als die europäische, schmeckt leicht süß und hat einen kühlenden Effekt.

Verwendung

Minze gehört zu den wichtigen Zutaten in der vietnamesischen Küche. Von dort wurde sie auch in Thailand eingeführt. Sie wird Salaten beigegeben und ist auch Bestandteil der leckeren Reispapierrollen *goi cuon*. Thailändische Köche geben gerne noch Minzblätter kurz vor dem Servieren in Suppen oder scharfe Gerichte. Minze wird selten mit anderen Kräutern kombiniert.

Zubereitung

Waschen Sie die Blätter am Stängel unter kaltem Wasser, schütteln Sie sie aus und trocknen sie mit Küchenpapier.

Lagerung

Schlagen Sie die Minze in Küchenpapier ein und geben Sie sie ins Gemüsefach oder stellen Sie in ein Glas kaltes Wasser in die Kühlschranktür.

Unten: frische Minze

BASILIKUM

THAI: *BAI HORAPA* (SÜSSES BASILIKUM), *BAI KRAPOW* (HEILIGES BASILIKUM), *BAI MANGLAK* (ZITRONENBASILIKUM); INDONESISCH: *INDRING;* JAPANISCH: *MEBOKI*

Basilikum gehört zu den ältesten bekannten Kräutern. Sie ist eine einjährige Pflanze und stammt wahrscheinlich aus Indien. Bei den Hindus gilt Basilikum als heiliges Kraut und wird oft um Tempelanlagen herum angebaut. In Indien wird Basilikum aber nicht so häufig zum Kochen verwendet wie in anderen asiatischen Ländern. In Vietnam, Laos und Kambodscha gilt es als wichtige Zutat, in Thailand wird jedoch am meisten Basilikum verbraucht. Thailändische Basilikumsorten gibt es in Asialäden zu kaufen, meistens *Horapa* (süßes Basilikum), das unseren europäischen Sorten ähnelt. Horapa hat helle grüne Blätter, und die Stängel sind manchmal lila. *Krapow* ist auch ein süßes Basilikum, das als „heiliges Basilikum" bekannt ist, es hat schmalere, dunklere Blätter. Die Blätter haben gezackte oder gerötete Ränder. In Thailand wird auch eine Basilikumart mit Zitronenaroma verwendet, die sich aber schlecht lagern lässt und bei uns kaum zu bekommen ist. Wenn Sie kein asiatisches Basilikum erhalten können, nehmen Sie europäisches, aber der Geschmack wird nie derselbe sein. Nehmen Sie dann etwas größere Mengen, als im Rezept angegeben. Basilikum wird am besten frisch verwendet, es gibt auch gefriergetrocknetes Basilikum im Supermarkt.

Geschmack

Horapa schmeckt nach Anis, „heiliges Basilikum" ist strenger, Zitronenbasilikum schmeckt nach Zitrus und pfeffrig.

Oben: Süßes Basilikum
Unten: Thailändisches Basilikum

Verwendung

Süße Basilikumblätter werden Currygerichten und Salaten sowohl als Zutat als auch als Garnitur beigegeben. Sie verleihen einen frischen, würzigen Geschmack. „Heiliges Basilikum" entfaltet nur seinen vollen Geschmack, wenn es mitgekocht wird.

Zubereitung

Streifen Sie die Blätter von den Stielen, zerpflücken Sie sie oder lassen sie ganz. Sie sollten Basilikum nicht zerschneiden.

Lagerung

Sie können Basilikum ebenso wie Minze aufbewahren. Wechseln Sie das Wasser im Glas täglich.

Basilikum züchten

Wenn Sie keine Einkaufsquelle für frisches, asiatisches Basilikum haben, können Sie dieses Kraut auch selbst züchten. Viele Gartencenter und Heimwerkermärkte sowie Samenläden verkaufen die Samen der asiatischen Arten. Basilikum ist relativ einfach zu ziehen, z. B. auf einer warmen, zugfreien Fensterbank oder im Sommer auch im Freien, Hauptsache, es ist ausreichend warm.

SHISO

JAPANISCH: *SHISO* (GRÜN), *AKA SHISO* (ROT); KOREANISCH: *KKAENNIP*

Dieses einjährige Kraut, das auch Rindfleischpflanze genannt wird, wächst hauptsächlich in China, Korea, Laos und Vietnam und ist auch in Japan sehr bekannt, wo es *oba* heißt. Die Blätter sind grün oder rot-lila. Beim Zerpflücken setzen sie ein scharfes Aroma frei, ähnlich dem der Minze. Japanische Köche verwenden Shiso vor allem bei *Tempuras* und für eingelegte Pflaumen, *Umeboshi*. Beim Kontakt mit einer sauren Zutat färben sich die rötlichen Blätter noch stärker rot. Diesen Umstand nutzen asiatische Köche, um ihre Gerichte optisch noch ansprechender zu machen.

Oben: Shisoblätter

Oben: Asiatische Köche verwenden alle Pflanzenteile des Korianders.

KORIANDER

MANDARIN: *XIANGCAI;* KANTONESISCH: *YUAN SUI;* BIRMANISCH: *NAN NAN BIN;* THAI: *PAK CHEE*

Koriander wird auch als chinesische Petersilie bezeichnet und ist eines der ältesten bekannten Kräuter der Welt. Obwohl Koriander eigentlich aus Südeuropa stammt, ist er in Asien, im Mittleren Osten und Lateinamerika als Küchenkraut unverzichtbar geworden.

Geschmack

Koriander hat seinen Namen von dem Griechischen *koris,* was erstaunlicherweise „Wanze" bedeutet. Man sagt, dass die Blätter einen Geruch absondern, der dem eines Raumes voller Wanzen ähnelt. Die Chinesen beweisen Humor, indem sie den Koriander als „wohl riechene Blätter" bezeichnen. Die gerösteten Samen riechen nach verbrannter Orange, die zerstoßenen Samen geben dem Gericht ein angenehm würziges Aroma.

Verwendung

In Asien werden alle Teile der Pflanze verwendet: die Stiele zum Aromatisieren, die Blätter in gebratenen Gerichten, Suppen und Nudelgerichten und als Garnitur, die Samen für würzige Pasten und in Currygerichten. Gemahlener Koriander ist weit verbreitet und wird oft mit Kreuzkümmel kombiniert. In Thailand werden auch die Wurzeln verwendet. Dies kann bei uns schwierig werden, denn dünne Wurzeln werden oft entfernt, bevor der Koriander auf den Markt kommt. Entweder ziehen Sie sich selbst Koriander oder Sie nehmen den untersten Teil der Stiele als Ersatz für die Wurzeln.

Unten: Gemahlener Koriander

Links: Koriandersamen

Zubereitung

Hacken Sie die Blätter nicht zu fein, ihre schöne Form geht dabei sonst verloren. Besser ist es, die Blätter zu zupfen. Garen Sie Koriander auch nur kurz, sonst werden die Blätter schlapp und schmecken nicht mehr. Benutzen Sie die Blätter zum Garnieren oder geben Sie sie erst in letzter Minute zum Gericht. Wird in einem Rezept gemahlener Koriander verwendet, rösten Sie die Samen und zerstoßen sie im Mörser, das Aroma kommt dann viel besser zur Geltung als bei gekauftem, bereits gemahlenem Pulver.

Lagerung

Frischer Koriander hält sich nur wenige Tage. Stellen Sie ihn in ein Glas mit Wasser und bedecken Sie ihn mit einer Plastiktüte. Korianderwurzeln sind schwer zu bekommen, sollten Sie jedoch welche kaufen können, frieren Sie die Wurzeln ein.

Getrocknete Koriandersamen halten sich gut, das fertig gemahlene Pulver verliert aber schnell seinen Geschmack.

Rechts: Gemahlenes und frisches Kurkuma

KURKUMA

BIRMANISCH: *HSANWEN;* MANDARIN: *WONG GEUNG;* KANTONESISCH: *YU CHIN;* JAPANISCH: *UKON*

Kurkuma gehört zur Familie des Ingwers, hat aber nicht dessen Schärfegrad. Diese Pflanze, ebenfalls ein Rhizom, ist in heißen, humusreichen, hügeligen Gegenden Südostasiens heimisch. Kurkuma wird auch als „indischer Safran" bezeichnet, und wie Safran kann es Speisen gelb färben, ist aber nicht so fein im Geschmack wie echter Safran. Das helle Orange wird auch zum Färben von Seide und Baumwolle verwendet, früher auch für die Kleider der buddhistischen Mönche. Zu einer Paste verrührtes Kurkuma wird manchmal als Sonnenschutzmittel auf der Haut verteilt. Der größte Produzent von Kurkuma ist Indien, aber auch Indonesien und China produzieren eine beachtliche Menge. Ein Großteil der Produktion wird frisch oder als Pulver zum Kochen benutzt.

Geschmack

Frisches Kurkuma gibt es leider nur manchmal in gut sortierten orientalischen Läden. Nach dem Aufschneiden hat Kurkuma einen pfeffrigen, holzartigen Duft. Es verleiht Speisen einen angenehm warmen Geschmack und eine gelbe oder orange Farbe. Das Kurkuma-Pulver hat ähnliche Eigenschaften. Berühren Sie Kurkuma besser nicht mit den Händen, es färbt etwas ab.

Verwendung

Gemahlenes Kurkuma ist ein wichtiger Bestandteil in Currypulvermischungen, es sorgt für die charakteristische gelbe Farbe. Es wird auch für einige Senfpulvermischungen benutzt und gibt Piccalilli seine Farbe. Eine berühmte englisch-indische Frühstücksspeise – Kedgeree – enthält ebenso Kurkuma wie Pilaureis, Daals und viele vegetarische Gerichte. Kurkuma passt ganz besonders gut zu Fisch und wird oft in der malaysischen Küche verwendet.

Zubereitung

Entfernen Sie mit einem scharfen Messer die Schale und schneiden Sie das Kurkuma in Scheiben, hacken es oder reiben es fein. Es kann mit anderen Zutaten im Mörser zerrieben werden, um eine Currypaste herzustellen. Sie sollten besser Handschuhe bei der Verarbeitung tragen, denn Kurkuma verfärbt die Haut. Kurkumapulver benötigt keine Vorbereitung und ist daher einfach in der Handhabung.

Lagerung

Frisches Kurkuma hält sich bis zu zwei Wochen, wenn es an einem kühlen trockenen Ort ohne Lichteinwirkung gelagert wird. Es kann auch im Kühlschrank aufbewahrt werden, aber dann packen Sie es gut ein, damit es stets feucht bleibt.

Kurkumapulver verliert bei längerer Lagerung an Intensität, kaufen Sie immer nur kleine Mengen, die Sie am besten in einem luftdicht verschlossenen Gefäß aufbewahren.

Vorbereitung von frischem Kurkuma

1 Entfernen Sie die Schale mit einem scharfen Messer.

2 Zerkleinern Sie die Wurzel nach der Anleitung im Rezept.

Oben: Sternanis

STERNANIS

MANDARIN: *PAK KOK;* KANTONESISCH: *BOAT GOK;* INDONESISCH: *BUNGA LAWANG;* THAI: *POY KAK BUA*

Sternanis ist die schöne Frucht eines immergrünen Baumes, der aus Südwestchina und Vietnam stammt. Der Baum hat gelbe Blüten, die der Narzisse ähnlich sehen. Daraus entstehen die sternförmigen Früchte, die noch vor der Reife geerntet werden. Die Hülsen enthalten die Samen. Samen und Hülsen werden für das Pulver gemahlen. In China wird ein Teil der Frucht nach dem Essen zum Kauen gereicht.

Geschmack

Sternanis riecht und schmeckt nach Lakritze. Der Geschmack ist auch in den vor allem in Frankreich beliebten Anislikören zu entdecken.

Verwendung

Der aromatische Geschmack des Sternanis passt gut zu kräftigem Fleisch. Es ist sehr beliebt in der chinesischen Küche, speziell zu Schweinefleisch und Ente. In Vietnam werden damit Rindfleischsuppen gewürzt. Sternanis wird auch in Süßspeisen verwendet, z. B. in Obstsalat. Es ist ein Bestandteil des bekannten 5-Gewürze-Pulvers.

Zubereitung

Sternanis kann im Ganzen zum Gericht gegeben werden, es sieht so hübsch aus, dass es beim Servieren oft in der Speise belassen wird. Bei kleinen Mengen kann man die Frucht brechen und nur eine oder zwei Segmente verwenden. Sie können Sternanis auch zu Hause mahlen, beachten Sie aber den sehr starken Geschmack.

Lagerung

Als ganze Frucht kann Sternanis lange gelagert werden. Kaufen Sie Sternanis dort, wo er viel umgesetzt wird, damit sie keine alten Früchte bekommen und heben sie ihn an einem kühlen, dunklen, trockenen Ort auf, um das Aroma und den Geschmack lange zu erhalten.

Unten: Die besten Gewürznelken sind dick und noch ganz.

GEWÜRZNELKEN

MANDARIN: *TING HSIANG:* KANTONESISCH; *DING HEUNG;* JAPANISCH: *CHOJI;* THAI: *KAAN PLOO*

Gewürznelken sind die noch ungeöffneten Knospen eines Baumes aus der Familie der Myrten. Sie stammen von den Gewürzinseln Indonesiens und wurden im frühen 18. Jahrhundert auf die Seychellen und nach Mauritius exportiert. Der größte Hersteller ist heute Sansibar, dort werden die frischen rosafarbenen Knospen zweimal im Jahr geerntet. Sie werden auf Palmblättern oder über niedriger Hitze getrocknet und färben sich dabei rotbraun. Der lateinische Name *clavus* bedeutet Nagel und bezieht sich auf die äußere Form.

Geschmack

Nelken haben einen intensiven Duft und einen aromatischen Geschmack, der recht feurig sein kann. Sie wirken leicht betäubend auf die Geschmacksknospen.

Verwendung

In Asien werden Nelken hauptsächlich für pikante Speisen verwendet, das Aroma passt gut zu kräftigem Fleisch. Thailändische Köche verwenden Nelken bei Ente und zu Tomaten, salzigem Gemüse und in Schinken oder Schweinefleischgerichten. Gemahlene Nelken sind Bestandteil vieler Gewürzmischungen, z. B. des 5-Gewürze-Pulvers und der Worchestershiresoße

Zubereitung

Nelken müssen nicht vorbereitet werden.

Lagerung

Ganze Nelken halten sich an einem kühlen Ort sehr lange. Gemahlene Nelken sollten Sie in kleinen Mengen kaufen und in luftdicht verschlossenen, undurchsichtigen Behältern aufheben. Wenn Sie Nelken selbst zerstoßen, nehmen Sie nur die Köpfchen dafür und brauchen das Pulver sofort auf.

Oben: Zimtstangen und gemahlener Zimt

ZIMT

INDONESISCH: *KAYU MANIS PADANG;* THAI: *OB CHUEY*

Die beste Zimtqualität wächst in Sri Lanka, aber Zimt wird in ganz Asien angebaut, besonders an den Küsten Indiens und Südbirmas. Dieses Gewürz ist die Rinde eines buschigen Baumes, der zur Familie der Lorbeergewächse gehört. Nach drei Jahren Wachstum werden die Äste abgesägt und ein langer Schnitt durch die Rinde geführt, damit sie abgeschält werden kann. Die Ernte findet in der Regenzeit statt, wenn die Feuchtigkeit den Schälvorgang beschleunigt. Die Rinde wird dann in der Sonne getrocknet und per Hand zu Stangen gerollt.

Geschmack

Zimt hat ein erfreulich exotisches Aroma, süß und wohl riechend. Dieses wird durch das Zimtöl verursacht, welches auch in der Medizin eingesetzt wird. Der Geschmack ist angenehm aromatisch.

Verwendung

Zimt wird überall auf der Welt sowohl in pikanten als auch in süßen Gerichten verwendet, bei uns vor allem in Brot und Kuchen. In Asien gibt man die Stangen auch zu würzigen Speisen, oft zusammen mit Sternanis. Indonesische Köche nutzen Zimt für ihr berühmtes Rindfleischgericht mit Kokosmilch, das als Rendang bekannt ist.

Zubereitung

Geben Sie die ganzen oder zerbrochenen Zimtstangen wie im Rezept angegeben in das Gericht. Die Stangen sind sehr hart, und es gestaltet sich schwierig, sie per Hand zu zerreiben, kaufen Sie also lieber gemahlenen Zimt.

Lagerung

Zimtstangen lassen sich lange lagern und halten sich über ein Jahr in einem luftdicht verschlossenen Gefäß. Kaufen Sie gemahlenen Zimt in kleinen Mengen und bewahren ihn ebenfalls luftdicht verschlossen auf.

Unten: Gemahlene Kassia und Kassiarinde

KASSIA

CHINESISCH: *KUEI;* JAPANISCH: *KEIHI;* THAI: *OB CHOEY*

Kassia wird auch „chinesischer Zimt" genannt. Ebenso wie Zimt gewinnt man Kassia aus der Rinde eines Baumes, der mit dem Lorbeerbaum verwandt ist, allerdings stammt Kassia nicht aus Sri Lanka, sondern aus Birma und wird auch in China, Hinterindien und Indonesien angebaut. Kassia wird ähnlich wie Zimt geerntet, aber die Rinde ist nicht so fein, und sie lässt sich auch nicht so gut aufrollen.

Geschmack

Kassia riecht wie Zimt, ist aber schärfer im Geschmack.

Verwendung

In China wird Kassia häufig in der Küche verwendet. Sie ist Bestandteil des 5-Gewürze-Pulvers und wichtige Zutat in einer Gewürzbrühe, die man als *lu* bezeichnet und die in ganz China zum langsamen Köcheln von Zutaten verwendet wird, z. B. zum langsamen Garen von Rindfleisch. Die Brühe wird jedoch nicht zum Fleisch serviert, sondern für ein nächstes Gericht aufbewahrt, z. B. für Geflügel. Sie kann auch noch ein drittes Mal verwendet werden, dann für Fisch oder

Meeresfrüchte. In manchen Haushalten hält ein Topf *lu* mehrere Monate lang. Gebrochenen Kassiarinde und Kassiaknospen (sie ähneln Nelken) werden Gerichten beigegeben, die einen warmen, würzigen Geschmack haben sollen. Auch zum Einlegen werden sie gerne verwendet.

Zubereitung

Kassia ist sehr hart. Brechen Sie Stücke in einem Mörser aus der Rinde. Gemahlene Kassia kaufen Sie am besten fertig.

Lagerung

Wie bei Zimt.

KREUZKÜMMEL

CHINESISCH: *KUMING;* JAPANISCH: *KUMIN;*
THAI: *YEERAA*

Kreuzkümmel wird schon seit langer Zeit angebaut, er stammt wahrscheinlich aus dem östlichen Mittelmeerraum, wird heute aber hauptsächlich in China, Indien, Indonesien und Japan produziert. Die Pflanze gehört zur gleichen Familie wie die Petersilie, in der Küche werden aber nur die Samen (ganz oder gemahlen) genutzt.

Oben: Kleine grüne und große schwarze Kardamomkapseln

Geschmack

Kreuzkümmel hat ein süßes würziges Aroma, der Geschmack ist scharf und etwas bitter.

Verwendung

Kreuzkümmel wird oft in Kombination mit Koriandersamen verwendet. Indische Köche führten das Gewürz auch in Singapur, Malaysia und Indonesien ein.

Zubereitung

Um den vollen Geschmack zu entfalten, wird Kreuzkümmel meist kurz geröstet. Dann wird er ganz oder im Mörser zerstoßen verwendet.

Lagerung

Bewahren Sie kleine Mengen an einem kühlen, dunklen Ort auf. Rösten und zerstoßen Sie Kreuzkümmel direkt vor dem Gebrauch. Es gibt auch gemahlenen Kreuzkümmel zu kaufen, aber er verliert schnell an Geschmack.

Oben: Kreuzkümmel, ganz und gemahlen

KARDAMOM

BIRMANISCH: *PHALAZEE;*
JAPANISCH: *KAPUDAMON;*
THAI: *LUK KRAVAN*

Kardamom gehört zu den mehrjährigen Pflanzen der Ingwerfamilie und stammt aus Südindien. Er wird hauptsächlich wegen der Kapseln gezüchtet, aber thailändische Köche nutzen manchmal auch die Blätter zum Würzen. Die Kapseln werden ganz oder zerstoßen in würzigen Speisen eingesetzt, manchmal werden auch nur die Samen aus der Kapsel verwendet. Die bekanntesten Kapseln sind hellgrün, aber es gibt auch weiße, die gebleicht wurden. Schwarzer Kardamom stammt aus Vietnam und Indien und ist groß und rau, er schmeckt auch anders. Die Kapseln werden von Hand geerntet.

Geschmack

Kardamom ist süß, scharf und sehr aromatisch. Der Geschmack geht ein bisschen in Richtung Zitrone und Eukalyptus. Nach dem Essen gekaut, verhelfen die Kapseln zu einer guten Verdauung und erfrischen den Atem.

Verwendung

Indische Köche würzen mit Kardamom bevorzugt Currygerichte, Pilaus und Desserts.

Zubereitung

Die Kapsel können im Ganzen, aber auch geröstet und zerstoßen verwendet werden. Wenn Sie nur die Samen zum Kochen benötigen, entfernen Sie die Schale. Kardamom mahlen Sie am besten im Mörser.

Lagerung

Bewahren Sie die Kapseln in einem gut verschlossenen Glas an einem kühlen, trockenen Ort auf und mahlen Sie die Samen immer frisch.

FENCHELSAMEN

MANDARIN: *WOOI HEUNG;* KANTONESISCH: *HUI XIANG;* THAI: *YIRA*

Obwohl dieses Gewürz aus der Familie der Petersilie aus dem Mittelmeerraum stammt, wächst es in Indien und Japan überall. Die Samen sind gerillt und hellgrün.

Geschmack

Die süßen, aromatischen Samen schmecken nach Anis.

Verwendung

Fenchelsamen sind in vielen Gewürzmischungen speziell für Fisch enthalten. Gemahlener Fenchel ist ein Bestandteil des 5-Gewürze-Pulvers.

Zubereitung

Rösten Sie die Samen vor dem Zerstoßen ohne Öl in einer Pfanne.

Lagerung

Kaufen Sie kleine Mengen und bewahren Sie luftdicht verschlossen im Dunklen auf.

Oben: Fenchelsamen

Chinesisches 5-Gewürze-Pulver
Schließen Sie beim Betreten eines asiatischen Ladens die Augen und erschnuppern Sie den Duft des 5-Gewürze-Pulvers. Die rot-braune Gewürzmischung besteht hauptsächlich aus Sichuanpfeffer, Kassia oder Zimt, Nelken, Fenchel und Sternanis. Es gibt verschiedene Mischungen, die auch Ingwer, Galgant, schwarzen Kardamom und Lakritze enthalten können. Ingwer macht das Pulver etwas süßer, diese Version wird daher für asiatische Nachspeisen bevorzugt. 5-Gewürze-Pulver ist in China sehr beliebt und ergibt einen schönen geschmacklichen Kontrast zu Ente, Schweinefleisch, roten gekochten Fleischsorten (in Sojasoße) und eingelegtem Grillgut wie Rippchen. Stellen Sie einfach Ihre eigene Gewürzemischung her, indem Sie gleiche Anteile der fünf Zutaten in einem Mörser zu Pulver zerstoßen oder kaufen Sie das Pulver in kleinen Mengen im Supermarkt oder im asiatischen Laden, aber bewahren Sie es unbedingt in einem luftdicht verschlossenen Glas auf.

Japanisches 7-Gewürze-Pulver
Diese Gewürzmischung wird auch *shichimi-togarashi* genannt, 7-Gewürze-Pulver und wird in Japan zu jedem Gericht auf den Tisch gestellt, wie bei uns Salz und Pfeffer. Es ist zum Würzen von Suppen, Nudeln und anderen Gerichten wie Sukiyaki und Tempura sehr beliebt. *Shichimi* wird aus der Mischung der folgenen Gewürze gemacht: gemahlene Chilischoten, Hanfsamen, Mohnsamen, Rapssamen, *Sansho* (der japanische Name für Sichuanpfeffer), schwarzen und weißen Sesamsamen und getrockneter Mandarinenschale. Manchen Mischungen wird noch zerstoßener Nori (Seetang) beigegeben. Diese Gewürzmischung wird meist fertig gekauft, der Geschmack reicht von mild bis sehr scharf.

Rechts: Chinesisches 5-Gewürze-Pulver (oben) und japanisches 7-Gewürze-Pulver (unten) gibt es fertig gemischt in asiatischen Läden.

PFEFFER

MANDARIN: *HU-CHIAO;* KANTONESISCH: *WOO JIU;* INDONESISCH: *MERICA;* THAI: *PRIK THAI;* VIETNAMESISCH: *HAT-TRIEU*

Als „König der Gewürze" blickt Pfeffer auf eine lange, illustre Vergangenheit zurück. Pfeffer ist in Indien schon seit über 2.000 Jahren bekannt und geschätzt und wurde im 4. Jahrhundert v. Chr. auch in Europa eingeführt. Die Nachfrage wurde rasch größer, aber der Transport des beliebten Gewürzes über die Handelswege aus Asien war kostspielig, und das Pfeffermonopol trug nicht zur Entspannung der Preise bei, ganz im Gegenteil. Schon die alten Römer beschwerten sich über die unglaublichen Gewürzpreise.

Die Nachfrage nach Pfeffer war mit ein Grund für die Entdeckung der vielen Seewege in den Osten. Als der portugiesische Entdecker Vasco da Gama im 15. Jahrhundert den Seeweg nach Indien fand, wurde Lissabon zur europäischen Hauptstadt der Gewürze, aber die Preise blieben nach wie vor hoch. Auch heute gehört Pfeffer zu den wichtigsten Gewürzen auf dem Weltmarkt, was seinen Marktanteil und seinen Wert angeht.

Die Pfefferpflanze ist eine mehrjährige Kletterpflanze, die an der Malabarküste Indiens heimisch ist. Von dort kommt auch heute noch der beste Pfeffer. Pfeffer wächst am besten am Äquator und wird in Sarawak und Thailand, wie auch im tropischen Teil Afrikas und Brasiliens angebaut. Im malaysischen Sarawak wird die Kletterpflanze auf Eisengittern oder Baumstämmen gezogen. Sie darf nicht zu hoch klettern, das erschwert die Ernte. Die Blätter sind lang, grün und spitz und haben weiße Blüten.

Nach drei bis fünf Jahren Aufzucht beginnt die Pflanze Früchte zu tragen, dann kann man jedes dritte Jahr ernten, bis die Pflanze nach etwa vierzig Jahren abstirbt. Die geernteten Beeren sind unreif und grün. In Sarawak werden sie auf Matten in der Sonne getrocknet und regelmäßig durchgeharkt, bis sie schrumpeln und zu den schwarzen Pfefferkörnern werden, die uns vertraut sind. Bei einer anderen Methode werden die Beeren in heißes Wasser gegeben, gut abgeschüttet und in einem Trockenofen gereift. Weiße Pfefferkörner sind reife Beeren ohne Hülse. Die Beeren werden gepflückt, wenn sie rötlich oder orangefarben sind. Nach einigen Tagen in fließendem Wasser stampfen Arbeiter barfuß über die Beeren, die dabei ihre Hülsen verlieren. Dann kommen die Beeren in Rattankörbe, in den sie gewaschen und die Hülsen von Hand aussortiert werden. Diese weißen Pfefferkörner werden wiederum getrocknet.

Grüne Pfefferkörner

Die grünen Körner sind schlicht die unreifen Beeren. Sie werden am Stiel in thailändischen Läden verkauft und sind in Thailand eine beliebte Zutat. Sie können frisch oder getrocknet, eingelegt und aus dem Glas verwendet werden. Pfefferkörner aus dem Glas sollten vor der Verwendung gut abgespült werden. Gefriergetrocknete Pfefferkörner können in der Mühle gemahlen werden. Grüner Pfeffer hat nicht so ein reiches Aroma wie andere Pfeffersorten, ist aber recht scharf im Geschmack.

Oben: Frische grüne Pfefferkörner am Stiel gibt es hin und wieder in thailändischen Lebensmittelgeschäften.

Rechts: Schwarze und weiße Pfefferkörner

Geschmack

Schwarze Pfefferkörner haben ein erdiges Aroma, das man gut schmeckt, wenn sie zerstoßen werden. Der Geschmack ist scharf und beißend. Weiße Pfefferkörner sind etwas milder.

Verwendung

Pfeffer ist ein Gewürz, das vor, während und nach dem Kochen benutzt wird. Sein Würzwert ist legendär, denn er hat nicht nur einen eigenen Geschmack, er kann auch den Geschmack von anderen Zutaten verstärken.

Zubereitung

Mahlen Sie Pfeffer immer frisch aus der Mühle. Weiße Pfefferkörner sind nicht so beißend und werden der Optik wegen gern bei hellen Soßen genommen.

Lagerung

Kaufen Sie ganze Pfefferkörner und bewahren Sie sie luftdicht verschlossen auf. Sie halten sich sehr lange.

SICHUANPFEFFER

MANDARIN: *FAA JIU;* KANTONESISCH: *HU CHIAO;* JAPANISCH: *SANSHO*

Der Begriff „Pfeffer“ im Pflanzennamen ist missverständlich. Dieses Gewürz wird von einer stacheligen Eschenart, die in der chinesischen Provinz Sichuan heimisch ist, aber auch in anderen Gegenden Asiens wächst, gepflückt. Für das Gewürz werden die Samenkapseln, nicht die Samen, verwendet. Die kleinen rotbraunen Kapseln werden geerntet, wenn sie reif sind. Die bitteren Samen werden entfernt und die Kapseln ganz oder getrocknet und zerstoßen zum Gericht gegeben.

Die stachelige Esche wächst auch in Japan, wo die reifen Kapseln als *mizansho,* japanischer Pfeffer, bezeichnet werden. Das gemahlene Gewürz ist als *konazansho* oder *sansho* bekannt. Das Holz der Esche wird zur Herstellung von Mörser und Stößel verwendet, die bei japanischen Köchen sehr beliebt sind, da sie den Zutaten, die in ihnen zerstoßen werden, angeblich ein besonders angenehmes Aroma geben sollen.

Sichuanpfefferkörner

Geschmack

Sichuanpfeffer ist nicht so scharf wie der normale schwarze Pfeffer, aber er hat ein leichtes Zitrusaroma. Rösten Sie die ganzen Samenkapseln vor der Beigabe, dann offenbart sich der ganze Geschmack.

Verwendung

Besonders in der chinesischen Küche ist der Sichuanpfeffer beliebt. Er passt sehr gut zu Enten-, Schweine- und Hühnchengerichten. Er ist Bestandteil des 5- und des 7-Gewürze-Pulvers.

Zubereitung

Die trockenen Hülsen sollten auf Holz- und andere Reste untersucht werden.

Lagerung

Es gibt auch bereits fertig gemahlenen Sichuanpfeffer zu kaufen, aber die Körner lassen sich lange luftdicht verschlossen aufbewahren, ohne Aroma zu verlieren.

Wasabi
Wasabi wird manchmal als Rettich-Senf beschrieben, hat auch mit beiden viel gemein, ist aber mit keinem von beiden verwandt. Wasabi bezeichnet die Wurzel einer langsam wachsenden Pflanze, die in Japan der Nähe von Gebirgsbächen wächst. Die geschälte Wurzel zeigt ein hellgrünes Fleisch. Dies wird fein gerieben, am besten auf Haifischhaut, getrocknet und zu Pulver verarbeitet. Gemischt mit Wasser oder Sojasoße schmeckt es sehr scharf und wird traditionell zu Sushi und Sashimi gereicht. Es gibt auch fertiges Wasabi in der Tube.

Oben: Eine Tube apfelgrüne Wasabipaste

Rechts: Wasabipulver wird mit etwas Wasser oder Sojasoße angerührt.

SENF

MALAYSISCH: *BIJI SAVI*

Unten: *Braune, schwarze und weiße Senfsamen*

Senf gehört zu den ältesten bekannten Gewürzen und wird seit Urzeiten angebaut. Sowohl die weißen *(alba)* als auch die schwarzen *(nigra)* Senfsamen stammen ursprünglich aus der Mittelmeerregion, während die braunen Senfsamen *(juncea)* in Indien heimisch sind. Die Römer verwendeten die Senfsamen, um damit den Saft frisch gepresster Trauben zu würzen, den sie dann treffenderweise als „brennende Paste" *(mustum ardens)* bezeichneten.

In Asien wird die Senfpflanze vor allem wegen ihrer grünen Blätter – dem Senfgrün, das als Gemüse verwendet wird – und wegen der Samen geschätzt. Die bei uns gebräuchlichen Senfpulver und Senfpasten werden weniger genutzt.

Geschmack

Die rohen Senfsamen haben keinen Eigengeschmack. Nach dem Rösten entwickeln sie einen reichen, nussigen Duft. Die berühmte Schärfe des Senf kommt durch ein Enzym, das nur dann aktiv wird, wenn die Samen zerstoßen und mit warmem Wasser gemischt werden. Die braunen Senfsamen sind nicht so scharf wie die schwarzen. Weiße Senfsamen – sie sind eigentlich hellbeige – sind etwas größer und milder als die anderen beiden Sorten.

Verwendung

In ganz Asien werden die Senfsamen beim Marinieren bzw. Einlegen und zum Würzen verwendet. Für Gemüsegerichte und Daals werden hauptsächlich – besonders in Malaysien – die ganzen Samen genommen.

Zubereitung

Senfsamen werden meistens geröstet, damit sie ihr Aroma voll entfalten. Nach einer indischen Küchentechnik werden die Samen in Ghee oder Öl zusammen mit Curryblättern erhitzt, um das Aroma zu verbessern. Die Pfanne wird abgedeckt, und die Samen platzen auf. Das Öl wird dann zusammen mit den Samen über heiße Gemüsegerichte, Suppen, Eintöpfe und Daals gegossen. Manchmal wird Senföl zum Frittieren der Samen verwendet.

Senfpulver wird als Zutat verwendet. Es wird mit warmem Wasser, Milch oder Bier angemischt und entfaltet dann seinen ganzen Geschmack. Nach etwa 15 Minuten ist das volle Aroma erreicht. Kochendes Wasser oder Essig schadet dem Enzym, welches das Aroma erzeugt, es kann sich dann nicht voll entfalten.

Lagerung

Senfsamen können Sie sehr lange luftdicht verschlossen an einem kühlen Ort aufbewahren. Senf in Tuben und Senfpulver halten sich ebenfalls lange.

Rösten von Senfsamen

Senfsamen riechen fast gar nicht, bis sie erhitzt werden. Bevor Sie die Samen benutzen sollten sie geröstet werden, damit sie Aroma entfalten.

1 Erhitzen Sie etwas Sonnenblumenöl in einer tiefen Pfanne. Geben Sie die Samen hinein und rütteln Sie die Pfanne, bis die Samen braun werden.

2 Decken Sie die Pfanne ab, bevor die heißen Samen aufplatzen und heraus springen können.

Links: Tamarindenmark

TAMARINDE

CHINESISCH: *ASAM KOH;* INDONESISCH: *ASAM JAVA;* THAI: *MAK KHAM;* BIRMANISCH: *MA-GYI-THI*

Der hübsche Tamarindenbaum stammt wahrscheinlich aus dem Osten Afrikas, wird heute aber in Indien und Südostasien angepflanzt. Die braunen Fruchtkapseln sind 15–20 cm lang. Die Samen im Inneren sind von einem braunen, klebrigen Fruchtfleisch umgeben. Es sieht nicht sehr appetitlich aus, gehört aber zu den echten Schätzen der asiatischen Küche. Es ist reich an Weinsteinsäure und wird zum Säuern der Speisen verwendet.

Geschmack

Tamarinde hat kaum Aroma, aber einen tollen Geschmack. Sie ist herb und sauer, ohne dabei bitter zu sein, und gleichzeitig fruchtig-erfrischend.

Verwendung

Tamarinde wird in vielen Currygerichten, Chutneys und Daals verwendet und ist ein wesentlicher Bestandteil von sauerscharfen Suppen aus Thailand. Sie gehört auch in die Worcestershiresoße. Tamarinde gibt es in gepressten Blöcken und getrocknet und fein geschnitten, aber auch frisch in Gläsern als Paste oder Konzentrat. Tamarinde kann man nicht durch ein anderes Gewürz ersetzen. Manchmal wird Essig oder Zitronenschale als Ersatz angeben, aber das Ergebnis ist einfach nicht dasselbe.

Zubereitung

Gepresste Tamarinde Sie gibt es als festen Block, der wie ein Päckchen getrockneter Datteln aussieht, in Asialäden zu kaufen. Nehmen Sie ein Stück, das ca. 1 EL entspricht und weichen Sie es 10 Minuten in 150 ml warmem Wasser ein. Rühren Sie die Tamarinde um, damit sich das Mark von den Samen trennt. Geben Sie die Tamarinde mit Wasser durch ein feines Sieb, den flüssigen Teil nehmen Sie dann zum Kochen. Wenn Sie noch etwas übrig

Von oben nach unten: Tamarindenpaste, Fruchtkapseln und getrocknete Scheiben

Rührgebratene Garnelen mit Tamarinde

Tamarinde wird in vielen thailändischen Gerichten benutzt, um ihnen einen sauren, herben Geschmack zu geben. Manchmal gibt es frische Tamarindenkapseln zu kaufen, aber sie benötigen eine umständliche Vorbereitung. In Thailand wird gepresste Tamarindenpaste bevorzugt, die einfach in Wasser eingeweicht und deren Saft dann abgesiebt wird.

4–6 PORTIONEN

50 g Tamarindenpaste
150 ml kochendes Wasser
30 ml/2 EL Pflanzenöl
30 ml/2 EL gehackte Zwiebel
30 ml/2 EL Palmzucker
30 ml/2 EL Hühnerbrühe
15 ml/1 EL Fischsoße
6 getrocknete Chilischoten, geröstet
450 g rohe, geschälte Garnelen
15 ml/1 EL Knoblauch, gebraten
30 ml/2 EL Schalotten, gebraten
gehackte Frühlingszwiebeln als Garnitur

1 Geben Sie die Tamarindenpaste in eine Schüssel und lassen Sie sie etwa 10 Minuten in heißem Wasser einweichen. Erhitzen Sie Öl im Wok und rührbraten Sie die gehackten Zwiebeln goldbraun.

2 Pressen Sie so viel Saft wie möglich aus der Paste und messen Sie 6 EL ab. Diese geben Sie zusammen mit Zucker, Hühnerbrühe, Fischsoße und Chilischoten in den Wok. Rühren Sie, bis sich der Zucker aufgelöst hat.

3 Bringen Sie alles bei mittlerer Hitze zum Kochen, dann geben Sie Garnelen, Knoblauch und Schalotten dazu und rührbraten alles 3–4 Minuten, bis die Garnelen gar sind. Garnieren Sie und servieren sofort.

haben, können sie den Tamarindensaft im Kühlschrank für ein weiteres Gericht aufbewahren.

Tamarindenscheiben Sie sehen wie getrocknete Apfelringe aus. Weichen Sie die Scheiben 30 Minuten in warmem Wasser ein, um das Aroma frei zu setzen. Drücken Sie die Tamarinde mit den Fingern aus und sieben Sie den Saft ab.

Tamarindenkonzentrat oder -paste Mischen Sie 1 EL davon mit 4–6 EL warmem Wasser. Rühren Sie um, bis sich alles aufgelöst hat und verwenden die Paste zum Kochen.

Lagerung

Gepresste Tamarinde und Tamarindenscheiben halten sich lange an einem kühlen, trockenen Ort. Tamarindenpaste oder frische Tamarinde muss nach dem Öffnen im Kühlschrank gelagert werden und hält sich noch 1 oder 2 Monate.

CURRYPULVER UND -PASTEN

CURRYPULVER

Das Wort Curry stammt vom tamilischen *kari* ab und meint ganz allgemein eine in Soße gegarte Speise. Wahrscheinlich war Currypulver – aus mehreren Gewürzen gemischt – das erste „Conveniencefood“ für Händler, Matrosen und Soldaten, die im Fernen Osten gearbeitet hatten und den exotischen, einzigartigen Geschmack mit nach Hause nehmen wollten. In Indien werden diese Gewürze jeden Tag frisch hergestellt.

Durch die Jahrhunderte haben sich die Currymischungen ebenso wie unser Geschmack verändert sowie weiterentwickelt, und auf den Regalen unserer Supermärkte stehen heute Gewürzmischungen aus aller Welt.

Für begeisterte Köche ist es ein kreatives Abenteuer, ihr eigenes Currypulver zu mischen. Experimentieren Sie ausgiebig, bis Sie Ihre eigene Kreation erfunden haben. Sie können natürlich gemahlene Gewürze nehmen, aber es ist viel befriedigender, wenn Sie die Gewürze selbst vorbereiten – so viel Arbeit ist es nicht.

Links: Currypulver

Rösten ohne Öl

Viele Gewürze profitieren davon, dass sie vor dem Mahlen geröstet werden. Das Rösten trocknet und hilft, den vollen Geschmack zu entfalten. Nehmen Sie eine Pfanne mit dickem Boden und schütteln Sie diese immer wieder, damit die Gewürze nicht anbrennen. Puristen rösten jedes Gewürz einzeln, aber wenn Sie gut aufpassen, können sie auch alle zusammen rösten. Jedes Gewürz reagiert dabei anders, hier einige Tipps:

Koriandersamen geben oft den stärksten Geschmack ab, besonders bei Pulvern aus Südindien und Singapur. Schütteln Sie die Pfanne kräftig, damit die Körner in Bewegung bleiben, und nehmen Sie die Pfanne sofort vom Herd, wenn die Samen einen milden, süßen Duft abgeben.

Getrocknete Chilischoten können im warmen Ofen geröstet werden, aber die Methode mit der Pfanne ist besser. Stellen Sie die Pfanne bei mittlerer Hitze 2–3 Minuten auf den Herd, bis die Chillischoten weich werden und aufplatzen. Sie dürfen auf keinen Fall anbrennen, dann ist der Geschmack ruiniert.

Kreuzkümmelsamen sollten in der Pfanne geröstet werden und sind fertig zum Mahlen, wenn sie einen nussigen Geruch frei setzen.

Schwarze Pfefferkörner dürfen nur kurz angeröstet werden, um ihr volles Aroma zu entfalten.

Bockshornkleesamen müssen gut beaufsichtigt werden, denn sie werden schnell bitter, wenn sie zu lange rösten. Sie sind fertig, wenn sie sich braungelb verfärben.

Curryblätter werden über einer niedrigen bis mittleren Hitze geröstet, wenn sie frisch sind. Zermahlen Sie die Blätter in einem Mörser, um ihnen den charakteristischen Geschmack zu entlocken, dann mischen Sie die anderen Gewürze dazu. Dies eignet sich speziell für Currypulver oder -pasten, die sofort verwendet werden. Vermeiden Sie getrocknete Blätter, sie haben kaum Aroma.

Rechts: Currygewürze

Einfaches Currypulver
Diese malaysisch-chinesische Gewürzmischung passt gut zu Geflügel, besonders zu Huhn und kräftigen Fischcurries.

FÜR CA. 60 ML/4 EL

- 2 rote getrocknete Chilischoten
- 6 Nelken
- 1 kleine Zimtstange
- 5 ml/1 TL Koriandersamen
- 5 ml/1 TL Fenchelsamen
- 10 ml/2 TL Sichuanpfefferkörner
- 2,5 ml/½ TL gemahlenes Muskat
- 5 ml/1 TL gemahlener Steranis
- 5 ml/1 TL gemahlenes Kurkuma

TIPPS
- Wenn Sie eine original scharfe Mischung möchten, geben Sie einige oder alle Chilisamen dazu.
- Achten Sie darauf, dass Sie Ihre Hände und alle Arbeitsuntensilien nach dem Verarbeiten der Chilischoten gründlich waschen.
- Bei empfindlicher Haut sollten Sie lieber Handschuhe beim Vorbereiten der Chilischoten tragen.

1 Entfernen Sie die Samen und den Stiel der getrockneten Chilischoten mit einem scharfen Messer.

2 Geben Sie Chilischoten, Nelken, Zimt, Koriander, Fenchelsamen und Sichuanpfefferkörner in eine schwere Pfanne. Rösten Sie die Gewürze unter gelegentlichem Rühren, bis sie einen kräftigen Duft abgeben.

3 Zerstoßen Sie die Gewürze in einem Mörser zu feinem Pulver. Sie können auch eine Gewürzmühle oder eine Kaffeemühle nehmen, die ausschließlich für Gewürze benutzt wird.

4 Geben Sie Muskat, Sternanis und Kurkuma dazu. Sie sollten das Pulver licht- und luftdicht aufbewahren.

CURRYPASTEN

Auf den Marktständen in Südostasien finden Sie im wahrsten Sinne des Wortes Berge von zerstoßenen Gewürzpasten: Zitronengras, Chilischoten, Ingwer, Galgant, Schalotten und Tamarinde. Nach dem Kauf von Fisch, Fleisch oder Hühnchen muss der Koch nur noch zum Gewürzhändler. Der Verkäufer stellt nur ein paar Fragen: „Wie soll das Currygericht werden? Scharf oder mild? Wie viele Portionen?“ Nachdem sich der Händler die Antworten angehört hat und noch einige unvermeidliche Höflichkeitsfloskeln ausgetauscht wurden (der Kauf von Gewürzen ist eine ernsthafte, aber auch sehr gesellige Angelegenheit), misst er die richtigen Mengen ab und wickelt jede Sorte in ein Bananenblatt für den Transport.

Wir können unsere Gewürze leider nicht in einem solchen Ambiente kaufen, aber in unseren Supermärkten gibt es schon recht gute Qualitäten bei den fertigen Gewürzpasten, oder Sie können Ihre Paste selbst herstellen, was den Vorteil hat, dass Sie so lange experimentieren können, bis das Ergebnis Ihrem persönlichen Geschmack entspricht.

Wenn Sie viel eigene Gewürzpasten mischen, lohnt sich die Anschaffung eines Mörser mit einer rauen oder geriffelten Innenfläche. Wenn es schnell gehen soll, können Sie auch eine Küchenmaschine nehmen. Übergebliebene Paste gehört in den Kühlschrank.

Oben: Thai-Currypasten

Malaysische Gewürzpaste für Hühnchen Rendang

Diese Paste ist recht scharf, Sie können sie aber abmildern, indem Sie weniger Chili dazugeben.

FÜR CA. 350 GRAMM

6 frische rote Chilischoten ohne Samen, klein geschnitten
12 Schalotten, gehackt
4 Knoblauchzehen
2,5 cm Kurkumawurzel, geschält, und 1 TL Kurkumapulver
10 Macadamianüsse
2,5 cm Würfel Garnelenpaste, vorbereitet
3 Zitronengrashalme

1 Geben Sie Chilischoten, Schalotten, Knoblauch, Kurkuma, Nüsse und Garnelenpaste in eine Küchenmaschine.

2 Hacken Sie die unteren 5 cm der Zitronengrashalme mit einem sehr scharfen Messer klein.

3 Geben Sie das Zitronengras mit in die Küchenmaschine und verarbeiten alles zu einer feinen Paste, kratzen Sie zwischendurch mehmals die Paste von den Seiten.

TIPP

Benutzen Sie die Paste sofort oder geben Sie sie in eine Glas und verschließen es sehr gut. So hält sich die Paste 3–4 Tage im Kühlschrank. Sie können die Paste auch in einer Plastikbox – am besten in kleinen Portionen – tiefgefrieren, dann hält sie sich viel länger.

Thailändische Mussaman-Currypaste

Diese scharfe Paste wird für die thailändische Version eines Currygerichts mit Rindfleisch verwendet. Es kann aber auch mit Huhn oder Lamm zubereitet werden.

FÜR CA.170 GRAMM

12 große, rote, getrocknete Chilischoten
1 Zitronengrashalm
60 ml/4 EL Schalotten, gehackt
5 Knoblauchzehen, gehackt
10 ml/2 TL Galgant, gehackt
5 ml/1 TL Kreuzkümmelsamen
15 ml/1 EL Koriandersamen
2 Nelken
6 schwarze Pfefferkörner
1 TL Garnelenpaste, vorbereitet
5 ml/1 TL Salz
5 ml/1 TL Zucker
30 ml/2 EL Öl

1 Entfernen Sie die Samen aus den Chilischoten. Weichen Sie die Schoten 15 Minuten lang in heißem Wasser ein.

2 Entfernen Sie die Wurzel und hacken die unteren 5 cm des Zitronengrases mit einem scharfen Messer klein.

3 Geben Sie das Zitronengras in einen trockenen Wok und geben Schalotten, Knoblauch und Galgant dazu und rösten sie alles kurz an.

4 Rühren Sie die Kreuzkümmel- und Korinandersamen, Nelken und Pfefferkörner ein und rösten sie bei niedriger Hitze 5–6 Minuten mit. Dann geben Sie die Mischung in einen Mörser.

5 Schütten Sie die Chilischoten ab und geben sie dazu. Mixen Sie alles mit dem Stößel, dann geben Sie Garnelenpaste, Salz, Zucker und Öl dazu und verarbeiten alles mit dem Stößel zu einer groben Paste. Sie können diese Paste fest verschlossen in einem Glas bis zu 4 Monate lang im Kühlschrank aufbewahren.

TIPPS

- Wenn Sie die doppelte Menge einer Paste in einer Küchenmaschine zubereiten, mischen sich die Zutaten besser und die Paste wird auch weicher.
- Für das beste Ergebins bereiten Sie die Zutaten in der folgenden Reihenfolge vor: Galgant, Zitronengras, Ingwer- und Kurkumawurzel, Chilischoten, Nüsse, Garnelenpaste, Knoblauch und Schalotten. Geben Sie etwas Öl (oder Kokoscreme, wenn Sie darin später garen) zu den Zutaten in die Küchenmaschine, wenn die Paste zu krümelig wird. Beim Anbraten der Paste nehmen Sie dann entsprechend weniger Öl oder Kokoscreme, um den Zutaten den rohen Geschmack zu nehmen, bevor dann Fleisch, Geflügel, Fisch oder Gemüse dazukommt.
- Garnelenpaste wird aus fermentierten Shrimps gemacht. Die Paste gibt es in asiatischen Läden und in gut sortierten Supermärkten. Wenn sie nicht laut Rezept angebraten wird, wird sie vor der Verwendung kurz gegart. Sie können die Paste auf ein Spießchen stecken und über der Gasflamme garen oder Sie erhitzen sie unter dem Grill, bis die Ränder knusprig werden. Die Paste darf aber nicht verbrennen.

Fette und Öle zum Braten

Chinesisch: *shi you*

Tierische Fette und Pflanzenöle sind überall in der Welt ein wichtiger Bestandteil der täglichen Ernährung, aber in Asien spielen sie eine besondere Rolle, hauptsächlich, weil es so viele gebratene Speisen gibt. Tierisches Fett oder Schmalz wurde traditionell früher zum Fritteren und Braten genommen (das ist in China heute immer noch so), aber Pflanzenöle werden wegen ihrer Hitzeverträglichkeit geschätzt, sie rußen nicht so schnell und sind daher sehr gut zum Rührbraten geeignet, wo das Öl sehr schnell sehr heiß werden muss. Auch viele Frittiergerichte benötigen heißes Öl, damit das Frittiergut richtig knusprig wird.

Öl kann aus den unterschiedlichsten Pflanzen, wie Rettich oder Mohn, gewonnen werden. Rapsöl war in China ein beliebtes Bratenöl, bis die Portugiesen im 16. Jahrundert Erdnüsse einführten. Es dauerte einige Zeit, bis man die neuen Nüsse als Ölquelle entdeckte, aber im 19. Jahrhundert war Erdnussöl in Asien ein fester Bestandteil der Küche. Es hat auch heute noch einen großen Anteil, obwohl ihm das Maisöl mittlerweile Konkurrenz macht. In Japan wurde ursprünglich mit reinem Sesamöl gekocht, doch bald erkannten die Köche, dass eine Mischung aus Sesam- und Erdnussöl bessere Ergebnisse erzielte. Das galt gerade für die beliebten Tempuras (ein Frittiergericht, das von portugiesischen Missionaren eingeführt wurde), da man das Frittieröl viel heißer machen konnte.

Kokosnuss- und Palmöl sind in Südostasien bekannt, aber nicht mehr so beliebt wie früher, da sie reich an gesättigten Fettsäuren sind.

Geschmack

Fette und Öl haben alle ihre eigenes Aroma und ihren Eigengeschmack, von stark bis mild ist alles dabei. Lamm- und Rinderfett haben einen stärkeren Eigengeschmack als z. B. Schweineschmalz oder Hühnerfett, während Erdnuss- und Rapsöl mehr Geschmack als Soja- oder Sonnenblumenöl haben.

Verwendung

Meist werden Öle und Fette nur zum Braten verwendet, manchmal sind sie jedoch auch eigenständige Zutaten. In einige chinesische Gerichte wird kurz vor dem Servieren Schweineschmalz eingerührt.

Links: Sonnenblumen- und Erdnussöl

Oben: Palmöl

Zubereitung

Obwohl der Erfolg eines asiatischen Gerichts meist schon vom richtigen Öl abhängt, sollte sein Geschmack die Speise nicht dominieren. Eine asiatische Küchentechnik setzt darauf an, das Öl zu neutralisieren, indem es gewürzt wird. Das geht ganz einfach: Während das Öl heiß wird, werden kleine Stücke aromatischer Zutaten wie Ingwer, Frühlingszwiebel oder Knoblauch dazugegeben. Wenn sie ihren Geschmack an das Öl abgegeben haben, werden sie wieder entfernt, und dann erst kommen die eigentlichen Zutaten in den Wok. Mit dieser Methode schmeckt das Öl nicht so durch.

Lagerung

Normalerweise werden Öle und Fett in Kontakt mit Sauerstoff ranzig, weil sie oxidieren. Bratöl sollte an einem kühlen, dunklen Ort aufebwahrt werden. Erhitzen Sie das Frittieröl nicht zu oft. Chinesische Köche erhitzen Öl nach jedem Gebrauch mit etwas Ingwer, das neutralisiert den Geschmack. Nach drei oder vier verschiedenen Verwendungen sollten Sie das Öl wegschütten.

Aromaöle

Chinesisch: *tiaowei you*

Verschiedene Aromaöle werden in Asien für Dips und Soßen verwendet, den größten Anteil hat das Sesamöl, aber Chiliöl ist auch sehr beliebt.

Sesamöl

Mandarin: *zhima you;* Kantonesisch: *ma you;* Japanisch: *gama-abura*

Das Sesamöl, das in Indien und im mittleren Osten zum Aromatisieren verwendet wird, unterscheidet sich erheblich von dem Bratöl. In China und Japan bevorzugt man ein aromareiches Sesamöl, das aus gerösteten Sesamsamen gewonnen wird, die nach dem Rösten ihr volles Aroma abgeben.

Rechts: Geröstetes Sesamöl

Verschnittenes Sesamöl (oben) und Chiliöl

Geschmack

Sesamöl aus gerösteten Samen hat ein herrlich nussigen Geschmack und Duft. Es ist viel stärker als Oliven- oder Walnussöl. Verschnittenes Sesamöl hat einen milderen Geschmack und ist viel blasser in der Farbe.

Verwendung

Da reines Sesamöl sich nicht gut zum Braten eignet, weil es zu schnell verbrennt, wird es lieber für Salate und Dips verwendet und in Suppen oder Rührgebratenes gegeben.

Zubereitung

Das Erhitzen erhöht das Aroma des Öls, es sollte aber nur kurz erwärmt werden. Meist gibt man einige Tropfen kurz vor dem Servieren in warme Speisen.

Lagerung

Bewahren Sie Sesamöl an einem dunklen, kühlen Ort auf, bei Wärme und hellem Licht verliert es schnell sein kräftiges Aroma. Es wird viel schneller ranzig als herkömmliche Bratöle, kaufen Sie immer nur kleine Mengen.

Chiliöl

Chinesisch: *la you;* Japanisch: *yu*

Chiliöl wird aus einer Mischung aus gehackten, getrockneten Chilischoten, gehackten roten Zwiebeln, Knoblauch, Salz und Pflanzenöl gemacht, das über mehrere Stunden heiß gehalten wird. Es gibt auch ein „XO-Chiliöl“, das mit getrockneten Jakobsmuscheln aromatisiert wird und sehr teuer ist. Normales Chiliöl machen Sie ganz einfach zu Hause selbst: Erhitzen Sie 20 getrocknete, gehackte, rote Chilischoten ohne Samen zusammen mit 250 ml Erdnussöl in einem Topf, bis es raucht, und lassen es fünf Minuten abkühlen. Dann gießen Sie es in einen zweiten Topf und lassen es ein bis zwei Stunden ruhen. Sieben Sie es ab und verwenden Sie es wie angegeben.

Geschmack

Chiliöl hat einen angenehmen Duft und feurigen Geschmack, der sehr viel stärker ist als der von Chilipaste oder -soße.

Verwendung

Chiliöl wird immer zum Dippen verwendet, niemals zum Braten. In einigen Ländern ist es ein Dressing, und es wird auch auf die birmanische Fischsuppe *Mohinga* geträufelt. Es kommt auch kurz vor dem Servieren über thailändische rührgebratene Garnelen.

Lagerung

Chiliöl kann an einem kühlen, dunklen Ort oder im Kühlschrank mehrere Monate aufbewahrt werden.

ESSIG

REISESSIG

MANDARIN: *MICU;* KANTONESISCH: *HUCK TSO;* JAPANISCH: *SU*

Essig, der aus fermentiertem oder aus destilliertem Reis hergestellt wird, ist in Asien weit verbreitet. Der erste ist rotbraun in der Farbe und wird in China als roter oder schwarzer Essig bezeichnet, letzterer ist klar und wird weißer Essig genannt. Das Rohmaterial besteht aus Klebreis, Langkornreis, Weizen, Gerste und Reishülsen. Die Masse wird zweimal fermentiert und reift 6–7 Monate. In Japan verwendet man auch braunen Reisessig – *gaen mae su* – der dunkel und voll schmeckt. Dieser Essig – er auch wird mit Balsamico verglichen – ist stark im Geschmack, aber sanft auf der Zunge.

Oben: Reisessig

Geschmack

Roter oder schwarzer Essig hat ein leichtes Aroma und einen milden, süßlichen Geschmack. Der destillierte weiße Essig ist viel stärker. Er riecht und schmeckt säuerlich. Japanischer brauner Essig hat ein süß-saures Aroma.

Verwendung von Sushiessig
Der Reis, der für Sushi verwendet wird, wird mit heißem Reisessig, Salz und Zucker aromatisiert und angefeuchtet. Die Technik ist ganz einfach, aber es ist wichtig, eine gute Qualität japanischen Reisessigs zu nehmen. Der gekochte Reis wird in einem tiefen Teller ausgebreitet, und die heiße Essigmischung wird darübergegossen. Der Reis wird vorsichtig darin gewälzt, gleichzeitig wird der Reis so abgekühlt, dass er eine gute Konsistenz bekommt: Zum vollständigen Abkühlen wird der Reis anschließend bedeckt.

Verwendung

Es gibt ein altes chinesisches Sprichwort, das ungefähr Folgendes besagt: „Morgens beim Aufstehen vergewissere dich, dass du die sieben wichtigsten Dinge für den Tag hast: Feuer, Reis, Öl, Salz, Sojasoße, Essig und Tee." Essig spielte in der chinesischen Küche schon immer eine wichtige Rolle, und in einigen Landesteilen – speziell im Norden, kommt er in jedes Gericht – allerdings manchmal in so kleinen Mengen, dass man ihn kaum schmeckt. Reisessig ist ein wichtiger Bestandteil der berühmten süß-sauren Soße, die aus Nordchina stammt und der scharf-sauren Soße aus Sichuan.

Überall in Asien hat Essig seinen Platz, z. B. in thailändischen Soßen und Dips und in der vietnamesischen Knoblauch-und-Fischsoße. Er wird auch in allen Ländern zum Einlegen und Konservieren benutzt.

Thailändische Köche geben Reisessig in verschiedene Gerichte, z. B. in die scharf-sauren Suppen. In Japan darf der Essig im Sushireis auf keinen Fall fehlen.

Zubereitung

Wenn Reisessig zu lange erhitzt wird, verliert er seinen Geschmack, und das Essen schmeckt unangenehm. Daher wird Essig in Asien immer erst kurz vor dem Ende der Garzeit als allerletzte Zutat hinzugegeben. Nehmen Sie auch nicht zu viel Essig; in einer guten süß-sauren Soße müssen sich die Zutaten geschmacklich die Balance halten.

Lagerung

Reisessig in Flaschen hält sich sehr lange, halten Sie ihn jedoch von großer Hitze und hellem Licht fern.

ANDERE ESSIGSORTEN

Kokosessig wird aus Kokosnektar, also aus den Blüten reifer Kokospalmenblumen, gemacht. Der helle Essig wird auf den Philippinen sehr geschätzt.

Ponessig wird in Japan aus dem Saft von Zitrusfrüchten hergestellt, die den Limetten ähneln.

Rechts: Kokos- und Ponessig

Sossen und Pasten

SOJASOßE

Mandarin: *jiang you;* Kantonesisch: *chi you;* Japanisch: *shoyu;* Indonesisch: *kecap; ketjap;* Malaysisch: *kichup; tauyu;* Thai: *siew*

Oben: Dunkle (oben) und helle Sojasoße

Sojasoße wird aus fermentierten Sojabohnen gemacht und ist einer der wichtigsten Beiträge Asiens zur internationalen Küche. Sie wird überall auf der Welt benutzt, und zwar nicht nur als Ersatz für Salz, sondern als eigenständiges Gewürz zu Hause und in Fertigprodukten.

Die Herstellung von Sojasoße braucht einige Zeit. Die Sojabohnen werden gründlich gereinigt, eingeweicht, bis sie weich sind, gedünstet und dann mit Weizenmehl und einer Hefekultur gemischt. Diese Mischung wird bis zu zwei Jahre lang fermentiert, bevor sie gefiltert und in Flaschen abgefüllt wird. Der Prozess lässt sich nicht verkürzen, ohne dass die Qualität Schaden nimmt; vermeiden Sie billige Sojasoßen, sie können von minderer Qualität sein.

Geschmack

Es gibt drei Sorten chinesischer Sojasoße. **Helle Sojasoße** ist die erste Abfüllung, ähnlich der ersten Pressung bei Olivenöl. Sie hat den feinsten Geschmack, eine hellbraune Farbe und duftet zart. **Dunkle Sojasoße** reift weiter, ihr wird Karamell zugesetzt, sie ist daher etwas süßer und hat eine dunklere Farbe sowie ein kräftigeres Aroma.Dann gibt es noch die unbetitelte Sojasoße, sie wird aus den beiden gemischt.

Es gibt auch verschiedene Sorten japanischer Sojasoße: **Usukuchi-Sojasoße** hat eine helle Farbe und schmeckt nicht so salzig wie die helle Sojasoße. **Tamari** ist dunkel und hat einen kräftigen, überhaupt nicht salzigen Geschmack. **Shoyu** wird noch zwei Jahre zusätzlich gereift und hat den vollen Sojageschmack. Zwischen diesen Geschmacksrichtungen gibt es noch die **Kikkoman** – der Firmenname, der zum Markennamen wurde – für die japanische Variante zur chinesischen Sojasoße. Sie ist besser zum Dippen als zum Kochen geeignet. Das indonesische **Ketjap Manis** ist dick und schwarz und hat ein kräftiges, süßes Aroma. Die helle Variante, **Ketjap Asin,** ist dünn und wird als weiße Sojasoße bezeichnet. Indonesische Köche benutzen auch das im Geschmack in der Mitte liegende **Ketjap Sedang,** es ist aber nicht so beliebt wie Ketjap Manis.

Oben: Es gibt viele japansische Sojasoßen, dunkle, dicke und helle, leichte Sorten.

Oben: Ketjap Manis (oben) und Ketjap Asin sind indonesische Sojasoßen.

Lagerung

Natürlich fermentierte Sojasoße hält nicht ewig. Nach längerem Kontakt mit Sauerstoff verliert sie an Duft und Geschmack. Verschlossene Flaschen könenn ein bis zwei Jahre lang aufbewahrt werden. Verbrauchen Sie geöffnete Flaschen so schnell wie möglich, auf jeden Fall vor dem Verfallsdatum auf der Flasche. Lesen Sie auch das Etikett auf Hinweise zur Aufbewahrung durch. Einige Sorten enthalten keine Konservierungsstoffe und müssen nach dem Öffnen im Kühlschrank gelagert werden.

Verwendung

In der Regel wird helle Sojasoße für Meeresfrüchte, helles Fleisch, Gemüse und Suppen verwendet, während man dunkle Sojasoße für rotes Fleisch, Schmorgerichte und Grillgut nimmt. Für Dips und Marinaden nehmen Sie die normale Variante oder mischen Sie drei Teile helle und zwei Teile dunkle Sojasoße miteinander.

Zubereitung

Sojasoße wird in warme Gerichte immer gegen Ende zugegeben, damit sich das Essen nicht unschön verfärbt und die anderen Aromen nicht überdeckt werden. Das gilt allerdings nicht für Gerichte, die langsam in einer Soße geschmort werden, die nur einen geringen Anteil Sojasoße enthält. Ein Salatdressing mit Sojasoße oder ein Dressing für kalte Speisen wird erst kurz for dem Servieren untergemischt.

Rechts: Tamarisoße

Hühnchen Yakitori

Es gibt viele klassische Marinaden und Soßen, deren Hauptbestandteil Sojasoße ist. Dieses japanische Gericht verwendet eine mit Sake und Zucker gemischte Sojasoße als Marinade für Hühnerkebabs. Sie können die doppelte Menge Soße machen und die Hälfte mit dem Fleisch bei Tisch reichen.

4 PORTIONEN

6 Hühnerbeine ohne Knochen, in Stücke geschnitten
1 Bund Frühlingszwiebeln, in große Stücke geschnitten
dazu japanisches 7-Gewürze-Pulver

Für die Yakitorisoße:
150 ml Sojasoße
90 g Zucker
25 ml/5 TL Sake
15 ml/1 EL Mehl

1 Für die Soße mischen Sie zunächst Sojasoße, Zucker, Sake und Mehl in einer Pfanne und verrühren alles gut miteinander. Kochen Sie die Soße unter Rühren auf und reduzieren die Hitze. Lassen Sie die Soße 10 Minuten köcheln, bis sie um ein Drittel reduziert ist.

2 Stecken Sie abwechselnd Fleischstücke und Frühlingszwiebeln auf 12 Bambusspieße. Grillen Sie die Spieße 5–10 Minuten, bis das Fleisch gar ist und bestreichen es währenddessen immer wieder mit der Soße.

3 Bestreuen Sie die Spieße mit dem Gewürzpulver und servieren Sie sie sofort. Stellen Sie evtl. ein Schälchen mit Yakitorisoße zum Dippen auf den Tisch dazu.

FISCHSOSSE

CHINESISCH: *YU LU*; THAI: *NAM PLA*; VIETNAMESISCH: *NUOC MAM*

Fischsoße gehört zu den wichtigsten Würzsoßen in Thailand und Vietnam, die Bedeutung ist der Sojasoße in China und Japan ähnlich. In Vietnam wird sie meist aus Garnelen hergestellt, in Thailand verwendet man lieber gesalzenen, fermentierten Fisch.

Geschmack

Alle Fischsoßen haben einen scharfen Duft und schmecken sehr salzig. Die thailändische *nam pla* hat ein stärkeres Aroma als die chinesischen oder vietnamesischen Sorten. Die Farbe von Fischsoßen variiert, hellere Soßen werden als besser gegenüber den dunklen angesehen.

Verwendung

Fischsoße wird überall in Asien in vielen pikanten Speisen benutzt. Sie wird auch bei der Herstellung von Dips verwendet, zusammen mit fein gehacktem Knoblauch und Chilischoten, Zucker und Limettensaft.

Rechts: Fischsoße

Lagerung

Fischsoße gibt es in Glas- und Plastikflaschen. Nach dem Öffnen sollte sie an einem kühlen dunklen Ort gelagert werden. Dort hält sie sich etwa ein Jahr.

AUSTERNSOSSE

MANDARIN: *HAOYOU*; KANTONESISCH: *HO YOW*

Austernsoße ist eine kantonesische Spezialität. Diese dickflüssige, braune, auf Sojabohnen basierende Soße ist mit Austernsaft, Salz und Karamell aromatisiert und mit Maismehl angedickt. Sie ist dicker, aber heller als Sojasoße.

Oben: Austernsoße

Geschmack

Austernsoße hat ein angenehmes, duftendes Aroma und einen zarten Geschmack, bei guten Sorten ohne jede Fischnote.

Verwendung

Austernsoße ist sehr vielseitig und kann bei vielen Gerichten verwendet werden. Sie passt gut zu geschmacklich eher neutralen Zutaten wie Huhn oder Tofu, aber auch zu Rindfleisch und Meeresfrüchten, die mehr Eigengeschmack haben. Sie kann auch als Garnitur über warme Speisen wie Reis und Nudeln gegeben werden.

Zubereitung

Dieses Soße wird immer zum Kochen verwendet, niemals als Dip oder in kalten Soßen. Austernsoße fügt man den Gerichten wie Sojasoße am besten gegen Ende der Garzeit zu.

Lagerung

Es gibt verschiedene Hersteller dieser Soße. Die teuren Sorten sind den anderen in der Regel in der Qualität und im Geschmack weit überlegen, da die Herstellung sorgfältiger ist. Nach dem Öffnen sollte die Soße im Kühlschrank aufbewahrt werden, dort hält sie sich ausgesprochen lange, aber brauchen Sie die Soße in jedem Fall vor dem Verfallsdatum auf.

Oben: Dunkle Hoisinsoße

Oben: Helle Hoisinsoße

HOISINSOSSE

MANDARIN: *HAIXIAN JIANG;* KANTONESISCH: *HOY SIN JIONG;* VIETNAMESISCH: *TUONG-DEN*

Diese weitere kantonesische Spezialität ist als Grillmarinade bekannt. Der chinesische Name bedeutet „Meeresgeschmack", ein Ausdruck dafür, wie gut sie schmeckt, kein Hinweis auf ihre Bestandteile. Hoisinsoße enthält – im Gegensatz zu Austern- und Fischsoße – keine Spur von Meeresfrüchten.

Geschmack

Diese Soße besteht hauptsächlich aus fermentierten Sojabohnen, außerdem enthält sie Zucker, Essig, Salz, Chilischoten, Knoblauch und Sesamöl. Es gibt kein festes Rezept, daher kann der Geschmack verschiedener Soßen von unterschiedlichen Herstellern stark variieren. Ein gutes Produkt sollte ein duftendes Aroma und einen warmen, süßen und gleichzeitig auch salzigen Geschmack haben.

Verwendung

Hoisinsoße ist sehr vielseitig und in jedem Fall eine Bereicherung für die Küche. Eigentlich ist sie als Marinade erfunden worden, aber sie kann auch als Dip bei Tisch gereicht werden. Allerdings gehört sie nicht zur Pekingente, wie es in manchen Restaurants üblich ist.

Zubereitung

Wenn Sie Hoisinsoße als Marinade nutzen, können Sie die Soße direkt aus dem Glas verwenden, für Rippchen, Hühnchen usw.

Lagerung

Hoisinsoße gibt es meist im Glas. Nach dem Öffnen sollten die Gläser im Kühlschrank aufbewahrt werden, dort hält sich die Soße mehrere Monate.

CHILISOSSE

MANDARIN: *LAJIAO JIANG;*
KANTONESISCH: *LA JYEW JYEUNG;*
THAI: *SOD PRIK*

Die beste bekannte Chilisoße kommt aus China, obwohl es in Vietnam und Thailand auch scharfe Versionen gibt.

Geschmack

Die chinesische Chilisoße aus der Flasche ist scharf und würzig und hat etwas leicht Fruchtiges, da sie aus frischen roten Chilischoten, Salz, Essig und Äpfeln oder Pflaumen gemacht wird. Für die thailändische Sorte werden süße und scharfe Chilischoten sowie Ingwer, Gewürze und Essig verwendet. Es gibt auch eine dickliche chinesische Soße, die nur aus Chilischoten und Salz gemacht wird. Sie wird meist in Gläsern verkauft und ist viel schärfer als die Flaschenvariante.

Verwendung

Die normale Soße wird zum Kochen und als Dip verwendet, die dickere Soße wird an Stelle von Chilibohnenpaste ins Gericht gegeben.

Zubereitung

Benutzen Sie Chilisoße mit Vorsicht!

Lagerung

Nach dem Öffnen bewahren Sie die Soße im Kühlschrank auf. Sie können sie bis zum Verfallsdatum verwenden.

Süße Chilisoße (oben) und Chilisoße

PFLAUMENSOSSE

MANDARIN: *MEIZI JIANG;* KANTONESISCH: *SHWIN MEI JIONG;* VIETNAMESISCH: *CUONG NGOT*

Diese Soße wird aus Pflaumensaft, Zucker, Salz, Essig und Verdickungsmittel hergestellt und gehört zu den süß-sauren Soßen. Sie wird hauptsächlich in China verwendet, in Thailand wird sie aus eingekochten Pflaumen und Zucker zu Hause selbst gemacht.

Geschmack

Es gibt anscheinend kein Standardrezept für die industriell gefertigte Pflaumensoße. Die Hersteller benutzen alle unterschiedliche Gewürze, manche geben sogar Knoblauch, Ingwer oder Chilipulver hinein.

Verwendung

Eine der bekanntesten Speisen, zu der Pflaumensoße serviert wird, ist die Pekingente. Sie wird auch als Dip, z. B. zu Dim Sum, gereicht.

Lagerung

Pflaumensoße gibt es in Gläsern zu kaufen, sie sollte nach dem Öffnen im Kühlschrank aufbewahrt werden.

ZITRONENSOSSE

MANDARIN: *NINGMENG JIANG;* KANTONESISCH: *NING MUNG JIONG*

Zitronensoße wurde speziell für den westlichen Markt erschaffen. Sie kommt wahrscheinlich aus Hongkong, ebenso wie schwarze Bohnensoße. Sie ist dick, weich und samtig und wird vom europäischen Gaumen sogleich angenommen.

Geschmack

Die Soße hat ein pikantes Zitrusaroma und einen würzigen, süßen Geschmack. Auch sie gehört zu den süß-sauren Soßen, aber sie wird aus frischem Zitronensaft und aus der Schale gemacht. Dazu kommen noch Salz sowie Zucker und Stärke zum Verdicken. Sie wird oft mit Farbstoff versetzt, damit sie eine helle Farbe bekommt.

Von oben: Austern-, Pflaumen- und Hoisinsoße

Oben: Zitronensoße

Verwendung

Die Verwendung der Zitronensoße scheint sich auf ein einziges Gericht zu konzentrieren: Zitronenhuhn. Es steht auf der Menükarte jedes kantonesischen Restaurants. Aber man kann sie auch zu Frittiertem reichen, speziell zu Meeresfrüchten.

Lagerung

Nach dem Öffnen sollte das Glas im Kühlschrank aufbewahrt werden. Die Soße kann nach längerer Lagerung ihr erfrischendes Aroma verlieren.

SCHWARZE BOHNENSOSSE

MANDARIN: *CHIZI JIANG;* KANTONESISCH: *SI JIR JIONG*

Diese beliebte Soße wird hauptsächlich für westliche Köche industriell hergestellt. Sie enthält ein Püree aus schwarzen, gesalzenen Bohnen, Sojasoße, Zucker und Gewürzen. In China und Südostasien werden meist nur fermentierte ganze Bohnen verwendet und die Soße zu Hause selbst hergestellt. Die Bohnen werden dabei im Wok zerdrückt.

Geschmack

Fermentierte schwarze Bohnen riechen stakr Duft und haben einen aufdringlichen Geschmack, den wir nicht gewöhnt sind. Doch genau dieser erdige Geschmack gefällt vielen, die sie probiert haben.

Verwendung

Schwarze Bohnensoße sollte nicht kalt aus dem Glas verwendet, sondern vor dem Verbrauch immer erhitzt werden. Sie wird meist mit aromatischen Gewürzen gemischt, z. B Frühlingszwiebeln, Knoblauch, Ingwer und Chilischoten, bevor sie zum Gericht kommt. Fertige schwarze Bohnensoße, mit Knoblauch oder Chili gewürzt, gibt es zu kaufen. Sie sollte auch zuerst erwärmt werden, damit sie ihr volles Aroma frei setzt.

Lagerung

Nach dem Öffnen sollten Sie das Glas im Kühlschrank aufbewahren, die Soße hält sich sehr lange.

Oben: Fermentierte schwarze Bohnen, die chinesische Köche für ihre eigene Bohnensoße verwenden.

GELBE BOHNENSOSSE

MANDARIN: *HUANG JIANG:* KANTONESISCH: *MO SHIH JIONG;* THAI: *TAO JIEW KAOW*

Sie ist auch als braune Bohnensoße oder gemahlene Bohnensoße bekannt und in China sehr beliebt. Sie besteht aus fermentierten, zerriebenen Sojabohnen, die mit Salz, Weizenmehl und Zucker zu einer Paste gemischt werden und Grundlage für viele Soßen, z.B. Hoisin, Chu Hou, Guilinchilisoße, scharfe Sichuansoße und Soße für Pekingente sind.

Geschmack

Normale Bohnensoße riecht nach Bohnen und schmeckt sehr lecker. Sie ist weniger salzig als schwarze Bohnensoße. Überall in China wird sie von Köchen mit den eigenen Gewürzen individuell erweitert.

Links: Fermentierte gelbe Bohnen und gelbe Bohnensoße

Verwendung

Gelbe Bohnensoße ist vielseitig verwendbar. Sie verleiht Fleisch, Geflügel, Fisch und einigen Gemüsegerichten eine besondere Note. Sie ist zudem die ideale Basis für eine würzige Marinade, der noch Knoblauch, Frühlingszwiebeln, Reiswein und andere Zutaten hinzugefügt werden.

Lagerung

Nach dem Öffnen der Flasche oder des Glases sollten Sie die Soße in eine Plastikdose umfüllen und im Kühlschrank aufbewahren. Ebenso wie schwarze Bohnensoße hält sich die gelbe sehr lange, aber beachten Sie in jedem Fall das Verfallsdatum.

CHILIBOHNENPASTE

MANDARIN: *DOUBAN JIANG;* KANTONESISCH: *TOBAN DJAN*

Diese Paste ist eine Spezialität aus Sichuan. Ihre Einzigartigkeit besteht darin, dass die Grundlage nicht aus Sojabohnen, sondern aus einer großen Bohnensorte besteht, daher stammt der chinesische Name *douban* oder *toban*. Außerhalb Chinas wird die Paste unter verschiedenen Namen verkauft, auch als Chilibohnensoße, scharfe Bohnensoße oder als Sichuansoße.

Geschmack

Es gibt verschiedenen Chilibohnenpasten im Handel, sie schmecken von mild bis scharf. Die Original-Pixianpaste sieht man bei uns selten, obwohl sie viel besser als ihre Varianten aus Hongkong, Taiwan oder Singapur ist.

Miso

Damit bezeichnet man in Japan Sojabohnenpaste, in denen gedünsteten Sojabohnen, die mit verschiedenen Hefesorten fermentiert werden, verarbeitet sind. Einige Grundmassen basieren auf Reis, andere auf Weizen oder Gerste. Die Pasten haben verschiedenen Farben, Konsistenzen und Aromen, abhängig von der Hefe und der Länge der Fermentation.

Rotes oder *mugi*-Miso (*Mitte*), die beliebteste Paste, hat einen stärkeren Geschmack als das süßere, weiße *kome*-Miso (*links*). Die dritte Paste, *hacho*-Miso (*rechts*), ist sehr dunkel und hat auch einen starken Geschmack. Miso gehört unabdingbar zur Suppe, die in Japan zu jeder Mahlzeit gereicht wird. Mit Majonaise wird sie auch zu einer leckeren Misomajo gemischt.

Oben: *Chilibohnenpaste*

Verwendung

Chilibohnenpaste und Chilisoße lassen sich im Gericht nicht austauschen, jede hat ihr eigenes Aroma und Konsistenz. Chilibohnenpaste ist etwas dicker und ein unersetzliches Gewürz in der Küche Sichuans. Sie aromatisiert Gebratenes und Geschmortes.

Zubereitung

Chilibohnenpaste muss vor der Verwendung gut erhitzt werden. Die Paste sollte niemals kalt als Dip bei Tisch gereicht werden.

Lagerung

Nach dem Öffnen stellen Sie das Glas in den Kühlschrank. Chilibohnenpaste hält sich gut, sollte aber vor dem Verfallsdatum aufgebraucht werden.

Rechts: Rote Bohnenpaste

ROTE BOHNENPASTE

MANDARIN: *DOUSHA;* KANTONESISCH: *DOW SA*

Sie wird entweder aus Kidney- oder Adukibohnen hergestellt und ist eine dicke, weiche Paste, die mit Zucker gesüßt wird. Es gibt sie in kleinen Dosen nur in asiatischen Läden zu kaufen.

Geschmack

Die Paste hat einen milden, angenehmen Duft und einen süßen, aber nicht klebrigen Geschmack. Asiatische Köche geben oft noch etwas Zucker zusätzlich dazu, um den Geschmack zu intensivieren. Manchmal wird auch Sesamsamenessenz oder gemahlenes Kassia untergemischt.

Verwendung

Rote Bohnenpaste wird meist in süßen Speisen und als beliebte Füllung in Kuchen und Knödeln verwendet. Sie wird auch auf Pfannkuchen gestrichen, die dann frittiert werden.

Lagerung

Nach dem Öffnen sollte die Paste in eine Plastikdose umgefüllt werden, damit sie nicht den Metallgeschmack der Dose annimmt, und im Kühlschrank aufbewahrt werden. Beachten Sie das Verfallsdatum.

Links: Garnelenpaste

GARNELENPASTE

MALAYISCH: *BLACHAN; BALACHAN;*
INDONESISCH: *TERASI; TRASSI;* THAI: *KAPI;*
BIRMANISCH: *NGAPI*

Ob Sie Garnelenpaste als *blachan, terasi, kapi* oder *ngapi* bezeichnen, sie gehört in jedem Fall zu den meisten pikanten Gerichten in Südostasien einfach dazu. Sie wird aus winzig kleinen Garnelen gemacht, die gesalzen, getrocknet, zerrieben und unter Hitze und Feuchtigkeit fermentiert werden, bis sie ein scharfes Aroma haben. Die Farbe kann von Rosa bis Purpur-Braun reichen, je nach Garnelenart und Herstellungsprozess. Sie wird zu einem festen Block gepresst oder in kleine Tuben oder Gläser verpackt.

Geschmack

Die Paste kann ihre Herkunft nicht verleugnen. Sobald Sie sie ausgepackt haben, wird Sie der Fischgeruch überwältigen. Lassen Sie sich davon aber nicht abhalten. Der Geruch verschwindet beim Erwärmen, und diese Zutat leistet wirklich einen positiven Beitrag im Essen: Sie gibt der Speise eine authentische südostasiatische Note.

Verwendung

Garnelenpaste ist eine gute Eiweißquelle. Sie wird u.a. zum Würzen von Reisgerichten und Satésoßen sowie für Dressings, Dips, Curry- und Schmorgerichte verwendet. Sie ist die Schlüsselzutat für die berühmte *nam prik,* eine Soße zum Dippen, die u.a. auch aus Chilischoten, Knoblauch und Fischsoße besteht und in fast jedes thailändische Gericht kommt. Birmanische Köche intensivieren mit der Paste den Geschmack von *balachaung,* einer würzigen, roten Garnelenmischung, die in gekochten Reis gerührt wird.

Zubereitung

Bevor Sie die Paste verwenden, müssen Sie diese erwärmen, damit der Fischgeschmack verfliegt (s. rechts).

Lagerung

Bewahren Sie die Paste in einem verschlossenen Glas an einem kühlen Ort auf. Sie hält sich mehrere Monate lang.

Sesampaste
Die Sesampaste in Asien ist nicht mit der Tahini, einer Sesampaste aus dem Nahen Osten, zu vergleichen. Tahini wird aus rohen Sesamsamen hergestellt; für die asiatische Paste werden die Sesamsamen geröstet, damit sie ihr nussiges Aroma entfalten. Also verwenden Sie Tahini nicht als Ersatz, sie schmeckt vollkommen anders. Nehmen Sie lieber Erdnussbutter und etwas Sesamöl, damit kommen Sie dem Original am nächsten.

Vorbereitung der Garnelenpaste
Wenn die Paste nach Rezept angebraten wird, sind keine Vorbereitungen nötig. Für Sambals oder Dressings muss sie jedoch erwämt werden, damit sie ihren rohen Fischgeschmack verliert.

1 Nehmen Sie ein Stück Garnelenpaste und formen Sie es zu einem Würfel. Stecken Sie diesen auf ein Metallspießchen.

2 Halten Sie die Paste über eine mittlere Gasflamme und drehen den Spieß gleichmäßig, bis die Paste trocken aussieht, aber nicht verbrannt ist. Bei dieser Methode wird allerdings ein starker Geruch frei gesetzt.

3 Für weniger Geruchsentwicklung wickeln Sie einen Würfel der Paste in Alufolie und und rösten sie fünf Minuten in einer Pfanne von allen Seiten an.

SAMBALS

Bei uns sind die Sambals im Laufe der Zeit zu Beilagen eines Currygerichts geworden, aber in Asien sind damit verschiedene scharfe, würzige Soßen und Ähliches gemeint, die alle auf Chilischoten basieren. Sambals sind vor allem in Indonesien sehr beliebt und ein wichtiger Bestandteil der berühmten „Indonesischen Reistafel", eines opulenten Festmahls, das verschiedenste Speisen in sich vereint und entwickelt wurde, als noch Indonesien eine niederländische Kolonie war. Daher ist die Reistafel in den Niederlanden heute noch sehr beliebt, und fertige Sambals gibt es dort reichlich zu kaufen.

In Indonesien kann ein Sambal jedoch auch eine leckere Hauptspeise sein. *Sambal goreng* ist beispielsweise eine würzige Chilisoße, in die kleine Fleischbälle, Fischstücke, hart gekochte Eier oder Gemüse kommen.

Verwendung

In Malaysien, Singapur und Indonesien ist *Sambal blachan* (Chili- und Garnelenpasten-Sambal) sehr beliebt. Frische rote Chilischoten werden gehackt und mit Salz und vorbereiteter Garnelenpaste zerrieben. Für eine bessere Konsistenz und den Geschmack wird etwas Zitronen- oder Limettensaft hinzugefügt. *Sambal blachan* ist sehr scharf – besonders wenn man die Samen in den Chilischoten belässt – und sollte mit einer ernst gemeinten Warnung serviert werden! *Sambal oelek* ist ähnlich, hier wird aber etwas brauner Zucker zugegeben, damit die Chilischoten ihr Aroma entfalten. Manchmal werden diese Produkte als „gehackte Chilischoten" in Gläsern verkauft. Ein TL entspricht dabei einer Chilischote. Nach dem Gebrauch sollten die Gläser gut verschlossen im Kühlschrank aufbewahrt werden.

Bei einem typisch thailändischen Essen gibt es oft zwei Sambals, zusätzlich zu *nam prik,* einer Kombination aus getrockneten Garnelen, Garnelenpaste, Knoblauch, Chilischoten, Fischsoße, Zitronensaft und braunem Zucker. *Nam prik* ergänzt rohe, gedünstete, gebratene oder gekochte Gemüse und wird auch oft in eine Schüssel gekochen thailändischen Reis gerührt. Ein anderes beliebtes Sambal wird mit Fischsoße, Zitronensaft, Schalotten und Chilischoten gemacht, eine Mischung für Fisch- und Meeresfrüchtegerichte.

Sambal oelek

Dieses Chilisambal hält sich ungefähr acht Wochen lang in einem verschlossenen Glas im Kühlschrank, also bietet es sich an, gleich eine größere Menge davon herzustellen, vor allem wenn Sie häufiger indonesische Gerichte kochen. Dieses Sambal ist extrem scharf. Achten Sie darauf, dass es nicht mit Ihrer Haut in Kontakt gerät. Wenn es doch einmal passiert ist, waschen Sie Ihre Hände sofort mit Seife gründlich ab.

FÜR CA. 350 GRAMM

500 g frische rote Chilischoten
10 ml/2 TL Salz

1 Halbieren Sie die Chilischoten und kratzen Sie die Samen mit einem scharfen Messer heraus. Geben Sie die Schoten in einen Topf mit kochendem Wasser und kochen Sie sie 5–8 Minuten.

2 Gießen Sie die Schoten ab und füllen Sie sie in eine Küchenmaschine. Hacken Sie die Chilischoten fein, die Paste sollte aber noch griffig sein.

3 Geben Sie die Paste in ein Glas, rühren Sie das Salz unter. Verschließen Sie das Glas zusätzlich mit Klarsichtfolie, bevor Sie den Deckel zuschrauben.

4 Heben Sie das Sambal im Kühlschrank auf und verwenden Sie es laut Rezept.

Links: Sambal oelek (links), Sambal blachan (vorne) und nam prik *sind alles sehr scharfe Chilisoßen.*

Unten: Nuoc cham

In Vietman wird *nuoc cham* wie bei uns Salz und Pfeffer eingesetzt. Dieses pikante Sambal besteht aus Chilischoten, Knoblauch, Zucker, Limettensaft oder Reisessig und Fischsoße; einer typisch vietnamesischen Kombination von Scharf, Süß, Sauer und Salzig.

Sambals und Soßen werden in kleinen Schälchen serviert. Bei einer Familienmahlzeit werden Fisch- und Fleischstücke sowie Gemüse in eine gemeinsame Schüssel getunkt. Sie können aber auch jedem Gast einen kleinen Teelöffel Soße auf den Teller oder in ein extra-Schälchen geben. Diese Schälchen aus Prozellan gibt es in jedem asiatischen Laden für erstaunlich wenig Geld zu kaufen.

Zubereitung

Für ein frisches Sambal mischen Sie die Zutaten kurz vor dem Servieren. Verarbeiten Sie feuchte Zutaten in einer Küchenmaschine und trockere in einem Mörser.

Lagerung

Sambalreste bewahren Sie in einem Glas im Kühlschrank auf. Bevor Sie den Deckel aufschrauben, decken Sie das Glas mit Folie ab, damit der Deckel durch die Schärfe nicht korridiert.

Nuoc cham

Dieses würzige vietnamesische Sambal ist eine leckere, aber höllisch scharfe Soße zu knusprig frittierten Frühlingsrollen.

FÜR CA. 105 ML/7 EL

- 2 frische rote Chilischoten
- 2 Knoblauchzehen, zerdrückt
- 15 ml/1 EL Zucker
- 45 ml/3 EL Fischoßße
- Saft einer Limette oder ½ Zitrone

1 Verarbeiten Sie die Chilischoten in einem Mörser zu einer Paste.

2 Geben Sie die Schoten in eine Schüssel und fügen Sie Knoblauch, Zucker und Fischsoße hinzu. Rühren Sie den Zitrussaft nach Geschmack ein.

TIPP

Seien Sie bei der Verarbeitung von Chilschoten vorsichtig. Das in ihnen enthaltene Capsaicin kann für empfindliche Haut sehr schmerzhaft sein. Fassen Sie sich während der Zubereitung nicht an die Augen!

Sambal kecap

Diese indonesische Soße wird auch anstatt der üblichen Erdnusssoße als Dip zu Satés gereicht, speziell bei Rindfleisch und Huhn, es passt aber auch hervorragend zu frittierten Hühnerstückchen.

FÜR CA. 150 ML

- 1 frische rote Chilischote, fein gehackt
- 2 Knoblauchzehen, zerdrückt
- 60 ml/4 EL dunkle Sojasoße
- 20 ml/4 TL Zitronensaft oder 15 ml/1 EL Tamarindensaft
- 30 ml/2 EL heißes Wasser
- 30 ml/2 EL frittierte Zwieblringe (nach Wunsch)

1 Vermischen Sie die Chilischote, den Knoblauch, die Sojasoße und den Zitronen- oder Tamarindensaft mit heißem Wasser in einer Schüssel.

2 Rühren Sie nach Wunsch die Zwiebelringe mit hinein und lassen Sie das Sambal bei Raumtemperatur eine halbe Stunde ruhen.

Sambal blachan

Reichen Sie dieses wirklich höllisch scharfe Sambal als Beigabe zu Reisgerichten.

FÜR CA. 30 ML/2 EL

- 2–4 frische rote Chilischoten
- Salz
- 1-cm-Würfel Garnelenpaste
- Saft ½ Zitrone oder Limette

1 Geben Sie die Chilischoten mit dem Salz in einen Mörser und zerstoßen Sie beides zu einer Paste.

2 Nehmen Sie ein Stück Garnelenpaste und formen es zu einem Würfel. Stecken Sie diesen auf ein Metallspießchen.

3 Halten Sie die Paste über eine mittlere Gasflamme und drehen Sie den Spieß gleichmäßig, bis der Würfel trocken aussieht, aber nicht verbrannt ist.

4 Geben Sie die Garnelenpaste zu den Chilischoten und arbeiten sie gut unter, rühren Sie den Zitrussaft ein.

Eingelegtes Gemüse

Eingelegte und konservierte Speisen spielen in der asiatischen Ernährung eine große Rolle. Vor der segensreichen Erfindung des Kühlschranks und schneller Transportmöglichkeiten mussten frische Lebensmittel für die mageren Monate konserviert werden.

Konservierte und eingelegte Gemüse und auch Früchte werden in ganz Asien geschätzt. Zwei berühmte Beispiele sind das chinesische *chow chow,* süß eingelegtes gemischtes Gemüse, und *kimchee,* ein saurer, Kohl, der zu beinahe jeder koreanischen Mahlzeit gereicht wird. In Japan sind vor allem eingelegte Früchte sehr beliebt, so z. B. die eingelegten Pflaumen, während indonesiche Köche es eher mit *atjar kuning* halten, leicht scharfem, eingelegtem, gelben Gemüse.

Es gibt seit jeher verschiedene Methoden, Lebensmittel zu konservieren. Die Bekannteste ist sicherlich, Salz als Konservierungsmittel zu nutzen. Die Lebensmittel können auch von der Sonne getrocknet werden. Oder sie werden angetrocknet und dann in Lake eingelegt (die so gennanten Pickles).

Unten: Eingelegtes Senfgrün

Unten: Chinesische Pickles

KONSERVIERTES GEMÜSE AUS SICHUAN

MANDARIN: *ZHACAI;* KANTONESISCH: *JA CHOI*

Dieser eingelegte Senfkohl stammt aus der Provinz Sichuan, wird aber heute auch in anderen Gegenden Chinas hergestellt. Die Stiele des Kohls werden sonnengetrocknet und dann in Lake eingelegt. Nach einem Säuberungsgang werden sie augepresst (der Mandarinname *zhacai* bedeutet „gepresstes Gemüse"), anschließend mit Chilischoten und Gewürzen gemsicht und und in einem Fass gereift.

Geschmack

Dieser Senfkohl hat einen beißenden Geruch, der zunächst nicht unbedingt Lust auf die Speise macht. Der Kohl hat jedoch eine weiche, aber knackige Konsistenz und schmeckt salzig und nach Pfeffer zugleich.

Verwendung

Îm Gegensatz zu vielen anderen eingelegten Gemüsesorten ist dieser Kohl ausgesprochen vielseitig. Er wird, so wie er ist, gerne als Beilage gegessen, aber auch in Rührgebratenes, Suppen und Schmorgerichte gegeben.

Zubereitung

Wegen seines salzigen Geschmacks wird der Sichuankohl oft zuerst unter fließendem Wasser abgespült und dann fein geschnitten, vor allem wenn er in warmen Gerichten verwendet wird.

Lagerung

Konserviertes Gemüse aus Sichuan wird meist in Dosen verkauft. Geben Sie Reste in einen luftdicht verschließbaren Behälter und bewahren sie den Kohl im Kühlschrank auf, er hält sich dort fast unbegrenzt.

CHINESISCH EINGELEGTES

Bei uns sind viele verschiedene Gemüsesorten, die chinesisch eingelegt sind, erhältlich. Es gibt sie in Paketen, Gläsern und Dosen. Das Eingelegte kann aus nur einer Zutat bestehen, z. B. Knoblauch, Ingwer, Frühlingszwiebelblumen, Chilischoten, Kohl, Gurke, Kürbis, Bambussprossen, Möhren oder Daikon (ein chinesischer Rettich) oder aus einer Mischung. Einzelne Sorten werden meist in einer dunklen Sojasoßenmischung eingelegt, gemischte Gemüse eher in Lake, der Zucker, Sichuanpfeffer, destillierter Al-

Unten: Gurke gehört zu den beliebtesten Pickles. Diese hier stammen aus Korea.

kohol und frischer Ingwer zugefügt werden, Chilischoten und Essig sind nach Wunsch auch noch dabei. Die gesäuberten Gemüse werden in einem irdenen Krug eingelegt. Dieser wird im Sommer eine Woche an einem kühlen, dunklen Ort stehen gelassen, im Winter über einen Monat. Je länger die Gemüse eingelegt werden, desto besser wird der Geschmack.

JAPANISCH EINGELEGTES

JAPANISCH: *TSUKEMONO*

Es gibt viele Variationen von dem, was die Japaner *tsukemono* nennen. Die Gemüsesorten sind mehr oder weniger dieselben wie in China, aber die Methode unterscheidet sich etwas. Zunächst werden statt irdener Krüge nur Holzfässer verwendet, und anstelle der Lake werden die Gemüse mit Salz ins Fass geschichtet. Wenn das Fass voll ist, wird ein Deckel aufgelegt, der so weit beschwert wird, dass er das Gemüse presst. Salz und der Druck holen die Feuchtigkeit aus dem Gemüse heraus, und so werden sie im eigenen Saft eingelegt.

Gemüse wird aber auch in Sake, Miso oder Reiskleie eingelegt. Die beliebtesten Gemüsesorten sind Daikon, Pak Choy, Gurke, Aubergine, Rettich und die Blumenzwiebeln der Frühlingszwiebel. Dünn geschnittener, rosa eingelegter Ingwer (Gari) wird grundsätzlich zu Sushi und Sashimi gereicht. Dieser Ingwer ist bei uns mittlerweile in jedem Asialaden erhältlich.

Japanisch Eingelegtes ist fast immer ein Teil der Mahlzeit. Es wird zu gegartem Fleisch gereicht, kann aber auch Dessert oder Geschmacksneutralisierer nach dem Essen sein. Das Gemüse wird alleine oder zu mehreren Sorten hübsch in einem Schälchen angerichtet.

Unten: Chow chow – chinesisch süß Eingelegtes

Umeboshi sind kleine eingelegte Pflaumen, eine japanische Spezialität. Die Pflaumen werden vor der Reife gepflückt und in Salz eingelegt, rote Shisoblätter geben ihnen die besondere Farbe. Sie schmecken scharf und salzig und werden oft als Füllung für Reiskugeln verwendet.

Eingelegte Bambussprossen Diese Spezialität aus Vietnam besteht aus geschnittenen Bambussprossen, die in Essig eingelegt werden. Die Sprossen sollten vor dem Verzehr gewässert werden, damit sie weniger bitter sind. Sie werden in Suppen und Brühen verwendet und oft zu Ente gereicht.

Eingelegter Knoblauch ist besonders in Thailand beliebt. Kleine ganze Knollen werden in süßsaurer Lake eingelegt (unten).

Eingelegte Limetten Ganze Limetten, in Lake oder einer Sojasoßenmischung mit Zucker, Salz und Essig eingelegt, sind eine weitere thailändische Spezialität.

KOKOSMILCH UND -CREME

Kokosmilch int ein wichtiger Bestandteil der südostasiatischen Küche. Es gibt ein altes Sprichwort, das besagt „Wer eine Kokospalme pflanzt, der pflanzt Essen und Trinken, Gefäße und Kleidung, einen Wohnort für sich und ein Erbe für seine Kinder.“ Wenn die Palme ausgewachsen ist, trägt sie 75–100 Jahre lang Kokosnüsse, daher wird sie sehr geschätzt.

Die Kokosnuss wurde lange Zeit als „Indische Nuss“ bezeichnet, bis die Portugiesen sie nach ihrem Aussehen „coco“ nannten, das bedeutete Clown oder Affe. Frische Kokosnüsse sind bei uns in Supermärkten und asiatischen Läden erhältlich. Die Flüssigkeit, die Sie hören können, wenn Sie die Nuss schütteln, ist der Kokossaft, nicht die Kokosmilch. Reisende schätzen den erfrischenden Saft, besonders den aus frischen grünen Kokosnüssen. Aus ihm wird auch Palmwein gemacht.

Eine durchschnittliche Kokosnuss wiegt um die 600 g. Die frischen Nüsse sind voller Saft, also schütteln Sie die Nuss vor dem Kauf. Wenn Sie eine Kokosnuss öffnen wollen, halten Sie die Nuss in der linken Hand, die „Augen“ gerade oberhalb Ihres Daumens. Die Bruchstelle verläuft zwischen den „Augen“. Halten Sie die Kokosnuss über eine Schüssel, damit Sie den Saft auffangen können, und schlagen Sie vorsichtig mit dem Rücken der Klinge eines Hackmessers oder mit einem Hammer zwischen die Augen. Wenn Sie richtig getroffen haben, teilt sich die Nuss sauber in zwei Hälften. Probieren Sie am Fruchtfleisch, ob die Nuss frisch ist, manchmal ist es ranzig. Schieben Sie ein Palettenmesser zwischen die äußere Schale und das Fleisch und drücken Sie das Fleisch in Stücken heraus. Die dünne braune Haut auf den Stücken kann mit einem Kartoffelschäler entfernt werden.

Kokosmilch und -creme werden beide aus dem geraspelten Fleisch der Nuss hergestellt. In Asien können Sie frisch geraspelte Kokosnuss dafür kaufen. Den Raspeln wird warmes Wasser zugesetzt, und die Masse wird mehrmals durchgeknetet. Nach dem Absieben erhält man dann Kokosmilch. Wenn die Milch noch eine Weile ruht, bildet sich an der Oberfläche Kokoscreme, ähnlich wie die Sahne auf Kuhmilch.

Kokosmilch gibt es in Dosen und Tetrapacks zu kaufen und auch Länder, die leicht Zugriff auf frische Kokosnüsse haben, verwenden meist aus Bequemlichkeit die Dosenware. Die Qualität ist im Allgemeinen sehr gut, und es gibt mittlerweile auch fettreduzierte Kokosmilch.

Kokoscreme wird meist in Blöcken zu 200 g verkauft. Von diesem praktischen Produkt können kleine Mengen abgebrochen und kurz vor dem Servieren in die Speise gegeben werden. Wenn Sie nur eine kleine Menge Kokosmilch benötigen, lösen Sie 50 g Kokoscreme in 100 ml warmem Wasser auf. Brauchen Sie eine leichte Kokos-

Unten: Kokosmilch

Unten: Eine frische Kokosnuss teilt sich sauber in zwei Hälften, wenn Sie sie an der richtigen Stelle treffen.

Oben: Kokoscreme im Block

sahne, nehmen Sie etwa 75 g Kokoscreme auf 100 ml Waser. Fertige Kokoscreme gibt es auch im Tertrapack und sie ist, durch ihr intensives Aroma und den vollen Kokosgeschmack, eine Bereicherung für viele Speisen. Für viele thailändische Currygerichte wird die Gewürzmischung in Kokoscreme, statt im üblichen Öl, angebraten.

Verwendung

Die Kokosnuss wird häufig in der südostasiatischen Küche verwendet. Die Milch der Nuss ersetzt beim Kochen oft die Brühe und wird als i-Tüpfelchen im letzten Moment zu Currygerichten dazugegeben. Sie kann mit Reis gekocht werden, als Beilage für ein würziges Gericht oder als Basis für Reisplätzchen und den cremigen thailändischen Reispudding. In Thailanc werden aus Kokosmilch äußerst delikate, aromatische Suppen gezaubert.

Unten: Kokoscreme

Zubereitung von Kokosmilch

Sie können zu Hause aus geraspelten Kokosflocken Ihre Kokosmilch selber machen. Obwohl es etwas Zeit braucht, lohnt sich der Aufwand durchaus. Kokosflocken können Sie überall kaufen, und sie lassen sich fest verschlossen gut lagern. Sie können so viel Milch herstellen, wie Sie möchten – obwohl sich diese Methode am besten für große Mengen eignet –, und die selbst gemachte Kokosmilch ist viel preiswerter als die fertig gekaufte.

1 Geben Sie 225 g Kokosflocken in die Küchenmaschine und gießen Sie 450 ml kochendes Wasser dazu. Mixen Sie 20–30 Sekunden und lassen Sie die Masse etwas abkühlen. Wenn Sie mehr Milch machen möchten, geben Sie die erste Mischung in eine Schüssel.

2 Legen Sie ein Sieb, das mit einem weichem Tuch ausgelegt ist, über eine Schüssel in die Spüle. Geben Sie etwas von der Kokosmasse hinein.

3 Nehmen Sie die Ecken des Tuches oben zusammen und drehen Sie es so lange, bis Sie die Flüssigkeit herausgepresst haben. Verwenden Sie die Kokosmilch wie im Rezept angegeben.

TIPPS

- Wenn Sie aus einem Kokoscremeblock Milch herstellen, nutzen Sie die ausgepresste Creme ruhig ein zweites Mal. Sie ist weniger intensiv und sollte daher mit einer ersten Pressung gemischt werden.
- Reste von Koksomilch ocer -creme sollten in einer Plastikdose im Kühlschrank nur 1 bis 2 Tage aufbewahrt oder eingefroren werden.
- Vor der Verwendung selbst gemachter Kokosmilch, sollten Sie diese 10 Minuten oder auch länger ruhen lassen, denn die Creme sammelt sich an der Oberfläche. Diese können Sie entweder abnehmen oder in der Milch belassen, wenn Sie eine angereicherte Milch bevorzugen.

Bier, Wein und Spirituosen

Die Kunst der Herstellung von alkoholischen Getränken ist sehr alt. Menschen trinken schon Alkohol, seitdem sie entdeckt haben, dass ein Korn mit Wasser zerstoßen nach einiger Zeit gärt und ein säuerliches Gebräu entsteht, das eine berauschende Wirkung hat.

Archäologische Funde in Nordchina belegen, dass dort schon 2.200 Jahre vor Christus die Menschen für verschiedenen Getränke verschiedene Gefäße hatten. Historiker sind sich einig, dass es von der Herstellung und Verbreitung von alkoholischen Getränken, dem so genannten primitiven Wein, noch einige Zeit gedauert haben muss, bis man auch passende Gefäße dafür erschaffen hatte. Daher ist es durchaus möglich, dass in China schon vor 5.000 Jahren Alkohol genossen wurde. Zur Zeit der Shang-Dynastie (ca. 1600 bis 1100 v. Chr.) wurde bereits ein dunkler Wein aus Hirse gebraut und zu wichtigen Zeremonien aus Bronzebechern gereicht.

Ein neues Herstellungsverfahren für alkoholische Getränke wurde um 1200 v. Chr. entwickelt. Schriftliche Quellen belegen, dass seit damals Hefe oder ein anderes Treibmittel für die Produktion von Wein eingesetzt wurden. Nach dieser bahnbrechenden Entdeckung war es den Chinesen möglich, den Geschmack und den Alkoholgehalt von Weinen aus verschiedenen Rohstoffen zu kontrollieren, „Weinbau" zu betreiben. Heute ist in China jedoch Bier populärer als Wein.

Unten: Zu den führenden japanischen Biersorten gehören Sapporo und Asahi, die es auch bei uns gibt.

Oben: Chinesische Biersorten: Fünf-Sterne-Bier und ein leichtes Pils, Tsingtao.

BIER

MANDARIN: *PI JIU;* KANTONESISCH: *PI CHIEW*

Das Verfahren des Bierbrauens wurde in China und Japan erst gegen Ende des 19. Jahrhunderts eingeführt, das Getränk erfreute sich aber schnell großer Beliebtheit. Heute ist Bier das beliebteste alkoholische Getränk in Asien. In jeder Region wird Bier sowohl für den Eigenbedarf als auch für den Export gebraut.

Die Biersorte, die die meisten Asiaten gerne trinken, ist ein Pils, ein helles goldfarbenes Bier mit charakteristischem Hopfengeschmack und 4,5 bis 5,0 % Alkoholgehalt.

Chinesisches Bier

Das bekannteste chinesische Bier ist ohne Zweifel **Tsingtao**, ein leichtes, trocknes Pils, das mit dem süßen Quellwasser von Laoshan und chinesischer Gerste und Hopfen gebraut wird. Es hat einen frischen, feinen Geschmack und ist auch im Ausland – und dort nicht nur bei Exilchinesen – sehr beliebt.

1898 wurde ein Teil der Halbinsel Shandong zur deutschen Kolonie. Neben der Weinproduktion in Yantai bauten die Deutschen im Jahre 1903 auch eine Brauerei in Tsingtao auf, die als englisch-deutsche Brauereigesellschaft bekannt wurde. In den Wirren der Geschichte hatte die Brauerei viele verschiedene Besitzer – Engländer, Deutsche und Japaner – bis sie nach dem 2. Weltkrieg von der Volksrepublik China übernommen wurde. Danach wurden überall in China Brauereien gegründet, aber die Tsingtao-Brauerei ist nach wie vor die größte und produktionsfreudigste.

Unten: Tiger-Bier aus Singapur ist weltweit bekannt und beliebt.

Andere Sorten, die es gelegentlich bei uns gibt, sind **Peking-Bier**, **Shanghai-Bier**, **Schneeflocke** und **Yu-Chuan-Bier** („Jadefrühling"). All diese Biere sind Pilse, jedes hat aber seinen ganz eigenen Geschmack.

Links: Singha

Japanisches Bier

Die große Bierindustrie Japans begann ebenfalls mit ausländischer Hilfe. 1869 gründete die amerikanische Firma Wiegrand & Copeland eine Versuchsbrauerei bei Yokohama. Kurze Zeit später schickte die japanische Regierung einen Forscher nach Deutschland, der dort die Technik des Bierbrauens lernen und mit nach Hause bringen sollte. Anschließend wurde die Brauerei bei Yokohama einer japanischen Firmenleitung übergegeben und nennt sich seit 1888 Kirin.

Heute ist die Kirin-Brauereigesellschaft eines der größten Brauunternehmen der Welt. Sie gehört zu der japanischen Mitsubishigruppe und produziert mehr Bier als Heineken. Kirin hat neun Brauereistandorte in Japan und **Kirin-Bier** wird fast in die gesamte Welt exportiert. Sein Marktanteil lag zuweilen bei 60 % in Japan, heute hält es jedoch nur noch 40 %, da der Hauptkonkurrent **Asahi-Bier** seinen Umsatz in den letzten Jahren enorm gesteigert hat. Andere Konkurrenten um die Vorherrschaft der Bierproduktion in Japand sind **Sapporo-Bier**, die Kirin den Anspruch auf die älteste Brauerei des Landes streitig machen und der Neuling **Suntory-Bier**, der erst 1963 auf den Markt kam.

Südostasiatisches Bier

Das weltbekannte **Tiger-Bier** aus Singapur entstand aus einem historischen Zufall. Die Brauereien wurden gegründet, nachdem es Heineken im Jahre 1929 nicht gelungen war, mit der niederländischen Kolonialregierung zu einer Übereinkuft für den Bau von Brauereien auf Java zu gelangen. Daher gründeten sie die Malaysischen Brauereien in Singapur, später auch in Kuala Lumpur. Tiger-Bier wird heute von den Asiatisch-Pazifischen Brauereien in Singapur gebraut und hat Exportzahlen, die jeden Konkurrenten neidisch erblassen lassen.

Das meistverkaufte Bier in Thailand heiße **Singha** und wird von der Boon-Rawd-Brauerei hergestellt. Der Name Singha ist eine Hommage an das elegante, aber Furcht einflößende, löwenähnliche Tier aus der thailändischen Mythologie.

Es ist bei uns nicht sehr bekannt, dass die Philippinen der Sitz eines der größten Brauereiunternehmen der Welt sind – **San Miguel**. Diese Firma hat drei Brauereien auf den Philippinen, eine in Hongkong und eine auf Papua-Neuguinea.

Niederländische Geschäftsverbindungen sind in Indonesien noch heute lebendig, wo **Heineken** in Kooperation eine Brauerei auf Java führt, die Pils-Biere herstellt. Ansonsten sind noch das vietnamesiche **33**, **Taiwan-Bier** aus Taiwan und **OB** und **Crown** aus Korea sehr beliebt, bei uns aber kaum zu bekommen.

WEIN

MANDARIN: *JIU;* KANTONESISCH: *CHIEW*

Im Gegensatz zu ihrer sorgfältigen Auswahl und Zubereitung der Speisen, wo man sie wirklich als Experten bezeichnen kann, sind die Chinesen erstaunlich unkritisch, was den Verzehr von alkoholischen Getränken angeht. Wenn sie nicht gerade Weinkenner sind, unterscheiden sie nicht zwischen Tafelwein, der einen niedrigen Alkoholgehalt hat, und Spirituosen, deren Alkoholgehalt sehr hoch sein kann. Im täglichen Umgang bezeichnet das Wort *jiu* oder *chiew* einfach ein alkoholhaltiges Getränk.

Chinesische Weine

Von einem Land, in dem Reis bei den Grundnahrungsmitteln an erster Stelle steht, kann man mit Recht erwarten, dass auch der Reiswein eine ebensolche Bedetung hat. Es gibt hunderte unterschiedlicher Sorten Reiswein in China, aber nur wenige werden auch exportiert.

Chinesischer Reiswein wird wegen seiner Farbe **huang jiu** (gelber Wein) genannt. Die beste Qualität bietet **Shao Xing**. Shao Xing oder Shao Hsing liegt südlich von Hangzhou in der Provinz Zhejiang. Dort wird schon seit dem Jahr

Links: Sake

Unten: Shao Xing

Oben: Klebreiswein

470 v. Chr. Wein produziert. Dieser Wein wird hauptsächlich Klebreis, Hirse und normalem Reis hergestellt, und das Wasser kommt aus einem großen See, der durch Gebirgsbäche gespeist wird. Das Wasser im See ist so klar und glatt, dass der See auch als „der Spiegel" bezeichnet wird.

Es gibt verschiedene Sorten Shao-Xing-Reiswein, sie unterscheiden sich durch die Farbe – gold bis dunkelbraun – und den Alkoholgehalt – 14–16 %. Das Aroma ist immer deutlich, Reiswein duftet leicht nach Rauch. Shao Xing wird immer warm und zum Essen getrunken. Er wird auch zum Kochen verwendet und gegen Ende der Garzeit dazugegeben, damit sein Aroma erhalten bleibt.

Einer der berühmtesten Weine aus dem Hause Shao Xing ist **Hua Tiao**, das bedeutet „geschnitzte Blume" und ist ein Hinweis auf die schönen Verzierungen auf den Krügen, in denen der Wein gelagert wird.

Wie auch bei der Bier- und Whiskyherstellung unterscheidet sich der Wein aus Shao Xing hauptsächlich durch das verwendete Wasser, das nicht nachgeahmt werden kann. Kaufen Sie keinen Shao-Xing/Hsing-Reiswein aus Taiwan, der gegen das Original, bildlich gesprochen, verblasst. Wenn auf dem Etikett „Made in ROC (Republic of China)" steht, stammt er aus Taiwan.

In China werden auch gute Traubenweine gekeltert. Einige davon werden sogar in den Westen exportiert. Schauen Sie nach **Dynasty**, **Great Wall** (Große Mauer) und **Huadong**. Die Weißweine (Riesling und Chardonnay) scheinen großen Erfolg zu haben.

Mirin ist ein süßer Reiswein mit geringem Alkoholgehalt. Er wird meist zum Kochen benutzt und gegen Ende der Garzeit dazugegeben, damit das zarte Aroma erhalten bleibt. Mirin gibt es auch bei uns zu kaufen. Sie können ihn auch durch trockenen Sherry ersetzen, aber das Ergebnis wird nicht dasselbe sein.

Birnen mit chinesischem Weißwein, Sternanis und Ingwer

Sternanis und Ingwer ergänzen diese süßen, in Wein eingelegten Birnen.

4 PORTIONEN

- 75 g/6 EL Zucker
- 300 ml Weißwein
- dünn geraspelte Schale und Saft einer Zitrone
- 7,5 cm frischer Ingwer, zerstoßen
- 5 Sternanis
- 10 Nelken
- 600 ml kaltes Wasser
- 6 noch leicht unreife Birnen
- dazu Naturjogurt

1 Geben Sie Zucker, Wein, Zitronenrinde und -saft, Ingwer, Sternanis, Nelken und Wasser in eine Pfanne und bringen Sie alles zum Kochen.

2 Schälen Sie die Birnen und legen Sie sie in die Soße, welche die Früchte bedecken sollte. Reduzieren Sie die Hitze. Lassen Sie die Birnen 15 Minuten bedeckt köcheln.

3 Heben Sie die Birnen mit einem Schaumlöffel heraus und halten sie warm. Kochen Sie die Soße um die Hälfte ein und gießen etwas über die Birnen. Lassen Sie die Birnen abkühlen und stellen sie in den Kühlschrank. Schneiden Sie die Birnen in Scheiben und gießen die Soße darüber.

Japanischer Wein

Es ist weltweit bekannt, dass **sake** das Nationalgetränk Japans ist. Es gibt viele Variationen dieses Weins, der auf Reis basiert, aber nur wenige werden in den Westen exportiert. Im Gegensatz zu chinesischem Reiswein ist Sake fast farblos und schmeckt etwas süßer. Er hat meist einen Alkoholgehalt von ca. 15 %. Ebenso wie chinesischer Reiswein wird Sake zum Essen getrunken. Die meisten Sakeweine werden warm serviert, mit Ausnahme von **Ginjo**, einem feinen, trockenen Wein, der auch gekühlt gereicht wird.

Traditionell wird Sake in einem Porzellankrug serviert, der in heißes Wasser gestellt wird, bis sich der Wein erwärmt hat. Er wird dann in eine kleine Tasse gegossen. Der Gastgeber nimmt die Tasse in beide Hände und reicht sie mit einer Verbeugung an den Gast. Die Tasse einhändig weiterzugeben, zeigt geringen Respekt. Wenn der Gast die Tasse mit beiden Händen entgegengenommen hat, darf er den Wein mit einem Schluck trinken.

In Japan gibt es auch qualitativ guten Traubenwein, aber die Literzahl ist gering, da es nur wenig Platz für Weinberge gibt.

Die drei großen Namen im japanischen Weinbau sind **Suntory**, **Mercian** und **Mann**. Sie alle produzieren Rot- und Weißwein, aber von den geringen Mengen wird fast nichts exportiert.

SPIRITUOSEN

Chinesische Spirituosen

Der chinesische Name für Destilliertes – *bai jiu* – bedeutet „weißer Wein" und meint eigentlich nur, dass das Getränk farblos ist, im Gegensatz zum „gelben" Reiswein. In einem Restaurant in China „weißen Wein" zu bestellen, kann zu einem langen, lustigen Abend führen, denn chinesische Spirituosen haben meist einen Alkoholgehalt von 50 %.

Die meisten chinesischen Spirituosen werden aus Getreidesorten destilliert, die Alltäglichste ist Sorghum, eine Kreuzung aus Reis und Hirse. In China gibt es mehr Spirituosen als Weinsorten, und einige davon werden zu medizinischen Zwecken mit Kräutern versetzt.

Unten: Mou-Tai (wird bei Banketten serviert) und Chu Yeh Ching

Mou-Tai ist ohne Zweifel die beliebteste Spirituose in China, sie wird bei Staatsbanketten für den Trinkspruch und bei anderen festlichen Gelegenheiten gereicht. Diesem Getränk wurde 1915 eine Medallie des Internationalen Handelsmarktes in Panama als zweitbeste Spirituose der Welt hinter dem französischen Cognac, aber noch vor schottischem Whisky verliehen. Mou-Tai, ist der Name eines Dorfes in Kweichow im Südwesten Chinas. Dieses anerkannte Getränk wird aus zwei Getreidesorten, Weizen und Sorghum destilliert und mit Wasser aus einer nahen Schlucht hergestellt. Das Klima ist warm und feucht, und der beständige Nebel über dem Fluss soll dem Schnaps seinen besonderen Geschmack geben.

Traditionellerweise kommt ein guter Reiswein aus Südchina, die besten Spirituosen wurden dagegen immer im Norden produziert. Obwohl die Schnapsbrennerei in Mou-Tai schon 1529 gegründet wurde, blieb sie bis 1704 fast unbekannt, als ein Salzhändler aus Shanxi in Nordchina vorbeikam und von der Landschaft so eingenommen war, dass er sich dort niederließ. Auf der Suche nach Arbeit entdeckte er den einheimischen Schnaps und versuchte, ihn mit Methoden zu verbessern, die er von Fen Chiew aus seiner nördlichen Heimat kannte: das Ergebnis war Mou-Tai.

Fen Chiew – die Inspiration für Mou-Tai – bezeichnet eine kleine Gruppe chinesischer Spirituosen, die es auch bei uns gibt. Sie kommen aus der „Stadt der Aprikosenblüte" in der Provinz Shanxi in Nordchina und werden aus Hirse, Sorghum und dem Waser eines Nebenflusses des Gelben Flusses hergestellt. Fen Chiew wird seit über 1.500 Jahren produziert und hat viele große chinesische Poeten inspiriert. Dieser Schnaps ist auch die Grundlage für **Chu Yeh Ching** („grünes Bambusblatt"), ein medizinischer Likör, der mit zwölf verschiedenen Kräutern, darunter Bambusblätter, versetzt wird. Der Likör schmeckt erstaunlich erfrischend, wenn man bedenkt, dass er einen Alkoholgehalt von 47 % hat.

Andere beliebte chinesische Spirituosen sind **Wu Liang Ye** („Fünf-Getreide-Likör") aus Sichuan; **Mei Kuei Lu** („Rosentau"); **Wu Chia Pi** („Fünf-Lagen Haut") und **Dong Chiew** („vollmundiger Wein"). Sie steigen alle sehr zu Kopf und haben normalerweise über 50 % Alkohol.

In China werden auch Brandy, Whisky, Wodka, Rum und Gin nach westlichem Vorbild hergestellt, aber nur für den Eigenbedarf.

Japanische Spirituosen

In Japan wird ein Schnaps hergestellt, der Sake als Grundlage hat, er heißt **Shochu** („gebrannter Wein"). Er ist sehr kräftig und wird zum Trinken mit warmem Wasser gemischt, obwohl sein Alkoholgehalt bei „nur" 25 % liegt.

Oben: Suntory-Whisky

Japan produziert einen qualitativ ganz hervorragenden Whisky. Die erste Brennerei wurde 1923 gegründet, und japanischer Whisky hat seitdem große Beachtung auf dem internatonalen Spirituosenmarkt gefunden. Das Vorbild für japanischen Whiky ist Single Malt Scotch Whisky, aber es gibt auch ähnlich erfolgreiche Sorten, die nach dem Verfahren von einfachem Blended Scotch hergestellt werden. Manche Brennereien verschneiden ihr Produkt mit schottischem Whisky.

Suntory ist zu Recht der Marktführer. Sieben Sorten werden weltweit vertrieben, darunter **The Whisky**, **Excellence**, **Royal**, **Special Reserve**, **Old**, **Kakubin**, **Gold Label**, **Gold 1000**, **White

Oben: Suntory-Malt-Whisky

Label**, **Red Label**, **Torys Extra** und **Rawhide**, der einen Bourbon-Whiskey-Geschmack hat. Die Konkurrenz zu Suntory in der Whiskyherstellung sind die Nikka-Brennerei (**G & G**, **Super Nikka**, **Black Nikka** und **Hi Nikka**), Kirin-Seagram (**Robert Brown** und **Dunbar**) und Sanraku-Ocean (**White Label**).

Suntory stellt auch verblüffend gute Brandies her. Die führende Sorte ist **Imperial**, in den Qualitäten **XO**, **VSOP**, **VSO** und **VO**. Unter den Likören sind **Midori**, ein grüner Likör mit Melonengeschmack, **Ocha**, ein Likör aus grünem Tee mit einem duftenden Teearoma und die **Creme de Kobai**, ein blassrosafarbener Likör aus japanischen Pflaumen, bekannt.

Weitere Asiaitsche Spirituosen

In Taiwan werden viele beliebte Spirituosen aus China und der japanisch inspirierte **Shokushu-**Reisschnaps gebrannt. In Korea sollten Sie nach **Ginseng Ju** Ausschau halten, in jeder Flasche steckt eine große Ginsengwurzel. In den Inselstaaten im südchinesischen Meer wird der lokale **arrack** oder **raki** aus Kokossaft oder Zuckerrohrmelasse destilliert. Meist wird Reis in die gärende Masse geben, um den Alkoholgehalt zu steigern. Das Ergebnis ist ein Getränk, das dem Rum sehr nahe kommt, und es wird oft an ahnungslose Touristen auch als solcher verkauft.

Unten: Ginseng Ju

ASIATISCHE REZEPTE

Exotisch, ungewöhnlich und schmackhaft anders ~ das ist der Geschmack Asiens. Kommen Sie mit auf eine kulinarische Reise durch China, Malaysien und Singapur, Thailand, Birma, Indonesien, Vietnam, die Philippinen, Japan und Korea. Jedes Land hat seine eigene, unverwechselbare Küche, die Sie unbedingt einmal zu Hause ausprobieren sollten.

CHINA UND HONGKONG

Die Fragen „Haben Sie schon gegessen?" und „Hatten Sie Reis?" gehören in China zur allgemeinen Begrüßung ~ ein Zeichen dafür, dass das Essen und die Esskultur ein großer Teil des alltäglichen Lebens sind. In einem so riesigen Land wie China gibt es verschiedene regionale Küchen, und auch bei uns beginnt man allmählich zwischen den Küchen aus Kanton, Sichuan und Peking zu unterscheiden. China hat eine der reichhaltigsten Küchen der Welt.

Sauer-scharfe Suppe

Diese beliebte Suppe ist bekannt für ihre geschmackliche Ausgewogenheit. Das „Scharfe" kommt durch den Pfeffer, das „Saure" durch den Essig. In ganz Asien gibt es ähnliche Suppen, in manchen finden sich auch Chilischoten und Limettensaft.

6 PORTIONEN

ZUTATEN

- 4–6 chinesische Trockenpilze
- 2–3 kleine Stücke schwarzer Pilze (Wolkenohren) und einige getrocknete Lilienstempel (nach Wunsch)
- 115 g Schweinefilet, in Streifen
- 45 ml/3 EL Maismehl
- 150 ml Wasser
- 15–30 ml/1–2 EL Sonnenblumenöl
- 1 kleine Zwiebel, fein gehackt
- 1,5 Liter Rinder- oder Hühnerbrühe, oder 600 ml Fleischfond, mit Wasser zu 1 Liter aufgefüllt
- 150 g fester Tofu, gewürfelt
- 60 ml/4 EL Reisessig
- 15 ml/1 EL helle Sojasoße
- 1 Ei, verquirlt
- 5 ml/1 TL Sesamöl
- Salz und gemahlener weißer oder schwarzer Pfeffer
- 2–3 Frühlingszwiebeln, klein geschnitten, als Garnitur

1 Geben Sie die Trockenpilze mit den schwarzen Pilzen und den Lilienstempeln (auf Wunsch) in eine Schüssel, füllen Sie diese mit warmem Wasser, bis die Zutaten bedeckt sind, und lassen alles 30 Minuten einweichen. Fangen Sie das Wasser beim Abgießen auf. Schneiden Sie die Stiele aller Pilze heraus und hacken Sie den Rest fein. Binden Sie die Lilienstempel mit Küchengarn zu einem Sträußchen zusammen.

2 Bestäuben Sie die Schweinefiletstreifen mit etwas Maismehl. Rühren Sie aus dem restlichen Mehl und 150 ml Wasser eine glatte Paste.

3 Erhitzen Sie das Öl in einem Wok und braten Sie die Zwiebeln weich. Erhöhen Sie die Hitze und braten Sie das Fleisch, bis sich die Farbe verändert. Geben Sie die Brühe, die Pilze, das Einweichwasser und die Lilien dazu. Lassen Sie die Suppe 15 Minuten köcheln.

4 Nehmen Sie die Lilien heraus, reduzieren Sie die Hitze und rühren Sie die Mehlpaste unter. Geben Sie Tofu, Essig, Sojasoße, Salz und Pfeffer dazu.

5 Erhitzen Sie die Suppe bis kurz vor dem Siedepunkt und lassen Sie das Ei von einem Schneebesen tropfen (chinesische Köche verwenden hier die Fingerspitzen), damit es direkt Fäden zieht. Rühren Sie das Sesamöl unter und garnieren Sie mit Frühlingszwiebeln.

BETRUNKENES HUHN

DA DAS HÜHNCHEN EINIGE TAGE LANG MARINIERT WIRD, SOLLTEN SIE EIN FRISCHES TIER BEI EINEM HÄNDLER IHRES VERTRAUENS KAUFEN. „BETRUNKENE" SPEISEN WERDEN ÜBLICHERWEISE KALT ALS TEIL EINER VORSPEISE ODER KLEIN GESCHNITTEN ALS HÄPPCHEN ZUM COCKTAIL GEREICHT.

4–6 PORTIONEN

ZUTATEN

- 1 Huhn, ca. 1,5 kg
- 1 cm Stück frische Ingwerwurzel, geschält und fein geschnitten
- 2 Frühlingszwiebeln
- 1,75 l Wasser
- 15 ml/1 EL Salz
- 300 ml trockener Sherry
- 15–30 ml/1–2 EL Brandy (nach Wunsch)
- Frühlingszwiebeln, klein geschnitten, und frische Kräuter als Garnitur

1 Waschen Sie das Huhn innen und außen und trocknen Sie es. Füllen Sie es mit dem Frühlingszwiebeln und dem Ingwer. Legen Sie das Huhn in eine feuerfeste Kasserolle und bedecken Sie es mit Wasser. Setzen S e die Kasserolle auf den Herd und lassen Sie das Huhn 15 Minuten kochen.

2 Schalten Sie den Herd ab, decken Sie die Kasserolle gut zu und lassen Sie das Huhn 3–4 Stunden ziehen, dann ist es gar. Gießen Sie die Flüssigkeit ab und fangen Sie sie auf. 300 ml der Brühe verwahren Sie für später, den Rest können Sie anderweitig verwenden.

3 Ziehen Sie die Haut vom Huhn ab und zerlegen Sie den Körper in gleiche Teile. Zerteilen Sie jedes Bein in zwei Stücke. Auch aus den Flügeln werden zwei Portionen. Die Brust trennen Sie von den Knochen und schneiden sie in vier gleichgroße Stücke.

4 Legen Sie die Hühnerteile in eine flache Form. Reiben Sie alle Teile mit Salz ein und decken die Form mit Folie ab. Lassen Sie das Huhn einige Stunden oder über Nacht kühlen.

VARIATION

Für Cocktailhäppchen schneiden Sie das Fleisch von den Knochen und in mundgerechte Stücke. Stecken Sie die Stückchen dann auf Cocktailspieße.

5 Schöpfen Sie das Fett von der Brühe. Mischen Sie Sherry und Brandy, geben Sie die Brühe dazu und begießen Sie damit die Hühnerteile. Decken Sie alles wieder zu und lassen Sie das Huhn 2–3 Tage im Kühlschrank marinieren.

6 Vor dem Servieren zerteilen Sie das Hühnchen in dicke Stücke, arrangieren diese auf einer Vorlegeplatte und garnieren sie mit Zwiebeln und Kräutern.

Pekingente mit Mandarinpfannkuchen

Diese leckere Art der Entenzubereitung wurde von den Chinesen schon vor Jahrhunderten entdeckt. Die Zubereitung dauert etwas länger, aber es lohnt sich.

8 PORTIONEN

ZUTATEN
- 1 Ente, ca. 2,25 kg
- 45 ml/3 EL klarer Honig
- 30 ml/2 EL Wasser
- 5 ml/1 TL Salz
- 1 Bund Frühlingszwiebeln, in Streifen geschnitten
- ½ Gurke, in Stifte geschnitten

Für die Mandarinpfannkuchen
- 275 g Weißmehl
- 5 ml/1 TL Salz
- 45 ml/3 EL Erdnuss- oder Sesamöl
- 250 ml kochendes Wasser

Als Dips
- 120 ml Hoisinsoße
- 120 ml Pflaumensoße

1 Bringen Sie Wasser zum Kochen und setzen Sie die Ente im Spülbecken auf einen Rost. Überbrühen Sie sorgfältig die gesamte Haut. Nehmen Sie die Ente mit dem Rost heraus und lassen Sie sie gut abtropfen. Binden Sie die Beine mit Küchengarn fest zusammen und lassen Sie die Ente an einem Haken an einem kühlen Ort über Nacht hängen. Stellen Sie eine Schüssel zum Auffangen der Flüssigkeit darunter.

2 Tags darauf verrühren Sie Salz, Honig und Wasser und streichen mit der Hälfte die Ente ein. Lassen Sie sie 2–3 Stunden hängen. Wiederholen Sie dies. Lassen Sie die Ente 3–4 Stunden trocknen.

3 Für die Pfannkuchen: Sieben Sie Mehl und Salz in eine Schüssel oder eine Küchenmaschine. Fügen Sie erst 1 TL Öl hinzu, dann nach und nach kochendes Wasser, bis ein weicher, nicht mehr klebriger Teig entsteht. Kneten Sie ihn 2–3 Minuten durch und lassen ihn 30 Minuten ruhen.

4 Kneten Sie den Teig wieder und teilen Sie ihn in 24 Stücke. Jedes Stück rollen Sie auf einen Durchmesser von 15 cm aus. 12 Stück bestreichen Sie mit Öl und legen je zwei aufeinander.

5 Pinseln Sie zwei Pfannen leicht mit Öl ein. Geben Sie ein Pfannkuchenpärchen in jede Pfanne und braten sie 2–3 Minuten, ohne dass sie braun werden. Nach dem Wenden müssen sie noch einmal 2–3 Minuten braten.

6 Nehmen Sie die Pfannkuchen aus der Pfanne und ziehen sie auseinander. Sie werden – mit einem Stück Backpapier dazwischen – gestapelt. Nach dem Erkalten schlagen Sie alle gut in Folie ein.

7 Heizen Sie den Ofen auf 230° C/Gasstufe 8 vor. Dann setzen Sie die Ente auf einen Rost über eine Fettpfanne und schieben sie in den Ofen. Schalten Sie sofort auf 180° C/Gasstufe 4 zurück und backen die Ente 1¾ Stunden ohne Begießen. Achten Sie darauf, dass die Haut knusprig wird, und erhöhen Sie evtl. die Temperatur. Backen Sie die Ente noch 15 Minuten zusätzlich.

8 Währenddessen geben Sie die Frühlingszwiebeln in Eiswasser, damit sie fest werden und lassen sie abtropfen. Trocknen Sie die Gurkenstifte mit Küchenpapier. Erwärmen Sie die Pfannkuchen, indem Sie das Folienpaket 5–10 Minuten im Bambusdampfeinsatz über kochendem Wasser aufdämpfen. Gießen Sie die Soßen in mehrere kleine Schalen für alle Gäste.

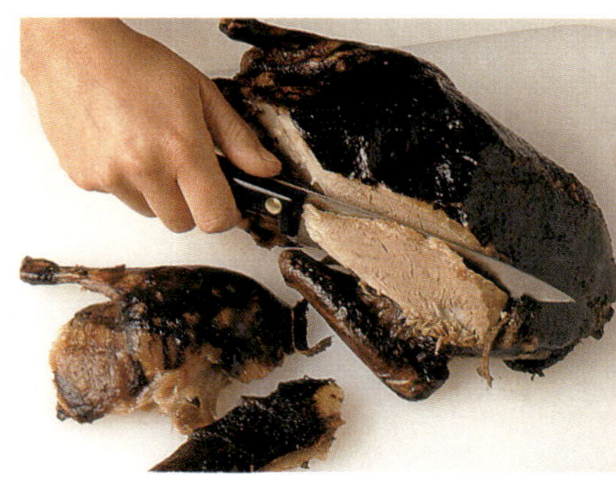

9 Schneiden Sie das Entenfleisch in 4 cm große Stücke. Bei Tisch streicht jeder Gast ein wenig Soße auf einen Pfannkuchen, legt etwas Entenfleisch, Gurke und Frühlingszwiebeln darauf und rollt den Pfannkuchen in der Hand zusammen, um anschließend genüsslich hineinzubeißen.

TIPP

Mandarinpfannkuchen können im Voraus gebacken und eingefroren werden. Legen Sie Gefrierfolie zwischen die Pfannkuchen und schlagen sie in einen Plastikbeutel ein. Sie können dann aufgedämpft werden, wie oben beschrieben. Sie können auch fertige Pfannkuchen im asiatischen Supermarkt kaufen.

MONGOLISCHER FEUERTOPF

Diese Art des Kochens wurde von mongolischen Stämmen eingeführt, als sie im 13. Jahrhundert in China einfielen. Hier wird auch der Gast zum Mitmachen animiert. Er verarbeitet die vorbereiteten Zutaten bei Tisch einfach selbst.

6–8 PORTIONEN

ZUTATEN

- 900 g ausgebeinte Lammkeule, am besten dünn geschnitten kaufen
- 225 g Lammleber und/oder Nieren
- 1 L Lammfond (siehe Tipp)
- 1 L Hühnerfond
- 1 cm frische Ingwerwurzel, geschält und dünn geschnitten
- 45 ml/3 EL Reiswein oder Sherry (medium-dry)
- ½ Kopf Chinakohl, gewaschen und klein geschnitten
- einige junge Spinatblätter
- 250 g frischer, fester Tofu, gewürfelt (nach Wunsch)
- 115 g Glasnudeln
- Salz und gemahlener schwarzer Pfeffer

Für den Dip

- 50 ml Rotweinessig
- 7,5 ml/½ EL dunkle Sojasoße
- 1 cm frische Ingwerwurzel, geschält und sehr klein geschnitten
- 1 Frühlingszwiebel, sehr klein geschnitten

Beilagen

- gedämpftes Blumengebäck (Rezept s. S. 152)
- Schälchen mit Tomatensoße, süßer Chilisoße, Senföl und Sesamöl
- trocken geröstete Koriandersamen, zerstoßen

TIPP

Wenn Sie Lammfleisch kaufen, bitten Sie den Metzger um die Knochen und machen Sie daraus Ihren eigenen Lammfond. Waschen Sie die Knochen, legen sie in eine Pfanne und bedecken sie mit Wasser. Bringen Sie das Wasser zum Kochen und schöpfen Sie immer gut ab. Geben Sie 1 geschälte Zwiebel, 2 geschälte Möhren, 1 cm Ingwerwurzel, 1 TL Salz und gemahlenen schwarzen Pfeffer dazu. Dann muss das Ganze noch eine Stunde köcheln. Passieren, abkühlen lassen und nochmals abschöpfen.

1 Wenn Sie das Lamm kaufen, bitten Sie den Metzger, das Fleisch sehr dünn zu schneiden. Wenn Sie es nur am Stück kaufen können, frieren Sie das Fleisch eine Stunde ein, dann können Sie es besser in Scheiben schneiden.

2 Schneiden Sie die Leber klein, entfernen Sie die Haut und den Kern von den Nieren. Frieren Sie diese ebenfalls ein. Geschnittenes Lamm sollten Sie bis zum Gebrauch im Gefrierfach lagern.

3 Geben Sie die Fonds zusammen in eine große Pfanne. Dazu kommt der Ingwer, der Reiswein oder Sherry und Salz und Pfeffer nach Geschmack. Lassen Sie alles 15 Minuten köcheln.

4 Arrangieren Sie das Fleisch auf einer großen Vorlegeplatte.

5 Den Chinakohl, die Spinatblätter und den gewürfelten Tofu geben Sie auf eine andere Platte. Weichen Sie die Nudeln in warmem Wasser ein bzw. gehen Sie nach der Packungsanleitung vor.

6 Für den Dip mischen Sie alle Zutaten in einer kleinen Schüssel. Die anderen Soßen und die Koriandersamen verteilen Sie ebenfalls auf Schüsseln und stellen alles zusammen auf ein Serviertablett. Ein Korb mit frisch gedämpftem Gebäck sollte bereit stehen.

7 Gießen Sie den Fond in einen Topf. Am besten nehmen Sie dazu Ihren Fonduetopf, den Sie bei Tisch warm halten können. Jeder Gast bekommt Stäbchen oder eine Fonduegabel, nimmt sich Fleisch und kocht es in dem heißen Fond. Dann wird das Fleisch in eine Soße getaucht, nach Geschmack mit Koriander bestreut und mit dem gedämpften Gebäck gegessen.

8 Wenn das Fleisch aufgegessen ist, geben Sie das Gemüse, den Tofu und die Glasnudeln in den Fond, den Sie bei Bedarf auffüllen können. Kochen Sie die Suppe kurz, bis die Nudeln gar sind und das Gemüse noch bissfest ist. Servieren Sie die Suppe in vorgewärmten Schüsseln mit dem übrigen Gebäck.

Geeister Fruchtberg

Diese delikate Arrangement von Früchten auf einem Berg aus Eiswürfeln wird Ihren Gästen bestimmt gefallen. Schneiden Sie das Obst in etwas grössere Stücke als beim Obstsalat und reichen Sie Cocktailspiesschen dazu.

6–8 PORTIONEN

ZUTATEN
- 1 Sternfrucht (Karambole)
- 4 Kumquats
- 6 Kapstachelbeeren
- 225 g kernlose rote Trauben
- 225 g große Erdbeeren
- 1 Apfel und/oder 1 asiatische Birne
- 2 große Orangen, geschält
- 8 frische Litschis, geschält (nach Wunsch)
- 1 Honigmelone und/oder ¼ Wassermelone
- Limettenschnitze zum Garnieren

TIPP
Die Zutaten sind nur ein Vorschlag. Sie wählen die Früchte am besten je nach Saison aus, bunt sollte es aber sein.

1 Schneiden Sie die Sternfrucht und halbieren Sie die Kumquats. Lassen Sie den Stiele an den Erdbeeren. Schneiden Sie den Apfel und ggf. die Birne in Schnitze und filettieren Sie die Orange. Stechen Sie Kugeln aus der Melone oder schneiden Sie das Fleisch in kleine Schnitze. Halten Sie das Obst kühl.

2 Bereiten Sie den Eiswürfelberg vor. Nehmen Sie eine große flache Schüssel, die umgedreht genau auf eine Vorlegeplatte passt. Füllen Sie die Schüssel mit zerstoßenen Eiswürfel auf und stellen Sie alles zusammen für 1 Stunde in die Tiefkühltruhe.

3 Nehmen Sie die Vorlegeplatte und die Eiswürfelschüssel heraus. Legen Sie die Platte auf die Schüssel, drehen Sie alles auf den Kopf und nehmen Sie die Schüssel ab. Arrangieren Sie das Obst auf dem Eisberg.

4 Dekorieren Sie den Früchteberg mit den Limettenschnitzen und servieren Sie sofort. Reichen Sie zusätzlich eine Schüssel mit Zucker herum.

Chinesische Honigäpfel

Diese delikate Versuchung verlangt die uneingeschränkte Aufmerksamkeit des Kochs. Die Honigsosse wird knusprig, wenn die frittierten Apfelschnitze in Eiswasser getaucht werden.

4–5 PORTIONEN

ZUTATEN
- 4 feste Äpfel
- Saft von ½ Zitrone
- 25 g Maismehl
- Sonnenblumenöl, zum Frittieren
- geröstete Sesamsamen zum Bestreuen

Für den Frittierteig
- 115 g Weizenmehl
- eine großzügige Prise Salz
- 120–150 ml Wasser
- 30 ml/2 EL Sonnenblumenöl
- 2 Eiweiß

Für die Soße
- 250 ml klarer Honig
- 120 ml Sonnenblumenöl
- 5 ml/1 TL Weißweinessig

1 Achteln Sie die geschälten Äpfel. Bestreichen Sie jedes Achtel mit Zitronensaft und bestäuben es mit Maismehl. Für die Soße erhitzen Sie Honig und Öl unter Rühren in einer Pfanne. Nehmen Sie die Pfanne vom Herd und rühren Sie den Essig ein.

2 Sieben Sie Mehl und Salz in eine Schüssel, geben Sie Wasser und Öl dazu und heben das steife Eiweiß unter.

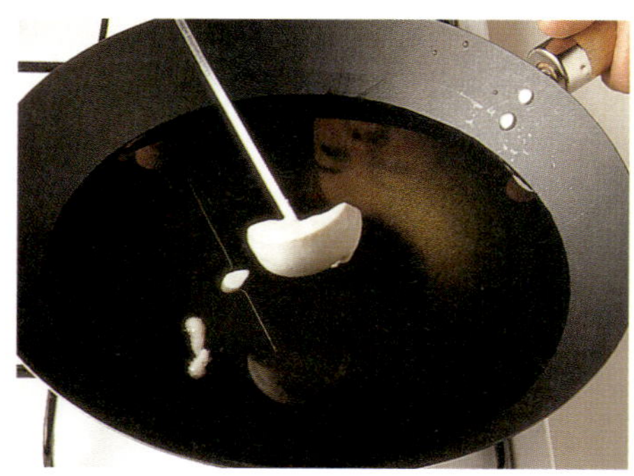

3 Spießen Sie jedes Apfelstück zuerst auf, tauchen Sie es in den Teig und frittieren es in heißem Öl, bis es anbräunt. Lassen Sie es auf Küchenkrepp abtropfen, geben Sie alle Stücke auf einen Teller und gießen Sie die Soße darüber.

4 Geben Sie alles auf eine eingefettete Platte, streuen Sesam darüber und stellen Eiswasser zum Dippen bereit.

Knusprige Shanghai-Frühlingsrollen

Man sagt, dass dieses berühmte Gericht ursprünglich zum Tee nach dem chinesischen Neujahrsfest gereicht wurde. Das Fest findet im Frühjahr statt, und daher haben die Frühlingsrollen ihren Namen. Kaufen Sie die Hüllen frisch oder gefroren im Asialaden.

12 STÜCK

ZUTATEN

12 Frühlingsrollen-Hüllen, aufgetaut
30 ml/2 EL Weizenmehl, mit Wasser zu einer Paste verrührt
Sonnenblumenöl, zum Frittieren

Für die Füllung

6 chinesische Trockenpilze, 30 Minuten in warmem Wasser eingeweicht
150 g fester Tofu
30 ml/2 EL Sonnenblumenöl
225 g Hackfleisch (vom Schwein)
225 g geschälte, gekochte Garnelen, grob gehackt
2,5 ml/½ TL Maismehl, mit 15 ml/ 1 EL heller Sojasoße zu einer Paste verrührt
je 75 g klein geschnittene Bambussprossen oder geraspelte Möhren, geschnittene Wasserkastanien und Sojabohnenkeime
6 Frühlingszwiebeln oder 1 kleine Stange Lauch, fein gehackt
etwas Sesamöl

Für die Soße

100 ml helle Sojasoße
15 ml/1 EL Chilisoße oder fein gehackte, frische rote Chilischoten
etwas Sesamöl und Reisessig

1 Für die Füllung gießen Sie die Pilze ab, lösen die Stiele heraus, werfen sie weg und hacken die Hüte fein. Den Tofu schneiden Sie in Würfel.

2 Erhitzen Sie Öl im Wok und rührbraten Sie das Fleisch 2–3 Minuten, oder bis es Farbe annimmt. Geben Sie Garnelen, Maismehlpaste, Bambus oder Möhren undWasserkastanien dazu.

TIPP
Tauen Sie gefrorene Hüllen bei Raumtemperatur auf, öffnen Sie die Packung und trennen Sie die Hüllen mit einem Palettenmesser. Bedecken Sie sie bis zur Verwendung mit einem feuchten Tuch.

3 Erhöhen Sie die Hitze, geben Sie Bohnenkeime, Frühlingszwiebeln oder Lauch in den Wok und rühren Sie eine Minute um. Geben Sie Pilze und Tofu dazu. Ziehen Sie den Wok vom Herd, würzen Sie und geben Sesamöl dazu.

4 Trennen Sie die Hüllen voneinander (s. Tipp). Legen Sie eine Hülle mit einer Ecke zu Ihnen hin auf den Tisch. Geben Sie etwas von der abgekühlten Füllung in die Mitte und legen Sie die vordere Ecke darüber. Reiben Sie etwas Mehlpaste auf die freien Ecken, falten alle Ecken nach innen und rollen die Hülle auf. So verfahren Sie mit allen Hüllen und der Füllung.

5 Frittieren Sie die Frühlingsrollen portionsweise in 190° C heißem Öl, bis sie braun und knusprig sind. Die Hüllen sollten auf Küchenkrepp abtropfen und werden dann sofort mit der Soße, für die Sie alle Zutaten mischen, serviert.

LÖWENKOPF-FLEISCHBÄLLCHEN

DIE GROSSEN FLEISCHBÄLLCHEN WERDEN ZUERST GEBRATEN UND DANN IN BRÜHE GEKOCHT. SIE WERDEN AUF ETWAS GRÜNEM SERVIERT, Z. B. AUF PAK-CHOY, DER DIE LÖWENMÄHNE DARSTELLT.

2–3 PORTIONEN

ZUTATEN

- 450 g fettarmes Schweinehack
- 4–6 abgetropfte Wasserkastanien aus der Dose, fein gehackt
- 1 TL Ingwerwurzel, fein gehackt
- 1 kleine Zwiebel, fein gehackt
- 30 ml/2 EL dunkle Sojasoße
- 1 verquirltes Ei, zum Abbinden
- 30 ml/2 EL Maismehl, mit Salz und gemahlenem schwarzen Pfeffer gewürzt
- 30 ml/2 EL Erdnussöl
- 300 ml Hühnerbrühe
- 2,5 ml/ ½TL Zucker
- 115 g Pak-Choy, Stängel geschnitten, die Blätter gewaschen
- Salz und gemahlener schwarzer Pfeffer

1 Mischen Sie Fleisch, Wasserkastanien, Ingwer und Zwiebel mit 1 EL Sojasoße in einer Schüssel. Würzen Sie mit Salz und Pfeffer und rühren Sie so viel Ei unter, dass die Masse gebunden ist. Daraus formen Sie acht oder neun Kugeln. Aus etwas Maismehl und Wasser rühren Sie eine Paste an.

2 Erhitzen Sie das Öl in einer Pfanne und bräunen Sie die Fleischbällchen rundum. Die Bällchen heben Sie mit einer Schaumkelle in einen Wok.

3 Geben Sie Brühe, Zucker und den Rest Sojasoße zum Öl in die Pfanne. Erhitzen Sie diese Mischung langsam unter ständigem Aufrühren. Gießen Sie diese Soße über das Fleisch und lassen es bedeckt 20–25 Minuten köcheln.

4 Erhöhen Sie die Hitze und geben Sie den Pak-Choy hinzu. Lassen Sie ihn 2–3 Minuten mitkochen, bis die Blätter weich werden.

5 Heben Sie das Gemüse heraus und arrangieren es auf einer Platte. Darauf geben Sie die Fleischbällchen. Rühren Sie die Maismehlpaste zum Andicken in die Soße und kochen sie auf. Gießen Sie die Soße über das Fleisch.

VARIATION

Sie können auch einen Teil des Fleisches durch Krebsfleisch oder Garnelen ersetzen. Oder Sie versuchen es einmal mit Rinder- oder Lammhackfleisch anstatt Schweinefleisch.

TEE-EIER

Diese marmorierten Eier erinnern an antikes Porzellan. Tee-Eier werden mit Congee, einem beliebten Reisgericht, oder zum Picknick gegessen. Pellen Sie die Eier erst kurz vor dem Essen, damit sie feucht bleiben.

6 STÜCK

ZUTATEN
- 6 Eier
- 30 ml/2 EL dunkle Sojasoße
- 5 ml/1 TL Salz
- ½ Sternanis
- 2 Teebeutel

TIPPS
- Die Sojasoße und der Tee färben das Ei und geben ihm einen feinen Geschmack. Die dunkle Sojasoße hat einen stärkeren Geschmack.
- Achten Sie darauf, dass die Eier leicht köcheln und nicht zu viel Flüssigkeit verdampft. Füllen Sie nach und nach mit kochendem Wasser auf, damit die Eier immer bedeckt sind.

1 Geben Sie die Eier in einen Topf mit kaltem Wasser. Kochen Sie die Eier in 20 Minuten hart.

2 Gießen Sie das Kochwasser ab, bedecken Sie die Eier mit kaltem Wasser und stellen sie beiseite. Wenn sie kalt sind, beschädigen Sie die Schale durch leichtes Rollen über den Tisch.

3 Rühren Sie Sojasoße, Salz und Sternanis in den Topf mit dem kalten Wasser. Geben Sie Teebeutel und Eier dazu. Lassen Sie die Eier 1½–2 Stunden bedeckt köcheln.

4 Lassen Sie Eier über Nacht in der Soße abkühlen. Seien Sie vorsichtig beim Pellen. Vierteln und Servieren.

ENTE NACH ANITA WONG

Chinesen lieben Entengerichte. Dieses Geflügel darf bei einem Festmahl einfach nicht fehlen. Bei einer Hochzeit verheisst eine Ente eheliches Glück.

4–6 PORTIONEN

ZUTATEN
- 1 Ente mit Innereien, ca. 2,25 kg
- 60 ml/4 EL Pflanzenöl
- 2 Koblauchzehen, gehackt
- 2,5 cm Stück Ingwerwurzel, geschält und dünn geschnitten
- 45 ml/3 EL Bohnenpaste
- 30 ml/2 EL helle Sojasoße
- 15 ml/1 EL dunkle Sojasoße
- 15 ml/1 EL Zucker
- 2,5 ml/½ TL Fünf-Gewürze-Pulver
- 3 Sternanissamen
- 450 ml Entenfond (s. Tipp)
- Salz
- klein geschnittene Frühlingszwiebeln, zum Garnieren

1 Bereiten Sie den Fond zu (s. Tipp), gießen Sie ihn in eine Schüssel und saugen Sie mit Küchenkrepp das Fett ab. Messen Sie 450 ml Fond ab.

2 Braten Sie Knoblauch in heißem Öl an und legen Sie die Ente darauf. Wenden Sie sie, bis die Ende rundum braun ist, und geben sie auf eine Platte.

3 Geben Sie Ingwer und Bohnenpaste in die Pfanne, 1 Minute später beide Sojasoßen, Zucker und Fünf-Gewürze-pulver. Jetzt wird die Ente weitergebraten. Geben Sie Sternanis und Fond dazu und schmecken Sie ab. Decken Sie die Pfanne ab und lassen die Ente 2–2½ Stunden köcheln, bis sie zart ist. Schöpfen Sie das Fett ab und lassen Sie die Ente abkühlen.

4 Schneiden Sie die Ente in Portionen und geben Sie die Soße darüber. Garnieren Sie und servieren Sie kalt.

TIPP
Für den Fond geben Sie die Innereien in eine Pfanne zusammen mit einer kleinen Zwiebel und einem Stück Ingwer. Gießen Sie 600 ml Wasser an und lassen Sie alles bedeckt 20 Minuten köcheln.

Sichuan-Huhn mit Kung-Po-Sosse

Dieses Hühnchengericht aus der Provinz Sichuan im Westen Chinas ist ein echter Klassiker der chinesischen Küche.

3 PORTIONEN

ZUTATEN

- 2 Hühnerbrüste ohne Haut oder Knochen, zusammen 350 g
- 1 Eiweiß
- 10 ml/2 TL Maismehl
- 2,5 ml/½TL Salz
- 30 ml/2 EL gelbe, gesalzene Bohnen
- 15 ml/1 EL Hoisinsoße
- 5 ml/1 TL brauner Zucker
- 15 ml/1 EL Reiswein oder Sherry (medium-dry)
- 15 ml/1 EL Weinessig
- 4 Koblauchzehen, zerdrückt
- 150 ml Hühnerbrühe
- 45 ml/3 EL Erdnussöl oder Sonnenblumenöl
- 2–3 getrocknete Chilischote, in Stücke gebrochen
- 115 g geröstete Cashewkerne
- frischer Koriander zum Garnieren

1 Schneiden Sie das Huhn in kleine Stücke. Schlagen Sie das Eiweiß leicht, geben Sie Maismehl und Salz dazu und wälzen Sie die Hühnerstücke darin.

TIPP

Tradionell werden eigentlich Erdnüsse für dieses Gericht verwendet, aber mit Cashewkernen schmeckt es noch besser.

2 Zerdrücken Sie die Bohnen mit einem Löffel. Rühren Sie Hoisinsoße, braunen Zucker, Reiswein oder Sherry, Essig, Knoblauch und Brühe unter.

3 Erhitzen Sie den Wok und braten Sie das Huhn in Öl unter ständigem Wenden 2 Minuten an, bis es zart ist. Lassen Sie das Fleisch auf Küchenpapier abtropfen.

4 Erhitzen Sie das restliche Öl und braten Sie die Chilistücke 1 Minute. Geben Sie das Huhn dazu und gießen Sie die Bohnensoße darüber. Bringen Sie alles zum Kochen und fügen Sie die Cashewkerne dazu. Garnieren Sie mit Koriander.

Sichuan-Nudeln mit Sesamsosse

Dieses vegetarische Gericht ähnelt dem burmesischen Thamin Lethok, welches auch aus gewürzten Nudeln und verschiedenen Gemüsesorten besteht, die bei Tisch roh gereicht werden. Daran sieht man, wie manche Rezepte länderübergreifend verwendet werden.

3–4 PORTIONEN

ZUTATEN
- 450 g frische oder 225 g getrocknete Eiernudeln
- ½ Gurke, gewürfelt
- 4–6 Frühlingszwiebeln
- 1 Bund Radieschen, ca. 115 g
- 225 g orientalischer Rettich (Mooli), geschält
- 115 g Bohnensprossen, gewaschen, in Eiswasser gelegt, abgetropft
- 60 ml/4 EL Erdnussöl oder Sonnenblumenöl
- 2 Koblauchzehen, zerdrückt
- 45 ml/3 EL warme Sesampaste
- 15 ml/1 EL Sesamöl
- 15 ml/1 EL helle Sojasoße
- 5–10 ml/1–2 TL Chilisoße
- 15 ml/1 EL Reisessig
- 120 ml Hühnerbrühe oder Wasser
- 5 ml/1 TL Zucker
- Salz und gemahlener schwarzer Pfeffer
- geröstete Erdnüsse oder Cashewkerne zum Garnieren

1 Kochen Sie frische Nudeln 1 Minute und schütten sie ab. Schrecken Sie die Nudeln mit frischem Wasser ab und lassen sie abtropfen. Getrocknete Nudeln bereiten Sie nach Packungsanweisung zu und schrecken sie ebenso ab wie die frischen Nudeln.

2 Salzen Sie die Gurkestücke, lassen sie 15 Minuten ruhen und spülen sie ab. Lassen Sie die Gurke abtropfen und auf Küchenpapier trocknen.

3 Schneiden Sie die Frühlingszwiebeln in feine Röllchen und die Radieschen in Scheibchen. Raspeln Sie den Rettich grob, geben Sie alle Gemüse zu den Gurkenstücken und mischen Sie vorsichtig.

4 Erhitzen Sie die Hälfte des Öls in einem Wok und rührbraten Sie die Nudeln ca. 1 Minute lang. Heben Sie die Nudeln mit einer Schaumkelle auf eine Platte und halten sie warm.

5 Geben Sie das restliche Öl in den Wok und braten den Knoblauch darin an. Nehmen Sie den Wok vom Herd und und rühren Sie Sesampaste, Sesamöl, Soja- und Chilisoße, Essig und Brühe oder Wasser unter. Würzen Sie mit Zucker nach Wunsch. Erwärmen Sie die Soße langsam bei geringer Hitze. Wenn die Soße zu heiß wird, dickt sie zu sehr ein. Mischen Sie die Nudeln mit der Soße. Garnieren Sie mit Nüssen und reichen Sie das Gemüse zur Soße.

Auberginen nach Sichuan-Art

Dieses einfache und doch so vielseitige vegetarische Gericht kann – je nach Anlass – heiss, warm oder kalt gegessen werden. Es ist sehr einfach zuzubereiten und mit gerösteten Sesamsamen bestreut schmeckt es sehr lecker.

4–6 PORTIONEN

ZUTATEN
- 2 Auberginen, zusammen 600 g, in Stücke geschnitten
- 15 ml/1 EL Salz
- 5 ml/1 TL Chilipuler
- 75–90 ml/5–6 EL Sonnenblumenöl
- 15 ml/1 EL Reiswein oder Sherry (medium-dry)
- 100 ml Wasser
- 75 ml/5 EL Chilibohnensoße (s. Tipp)
- Salz und gemahlener schwarzer Pfeffer
- geröstete Sesamsamen zum Garnieren

1 Geben Sie die Auberginenstücke auf einen Teller, streuen Sie Salz darüber und lassen sie 15–20 Minuten ruhen. Spülen Sie die Stücke gut ab und trocknen sie. Wälzen Sie die Auberginenstücke in Chilipulver.

2 Erhitzen Sie Öl in einem Wok. Wenn das Öl heiß ist, geben Sie die Auberginen sowie den Reiswein oder Sherry hinein. Rühren Sie ständig um, bis das Gemüse braun wird. Gießen Sie Wasser dazu und dünsten Sie alles 2–3 Minuten. Fügen Sie Chilibohnensoße hinzu und lassen alles noch 2 Minuten lang braten. Würzen Sie nach Geschmack und bestreuen Sie die Auberginen mit Sesamsamen.

TIPP
Wenn Sie keine Chilibohnensoße haben, mischen Sie 1–2 EL Chilipaste mit zwei zerdrückten Knoblauchzehen, 1 EL dunkler Sojasoße und Reisessig und 2 TL heller Sojasoße.

Grüne Bohnen Kan Shao

Dieser Kochstil stammt aus Sichuan und bedeutet „trocken gekocht" – es wird also kein Wasser oder andere Flüssigkeit verwendet. Die dünnen grünen Bohnen, die es fast immer im Supermarkt gibt, eignen sich sehr gut für dieses schnelle und einfache Gericht.

6 PORTIONEN

ZUTATEN
- 175 ml Sonnenblumenöl
- 450 g frische grüne Bohnen, geputzt und halbiert
- 5 x 1 cm frischer Ingwer, geschält und in Stifte geschnitten
- 5 ml/1 TL Zucker
- 10 ml/2 TL helle Sojasoße
- Salz und gemahlener schwarzer Pfeffer

VARIATION
Dieses einfache Rezept funktioniert auch mit anderen frischen grünen Gemüsesorten wie grünem Spargel oder Okra.

1 Erhitzen Sie Öl im Wok. Wenn das Öl zu rauchen beginnt, geben Sie die Bohnen dazu und rührbraten sie 1–2 Minuten, bis sie etwas weich sind.

2 Geben Sie die Bohnen auf Küchenpapier und schöpfen Sie bis auf 2 TL alles Öl aus dem Wok.

3 Erhitzen Sie das Restöl erneut, geben Sie den Ingwer hinzu und rührbraten Sie ihn 1–2 Minuten, um den Geschmack an das Öl abzugeben.

4 Geben Sie die Bohnen zurück in den Wok und dazu Zucker, Sojasoße, Salz und Pfeffer. Mischen Sie alles gut durch damit jede Bohne von der Soße umgeben ist. Servieren Sie sofort.

Hühnchen Bang Bang

Dieses besondere Gericht aus Sichuan macht seinem Namen alle Ehre. Nehmen Sie für den authentischen Geschmack der Soße geröstete Sesampaste, Sie können es aber auch mit Erdnussbutter probieren. Hühnchen Bang Bang eignet sich gut für Parties.

4 PORTIONEN

ZUTATEN

- 3 Hühnerbrüste ohne Haut, ca. 450 g
- 1 Knoblauchzehe, zerdrückt
- 2,5 ml/½ TL schwarze Pfefferkörner
- 1 kleine Zwiebel, halbiert
- 1 große Gurke, geschält und in dünne Streifen geschnitten
- Salz und gemahlener schwarzer Pfeffer

Für die Soße

- 45 ml/3 EL geröstete Sesampaste
- 15 ml/1 EL helle Sojasoße
- 15 ml/1 EL Weinessig
- 2 Frühlingszwiebeln, fein gehackt
- 2 Koblauchzehen, zerdrückt
- 5 x 1 cm Stück Ingwerwuzel, geschält und in Stifte geschnitten
- 15 ml/1 EL Sichuanpfefferkörner, geröstet und zerstoßen
- 5 ml/1 TL brauner Zucker

Für das Chiliöl

- 60 ml/4 EL Erdnussöl
- 5 ml/1 TL Chilipulver

1 Legen Sie das Huhn in einen Topf, bedecken es mit Wasser, geben Knoblauch, Pfefferkörner und Zwiebeln dazu und bringen es zum Kochen. Schöpfen Sie die Oberfläche ab, würzen Sie mit Salz und Pfeffer nach Geschmack und lassen das Huhn zugedeckt 25 Minuten garen. Abgießen und Brühe aufheben.

2 Für die Soße mischen Sie die Sesampaste mit 3 TL Hühnerbrühe (Den Rest können Sie für eine Suppe verwenden). Geben Sie Sojasoße, Essig, Frühlingszwiebeln, Knoblauch, Ingwer und Pfefferkörner dazu und rühren Sie Zucker nach Geschmack ein.

3 Für das Chiliöl erhitzen Sie Öl und Chilipulver vorsichtig, bis es schäumt. Köcheln Sie es 2 Minuten, dann lassen Sie es abkühlen und pressen es durch ein Sieb.

4 Verteilen Sie die Gurkenstifte auf einer Vorlegeplatte. Schneiden Sie die Hühnerbrust etwa gleich groß wie die Gurke und arrangieren sie auf derselben Platte Darüber gießen Sie die Soße und das Chiliöl und servieren sofort.

VARIATION

Sie können als Alternative zur Sesampaste stückige Erdnussbutter nehmen. Mischen Sie diese mit 2 TL Sesamöl.

KNUSPRIGE WANTAN-SUPPE

DIE FRISCH ZUBEREITETEN WANTANS (ODER AUCH WONTONS) SOLLEN IN DER HEISSEN SUPPE ZISCHELN, WENN SIE ZU TISCH GEBRACHT WERDEN.

6 PORTIONEN

ZUTATEN

- 2 Wolkenohren, 30 Minuten in warmem Wasser eingeweicht
- 1,2 Liter selbst gemachte Hühnerbrühe
- 2,5 cm Ingwerwurzel, geschält und geraspelt
- 4 Frühlingszwiebeln, gehackt
- 2 junge, grüne Kohlblätter, sehr klein geschnitten
- 50 g Bambussprossen aus der Dose, abgegeossen und klein geschnitten
- 25 ml/1½ EL dunkle Sojasoße
- 2,5 ml/½ TL Sesamöl
- Salz und schwarzer Pfeffer

Für die gefüllten Wantans

- 5 ml/1 TL Sesamöl
- ½ kleine Zwiebel, fein gehackt
- 10 Wasserkastanien aus der Dose, fein gehackt
- 115 g Schweinehackfleisch
- 24 Wontonhüllen
- Erdnussöl, zum Frittieren

1 Für die Wantans erhitzen Sie das Sesamöl in einer Pfanne und braten Sie Zwiebel, Wasserkastanien und Hackfleisch darin an. Geben Sie die Füllung in eine Schüssel, würzen Sie nach Geschmack und kühlen sie ab.

TIPP

Die Wantans kann man bis zu zwei Stunden im voraus füllen. Setzen Sie die Wantans auf bemehltes Backpapier, damit sie nicht kleben, und stellen Sie sie an einen kühlen Ort.

2 Bedecken Sie die Wantanhüllen mit einem feuchten Tuch, damit sie nicht austrocknen. Befeuchten Sie die Ränder einer Hülle und geben Sie 1 EL Füllung in die Mitte. Nehmen Sie die Ränder wie bei einem Geldsäckchen zusammen und drücken sie oben fest zu. Füllen Sie alle Wantanhüllen auf diese Weise.

3 Für die Suppe lassen Sie die Wolkenohren abtropfen, entfernen harte Stiele und schneiden sie fein. Kochen Sie die Brühe auf, geben Ingwer und Frühlingszwiebel dazu und lassen sie 3 Minuten köcheln. Dann geben Sie Wolkenohren, Kohlblätter, Bambussprossen und Sojasoße dazu. Nach 10 Minuten Köcheln kommt das Sesamöl hinein. Würzen Sie nach Geschmack mit Salz und Pfeffer.

4 Erhitzen Sie Öl im Wok auf 190° C und frittieren Sie in 3–4 Minuten immer ein paar Wantans auf einmal, bis sie knusprig und braun sind. Füllen Sie die Suppe in vorgewärmte Schalen und verteilen Sie die Wantans darin. Servieren Sie sofort.

Eier Foo Yung – Kantonesische Art

Herzhaft und lecker! Dieses Gericht kann als grosses Omelette oder in kleinen Portionen zubereitet werden. Es ist auf jeden Fall eine ein guter Weg, um Reste wie gekochten Schinken, Meeresfrüchte, Schweinefleisch oder Gemüse aufzubrauchen.

2 Verquirlen Sie die Eier und mischen Sie Fleisch und Gemüse gut unter.

3 Wischen Sie die Pfanne aus und erhitzen Sie das restliche Öl. Gießen Sie die Masse hinein und verteilen sie gleichmäßig. Ist das Omelette unten fest, würzen Sie es von oben mit Salz, Pfeffer und Zucker.

3–4 PORTIONEN

ZUTATEN

- 6 chinesische Trockenpilze, 30 Minuten in warmem Wasser eingeweicht
- 50 g Bohnenkeime
- 6 Wasserkastanien aus der Dose, fein gehackt
- 50 g junge Spinatblätter, gewaschen
- 60 ml/4 EL Sonnenblumenöl
- 50 g gebratenes Schweinefleisch, in Streifen geschnitten
- 4 Eier
- 2,5 ml/½ TL Zucker
- 5 ml/1 TL Reiswein oder Sherry
- Salz und gemahlener schwarzer Pfeffer
- frische Korianderblätter zum Garnieren

1 Gießen Sie die Pilze ab, schneiden Sie die Stiele ab, schneiden die Kappen in Scheiben und mischen sie mit dem anderen Gemüse. Erhitzen Sie die Hälfte des Öls in einer schweren Pfanne und braten Sie Fleisch und Gemüse eine Minute lang an.

4 Legen Sie einen Teller über die Pfanne, drehen Sie die Pfanne um und lassen das Omelette zurückgleiten. Sprenkeln Sie Reiswein darüber und garnieren Sie mit Korianderblättern.

Kantonesische gebratene Nudeln

Chow mein ist bei sparsamen Chinesen sehr beliebt, die gerne aus Resten noch wunderbare Gerichte zaubern. Hier werden Nudeln zu einer knusprigen Basis gebraten, die dann mit einer herzhaften Soße und allem was lecker schmeckt, garniert wird.

2–3 PORTIONEN

ZUTATEN
- 225 g mageres Beefsteak oder Schweinefilet
- 225 g Bambussprossen
- 1 Stange Lauch, geputzt
- 25 g chinesische Trockenpilze, 30 Minuten in 120 ml warmem Wasser eingeweicht
- 150 g Chinakohl
- 450 g gekochte Eiernudeln (255 g trockene), gut abgetropft
- 90 ml/6 EL Pflanzenöl
- 30 ml/2 EL dunkle Sojasoße
- 15 ml/1 EL Maismehl
- 15 ml/1 EL Reiswein oder Sherry
- 5 ml/1 TL Sesamöl
- 5 ml/1 TL Zucker
- Salz und gemahlener schwarzer Pfeffer

1 Schneiden Sie Fleisch, Bambussprossen und Lauch in Stifte. Schütten Sie die Pilze ab und heben 6 TL des Einweichwassers auf. Werfen Sie die Stiele weg und schneiden Sie die Kappen in feine Scheiben. Schneiden Sie den Chinakohl in 2,5 cm große Rhomben und salzen sie. Tupfen Sie die Nudeln trocken.

2 Erhitzen Sie ein Drittel des Öls in einem Wok und sautieren Sie die Nudeln. Nach dem ersten Wenden pressen Sie die Nudeln mit einem hölzernen Pfannenwender fest an, damit sie einen festen Kuchen formen. Braten Sie die Nudeln ca. 4 Minuten lang an, bis die Unterseite knusprig ist.

3 Wenden Sie die Nudeln noch einmal und braten Sie die andere Seite 3 Minuten an. Geben Sie die Nudeln auf eine Warmhalteplatte.

4 Erhitzen Sie 2 TL des restlichen Öls im Wok. Geben Sie Lauch und Fleisch hinein. Rührbraten Sie alles 10–15 Sekunden. Sprenkeln Sie die Hälfte der Sojasoße darüber und geben Bambussprossen, Pilze, Salz und Pfeffer dazu. Rührbraten Sie alles 1 Minute lang und geben die Mischung auf einen Teller.

5 Erhitzen Sie das restliche Öl im Wok und sautieren Sie den Chinakohl eine Minute lang. Geben Sie Fleisch und Gemüse zurück in den Wok und rührbraten weitere 30 Sekunden.

6 Mischen Sie Maismehl und Pilzwasser. Rühren Sie Reiswein oder Sherry, Sesamöl, Zucker und die restliche Sojasoße unter. Rühren Sie, bis die Soße andickt. Verteilen Sie die Nudeln auf Teller und geben Sie die Fleisch-Gemüse-Mischung darauf.

GEDÄMPFTER FISCH MIT 5-WEIDEN-SOSSE

Für diese Gericht ist ein Fischkessel sehr nützlich. Üblicherweise wird hier Karpfen verwendet, aber auch andere große Fische, die man im Ganzen zubereiten kann wie Lachs oder Brasse, sind ein guter Ersatz. Zum Servieren benötigen Sie eine sehr große Platte.

4 PORTIONEN

ZUTATEN

- 1–2 Karpfen oder ähnlicher Fisch (insgesamt 1 kg) , gesäubert und geschuppt
- 2,5 cm Ingwerwurzel, geschält und dünn geschnitten
- 4 Frühlingszwiebeln, in dünne Streifen geschnitten
- 2,5 ml/½ TL Salz

Für die Fünf-Weiden-Soße

- 375 g Glas Chow Chow (chinesische süße Mixed Pickles)
- 300 ml Wasser
- 30 ml/2 EL Reisessig
- 25 ml/1½ EL Zucker
- 25 ml/1½ EL Maismehl
- 15 ml/1 EL helle Sojasoße
- 15 ml/1 EL Reiswein oder Sherry
- 1 kleine grüne Paprika, gewürfelt
- 1 Möhre, geschält und in Stifte geschnitten
- 1 Tomate, geschält und gewürfelt

1 Spülen Sie jeden Fisch von innen und außen gut ab. Trocknen Sie alle mit Küchenpapier ab. Legen Sie die Fische auf ein großes Stück geölter Alufolie. Mischen Sie Ingwer, Frühlingszwiebeln und Salz und füllen Sie die Fische damit.

2 Falten Sie einen langen, festen Streifen Alufolie als Transporthenkel für jeden Fisch. Legen Sie die Fische auf die Folien und heben sie auf den Rost in den Fischkessel. Legen Sie die Folienenden über den Fischen zusammen.

3 Gießen Sie kochendes Wasser in den Fischkessel, bis es 2,5 cm hoch steht. Kochen Sie es auf, reduzieren Sie dann die Hitze und garen die Fische, bis sie zart sind, evtl. müssen Sie kochendes Wasser nachgießen (Kochzeit s. Tipp).

4 Für die Soße gießen Sie das Chow Chow in ein Sieb über einer Schüssel und heben die Flüssigkeit auf. Halbieren Sie die Pickle-Stücke. Bringen Sie 250 ml Wasser in einer Pfanne zum Kochen. Geben Sie Essig und Zucker hinzu und rühren Sie, bis sich der Zucker aufgelöst hat.

5 Mischen Sie das restliche Wasser und das Maismehl in einer kleinen Schüssel, rühren Sie Sojasoße und Reiswein unter.

6 Geben Sie diese Mischung zur Soße und bringen sie zum Kochen. Rühren Sie, bis die Soße andickt und glänzt. Geben Sie alle Gemüse und die Mixed Pickles mit Flüssigkeit hinein und lassen es bedeckt 2 Minuten köcheln.

7 Heben Sie die Fische mit Hilfe der Folie auf eine Vorlegeplatte und ziehen Sie die Folie weg. Verteilen Sie die Soße über den Fischen und servieren Sie.

TIPP

Wenn Ihr Fisch für den Fischkessel zu groß ist, schneiden Sie ihn in der Mitte durch und garen ihn auf einem Rost über einer Fettpfanne auf dem Herd. Geben Sie ebenso viel Wasser darüber wie für den Fischkessel, decken Sie den Fisch mit Folie ab.Ein Fisch von 1 kg braucht 20–25 Minuten; ein Fisch mit 700 g 15–20 Minuten. Legen Sie den Hälften auf der Vorlegeplatte wieder zusammen.

Entenbrust mit Ananas und Ingwer

Sie können Entenbrust ohne Knochen überall kaufen, oder Sie machen es wie in China: Sie kaufen einen ganzen Vogel, heben die Beine für ein anderes Gericht auf und machen aus den Knochen eine kräftige Brühe.

2–3 PORTIONEN

ZUTATEN
- 2 Entenbrüste ohne Knochen
- 4 Frühlingszwiebeln, gehackt
- 15 ml/1 EL helle Sojasoße
- 225 g Ananasringe aus der Dose
- 75 ml/5 EL Wasser
- 4 Stücke Ingwerwurzel in Sirup mit 45 ml/3 EL Sirup
- 30 ml/2 EL Maismehl mit etwas Wasser zu einer Paste verührt
- je ¼ rote und grüne Paprika, in dünne Streifen geschnitten
- Salz und gemahlener schwarzer Pfeffer
- dazu gekochte dünne Eiernudeln, blanchierter junger Spinat und grüne Bohnen

1 Ziehen Sie die Haut von den Entenbrüsten ab. Nehmen Sie eine flache Schüssel, die in Ihren Dämpfer passt und in der die Brüste nebeneinander Platz haben. Verteilen Sie die Frühlingszwiebeln in der Schüssel, legen das Fleisch obendrauf und decken es mit Backpapier ab. Dämpfen Sie die Brüste 1 Stunde über kochendem Wasser, bis sie zart sind. Nehmen Sie die Brüste heraus und lassen sie etwas abkühlen.

2 Schneiden Sie das Fleisch in feine Scheiben, legen sie auf eine Platte und befeuchten sie mit etwas Kochflüssigkeit. Sieben Sie den Rest in einen kleinen Topf und stellen diesen beiseite. Bedecken Sie die Ente mit Backpapaier und halten sie warm.

3 Gießen Sie die Ananas ab und heben Sie 3 EL Saft auf. Diesen geben Sie zusammen mit dem abgemessenen Waser in den kleinen Topf mit der Kochflüssigkeit. Rühren Sie Ingwersirup und Maismehlpaste ein und kochen alles, bis es andickt. Würzen Sie nach Geschmack.

4 Schneiden Sie Ananas und Ingwer in hübsche Formen. Geben Sie die gekochten Nudeln, den Spinat und die grünen Bohnen auf eine Vorlegeplatte, darauf Entenbrust und Ananas, Ingwer und Paprikastreifen. Gießen Sie die Soße darüber und servieren Sie.

Würzige Rindfleischstreifen

Bei diesem Rezept ist es sehr wichtig, das Rindfleisch in wirklich dünne Streifen zu schneiden. Damit es einfacher geht, sollten Sie das Fleisch vorher 30 Minuten einfrieren, dann können Sie es mit einem sehr scharfen Messer klein schneiden.

2 PORTIONEN

ZUTATEN

- 225 g Rumpsteak oder Rinderfilet
- 15 ml/1 EL helle und dunkle Sojasoße
- 15 ml/1 EL Reiswein oder Sherry (medium-dry)
- 5 ml/1 TL dunkler Malzzucker oder brauner Zucker
- 90 ml/6 EL Pflanzenöl
- 1 große Zwiebel, dünn geschnitten
- 2,5 cm Ingwerwurzel, geschält und geraspelt
- 1–2 Möhren, in Stifte geschnitten
- 2–3 frische oder getrocknete Chilischoten, halbiert und gehackt
- Salz und gemahlener schwarzer Pfeffer
- frischer Schnittlauch zum Garnieren

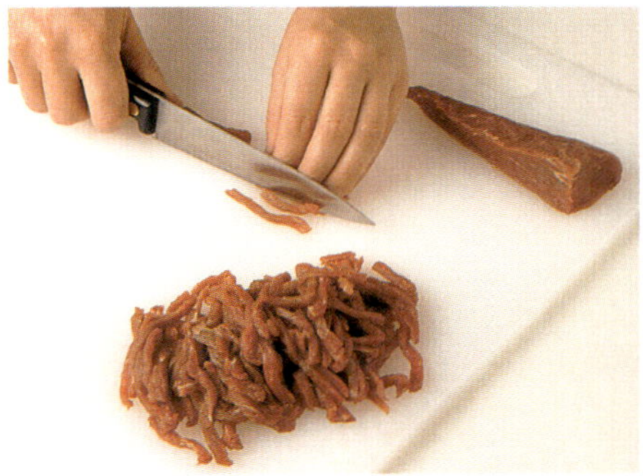

1 Schneiden Sie das Fleisch mit einem scharfen Messer in dünne Scheiben und jede Scheibe in schmale Streifen.

2 Mischen Sie helle und dunkle Sojasoße mit dem Reiswein oder Sherry und Zucker in einer Schüssel. Geben Sie das Fleisch hinein und wälzen Sie es gründlich in der Marinade.

3 Erhitzen Sie die Hälfte des Öls im Wok. Wenn es heiß ist, rührbraten Sie Zwiebel und Ingwer 3–4 Minuten und nehmen sie heraus. Rührbraten Sie auch die Möhre 3–4 Minuten, legen sie auf einen Teller und halten sie warm.

4 Erhitzen Sie das restliche Öl im Wok, geben Sie Fleisch, Marinade und Chilischoten hinein und rührbraten Sie alles 2 Minuten lang. Rühren Sie dabei die ganze Zeit.

5 Geben Sie Zwiebel und Ingwer wieder in den Wok und braten sie 1 Minute. Würzen Sie mit Salz und Pfeffer, decken den Wok zu und garen das Fleisch 30 Sekunden. Geben Sie das Fleisch in eine vorgewärmte Schüssel und garnieren Sie mit Möhren und Schnittlauch.

TIPP

Entfernen Sie vor dem Kleinschneiden die Kerne aus den Chilischoten – außer wenn Sie scharfes Essen mögen. Dann können Sie einige oder alle Kerne mit in den Wok geben – aber Vorsicht!

GEDÄMPFTES BLUMENGEBÄCK

DIESES HÜBSCHE, LECKERE GEBÄCK WIRD TRADITIONELL ZUM MONGOLISCHEN FEUERTOPF GEREICHT.

16 STÜCK

ZUTATEN
- 1 Grundteig (s. unten) mit nur 5 ml/1 TL Zucker
- 15 ml/1 EL Sesamöl
- Schnittlauch zum Garnieren

1 Teilen Sie den aufgegangenen Teig in zwei gleiche Portionen. Rollen Sie beide zu einem Rechteck der Größe 30 x 20 cm aus. Bestreichen Sie eines mit Sesamöl, legen Sie das andere darauf. Rollen Sie beide auf und schneiden Sie 16 Stücke.

TIPP
Wenn Sie den Dämpfer auslegen, falten Sie das Papier mehrmals und schneiden kleine Löcher aus, wie für Weihnachtssterne. So kann der Dampf zirkulieren, aber das Gebäck bleibt nicht im Dämpfer kleben.

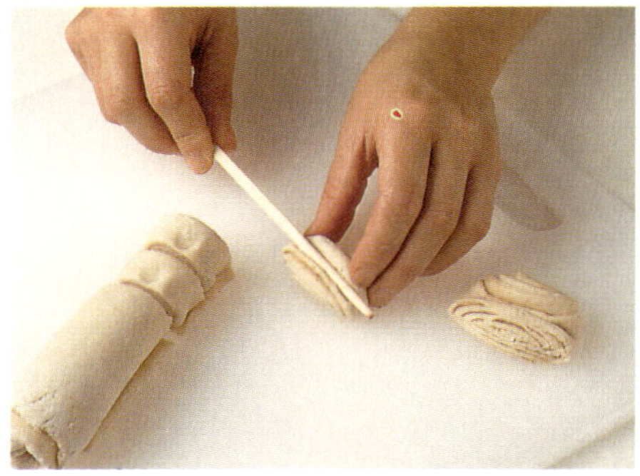

2 Nehmen Sie ein Stück Teig und pressen es mit einem Stäbchen auf der gerollten Seite nach unten. Legen Sie alle Stücke mit der eingedrückten Seite nach oben auf die Arbeitsplatte.

3 Pressen Sie die gegenüber liegenden Enden jedes Teigstücks so zusammen, dass sich der Teig wie eine Blüte auffaltet. Drücken Sie fest an, damit er nicht wieder aufgeht. Legen Sie das Gebäck auf Backpapier in einen Dämpfer und lassen Sie es zur doppelten Größe aufgehen. Dämpfen Sie das Gebäck 30–35 Minuten und servieren Sie es heiß, mit Schnittlauch garniert.

GEFÜLLTE KNÖDEL MIT SCHWEINEFLEISCH

DIESES REZEPT IST EIN BEISPIEL FÜR DIM SUM: LEICHTE, GEFÜLLTE KNÖDEL IN VIELEN VARIATONEN. MITTLERWEILE SIND DIM SUM ALS SNACK AUF DER GANZEN WELT BELIEBT.

16 STÜCK

ZUTATEN
Für den Grundteig
- 15 ml/1 EL Zucker
- ca. 300 ml warmes Wasser
- 25 ml/1½ EL Trockenhefe
- 450 g Weißmehl
- 5 ml/1 TL Salz
- 15 g/1 EL Schmalz
- Schnittlauch zum Garnieren

Für die Füllung
- 30 ml/2 EL Öl
- 1 Knoblauchzehe, zerdrückt
- 225 g gebratenes Schweinefleisch, fein gehackt
- 2 Frühlingszwiebeln, gehackt
- 10 ml/2 TL gelbe Bohnensoße, zerdrückt
- 10 ml/2 TL Zucker
- 5 ml/1 TL Maismehl, mit Wasser zu einer Paste angerührt

1 Für den Teig lösen Sie Zucker in der Hälfte des Wassers auf. Streuen Sie die Hefe hinein, rühren Sie gut um und lassen die Mischung 10–15 Minuten ruhen. Sieben Sie Mehl und Salz in eine Schüssel und geben Sie das Schmalz dazu. Geben Sie Hefe und so viel Wasser dazu, dass ein weicher Teig entsteht. Kneten Sie ihn 10 Minuten und lassen ihn in einer geölten Schüssel 1 Stunde zu doppelter Größe aufgehen.

2 Für die Füllung erhitzen Sie Öl und braten den Knoblauch an. Geben Sie Fleisch, Frühlingszwiebeln, Bohnenpaste und Zucker dazu. Rühren Sie die Maismehlpaste ein und erhitzen Sie die Füllung, bis sie andickt.

3 Kneten Sie den Teig nochmals 2 Minuten, dann teilen Sie ihn in 16 Stücke. Rollen Sie jedes Stück zu einem Kreis von 7,5–10 cm Durchmesser aus.

4 Geben Sie jeweils einen Löffel der Füllung in die Mitte der Teigkreise, falten Sie den Rand nach oben und drehen Sie ihn wie einen Beutel zusammen. Sichern Sie den Knödel mit Faden.

5 Setzen Sie die Knödel auf Backpapier in einen Dämpfer und lassen sie nochmals an einem warmen Ort aufgehen. Dämpfen Sie die Dim Sum 30 Minuten und garnieren Sie mit Schnittlauch.

Congee mit chinesischer Wurst

Congee – weicher Reis – ist gut für den Magen und leicht verdaulich, daher wird er oft zum Frühstück oder bei Krankheit gegessen. Überall in Asien gibt es Menschen, die morgens nur eine Tasse Tee trinken und sich erst später mit einer Schale Congee zum Frühstück hinsetzen.

2–3 PORTIONEN

ZUTATEN
- 115 g Langkornreis
- 25 g/3 EL Klebreis
- 1,2 Liter Wasser
- ca. 2,5 ml/½ TL Salz
- 5 ml/1 TL Sesamöl
- kleines Stück Ingwerwurzel, geschält
- 2 chinesische Würste
- 1 Ei, verquirlt (nach Wunsch)
- 2,5 ml/½TL helle Sojasoße
- geröstete Erdnüsse, gehackt, und Frühlingszwiebelringe zum Garnieren

1 Waschen Sie beide Reissorten gründlich und geben beide in eine große Pfanne. Gießen Sie Wasser dazu, bringen Sie es zum Kochen und reduzieren die Hitze dann so weit wie möglich.

2 Lassen Sie den Reis 1¼–1½ Stunden köcheln und rühren Sie ab und zu um. Wird der Congee zu dick, rühren Sie Wasser ein. Er sollte die cremige Konsistenz von Milchreis haben.

3 Ungefähr 15 Minuten vor dem Servieren rühren Sie Salz und Sesamöl unter und geben den Ingwer dazu.

4 Dünsten Sie die Würste 10 Minuten, schneiden sie klein und rühren sie in den Reis. Kochen Sie alles 5 Minuten.

5 Vor dem Servieren nehmen Sie den Ingwer heraus und rühren das Ei unter (nach Wunsch). Servieren Sie den Congee mit Erdnüssen, Frühlingszwiebeln und Sojasoße obenauf.

VARIATION

Sie können auch Ente anstelle der Wurst nehmen. Schneiden Sie das Fleisch in mundgerechte Stücke, die Sie zum gekochten Reis geben. Congee wird auch gerne mit Tee-Eiern gegessen.

SALZ-UND-PFEFFER-GARNELEN

DIESE MEERESFRÜCHTE SOLLTEN GENÜSSLICH MIT DEN FINGERN GEGESSEN WERDEN, HALTEN SIE SCHALEN MIT ZITRONENWASSER ODER HEISS GEDÄMPFTE HANDTÜCHER FÜR IHRE GÄSTE BEREIT.

3–4 PORTIONEN

ZUTATEN
- 15–18 große rohe Garnelen mit Schale, ca. 500 g
- Pflanzenöl, zum Frittieren
- 3 Schalotten oder 1 kleine Zwiebel, sehr fein gehackt
- 2 Koblauchzehen, zerdrückt
- 1 cm Ingwerwurzel, geschält und sehr fein geraspelt
- 1–2 frische rote Chilischoten, ohne Samen und fein geschnitten
- ca. ½ TL Zucker
- 3–4 Frühlingszwiebeln, klein geschnitten, zum Garnieren

Für das gebratene Salz
- 10 ml/2 TL Salz
- 5 ml/1 TL Sichuanpfefferkörner

1 Für das gebratene Salz rösten Sie das Salz und die Pfefferkörner in einer schweren Pfanne bei mittlerer Hitze, bis die Pfefferkörner duften. Lassen Sie die Mischung abkühlen und zerstoßen sie dann in einem Mörser.

2 Trennen Sie vorsichtig Kopf und Beine von den Garnelen. Lassen Sie die Schale und die Schwänze intakt. Tupfen Sie die Garnelen mit Küchenpapier trocken.

3 Erhitzen Sie Öl zum Frittieren auf 190° C. Frittieren Sie die Garnelen eine Minute und lassen Sie sie auf Küchenpapier abtropfen. Geben Sie 2 EL des Frittieröls in eine Pfanne und lassen Sie den Rest abkühlen.

4 Erhitzen Sie das Öl in der Pfanne, geben Sie das gebratene Salz, Schalotten oder Zwiebel, Knoblauch, Ingwer, Chilischoten und Zucker dazu und – nach einer Minute Rührbraten – die Garnelen. Diese wenden Sie 1 Minute lang in der Pfanne und servieren sie dann mit Frühlingszwiebeln garniert.

TIPP
„Gebratenes Salz“ ist auch als „Kantonesisches Salz“ oder einfach als „Salz-und-Pfeffer-Mix“ bekannt. Es wird auch zum Nachwürzen oder zu frittierten und gerösteten Speisen gereicht. Schwarze oder weiße Pfefferkörner können den Sichuanpfeffer ersetzen. Bereiten Sie es immer frisch zu.

GEBRATENER REIS „DUFTENDER HAFEN“

„DUFTENDER HAFEN“ IST DER CHINESISCHE NAME FÜR HONGKONG, EIN TREFFPUNKT FÜR SO VIELE VERSCHIEDENE KÜCHEN. GEBRATENER REIS IST SEHR BELIEBT UND EIN WEITERES GERICHT, BEI DEM MAN SEHR GUT RESTE VERWERTEN KANN. KOCHEN SIE DEN REIS MÖGLICHST EINEN TAG VORHER.

4 PORTIONEN

ZUTATEN

- 225 g Langkornreis
- ca. 90 ml/6 EL Pflanzenöl
- 2 Eier, verquirlt
- 4 chinesische Trockenpilze, 30 Minuten in warmem Wasser eingeweicht
- 8 Schalotten oder 2 kleine Zwiebeln, geschnitten
- 115 g geschälte gekochte Garnelen
- 3 Koblauchzehen, zerdrückt
- 115 g gekochtes Schweinefleisch, in Streifen geschnitten
- 115 g chinesische Wurst
- 30 ml/2 EL helle Sojasoße
- 115 g Tiefkühlerbsen, aufgetaut
- 2 Frühlingszwiebeln, geschnitten
- 1–2 frische oder getrocknete rote Chilischoten
- Salz und gemahlener schwarzer Pfeffer
- frische Korianderblätter

1 Bringen Sie in einem großen Topf Salzwasser zum Kochen, geben Sie den Reis hinein und kochen ihn 12–15 Minuten. Schütten Sie ihn ab und lassen ihn kalt werden.

2 Erhitzen Sie 1 EL Öl in einer großen Pfanne bei mittlerer Hitze, gießen die verquirlten Eier hinein und lassen sie stocken. Lassen Sie das Omlette auf einen Teller gleiten, rollen Sie es auf und schneiden Sie es in feine Streifen.

3 Tropfen Sie die Pilze ab, entfernen die Stiele und schneiden die Kappen fein. Erhitzen Sie 1 EL Öl im Wok und rührbraten Sie die Schalotten oder Zwiebeln, bis sie braun und knusprig sind. Heben Sie diese heraus und stellen sie beiseite.

4 Geben Sie Garnelen und Knoblauch in den Wok, evtl. noch etwas Öl, und braten sie eine Minute an. Heben Sie alles heraus. Geben Sie nochmals 1 EL Öl in den Wok.

5 Rührbraten Sie Schweinfleisch und Pilze 2 Minuten, heben sie heraus und stellen sie beiseite. Dämpfen Sie die Wurst 5 Minuten und schneiden sie schräg in Scheiben.

6 Wischen Sie den Wok aus, erhitzen Sie das restliche Öl und rührbraten Sie den Reis, wenn nötig in mehr Öl. Rühren Sie Sojasoße, Salz, Pfeffer und die Hälfte der gegarten Zutaten ein.

7 Geben Sie die Erbsen und die Hälfte der Frühlingszwiebeln dazu und wenden sie die Mischung, bis die Erbsen gar sind. Häufen Sie den gebratenen Reis auf eine Platte und geben Sie die restlichen Zutaten, auch die restlichen Frühlingszwiebeln, obenauf. Garnieren Sie mit Chilistücken und Koriander.

TIPP

Es gibt viele Theorien über das Reiskochen, hier eine bewährte Methode: Geben Sie 225 g Langkornreis in ein Sieb und spülen Sie ihn mit kaltem Wasser. Geben Sie den Reis in eine Schüssel, salzen Sie und gießen Sie knapp 600 ml kochendes Wasser darüber. Decken Sie die Schüssel mit Mikrowellenfolie ab (lassen Sie einen Spalt offen) und garen den Reis in einer 675-Watt-Mikrowelle bei voller Leistung 10 Minuten. Lassen sie ihn 5 Minuten ruhen.

SALATROULADEN

DIESES BELIEBTE TISCHGERICHT HEISST IN HONGKONG SANG CHOY UND WIRD VON DEN GÄSTEN SELBST ZUBEREITET. DIE FÜLLUNG – EINE EINFALLSREICHE GESCHMACKSMISCHUNG – WIRD IN KNUSPRIGE SALATBLÄTTER GEROLLT, DIE ALS HÜLLEN DIENEN.

6 PORTIONEN

ZUTATEN
- 2 Hühnerbrüste ohne Knochen, zusammen 350 g
- 4 chinesische Trockenpilze, 30 Minuten in warmem Waser eingeweicht
- 30 ml/2 EL Pflanzenöl
- 2 Koblauchzehen, zerdrückt
- 6 Wasserkastanien aus der Dose, dünn geschnitten
- 30 ml/2 EL helle Sojasoße
- 5 ml/1 TL Sichuanpfefferkörner, geröstet und zerstoßen
- 4 Frühlingszwiebeln, fein gehackt
- 5 ml/1 TL Sesamöl
- Pflanzenöl, zum Frittieren
- 50 g Glasnudeln
- Salz und gemahlener schwarzer Pfeffer (nach Wunsch)
- 1 fester Kopfsalat und 60 ml/4 EL Hoisinsoße

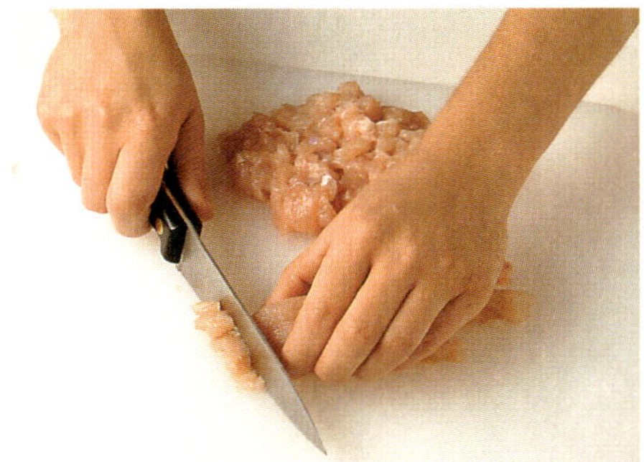

1 Ziehen Sie die Haut von den Hühnerbrüsten ab, trocknen sie und stellen sie beiseite. Schneiden Sie das Hühnerfleisch in Streifen. Tropfen Sie die Pilze ab, entfernen die Stiele und schneiden Sie die Kappen fein.

2 Erhitzen Sie das Öl im Wok und geben Sie Knoblauch und Hühnerfleisch hinein. Rührbraten Sie, bis das Fleisch gar ist.

3 Geben Sie Pilze, Wasserkastanien, Sojasoße und Pfefferkörner dazu. Wenden Sie die Zutaten 2–3 Minuten und würzen nach Geschmack. Rühren Sie die Hälfte der Frühlingszwiebeln und Sesamöl unter und stellen alles beiseite.

4 Erhitzen Sie Öl zum Frittieren auf 190° C. Schneiden Sie die Hühnerhaut in Streifen, frittieren sie und lassen sie auf Küchenpapier abtropfen. Frittieren Sie auch die Nudeln, die Sie ebenfalls auf Küchenpapier abtropfen lassen.

5 Zerkleinern Sie die Nudeln und geben sie in eine Schüssel. Darauf stapeln Sie die Hühnerhaut, das Hühnerfleisch und die Frühlingszwiebeln. Arrangieren Sie die Salatblätter auf einer Platte.

6 Mischen Sie die Zutaten in der Schüssel. Jeder Gast nimmt sich ein Salatblatt, verteilt darauf etwas Hoisinsoße und gibt einen Löffel Füllung darauf. Dann wird das Blatt aufgerollt. Die Rolle wird traditionell aus der Hand gegessen.

Malaysien und Singapur

Die malaysische Küche repräsentiert drei der angesehensten Küchen der Welt: die malaysische Küche selbst, die chinesische und die indische. Das Ergebnis ist eine ausgezeichnete, ausgewogene Mischung verschiedener Geschmacksrichtungen, manche erfrischend, manche feurig, aber immer sehr harmonisch. Singapur hat die Nonya-Küche zu bieten, die für ihre Würze und Schärfe sowie für ihren hohen Standard berühmt ist.

Laksa Lemak

Diese würzige Suppe ist kein Schnellgericht, aber sie ist sehr gut für Parties geeignet. Die Gäste nehmen sich von den Nudeln, geben einige Zutaten ihrer Wahl darüber und giessen das Ganze mit Suppe auf, dazu gibt es Krabbenbrot.

6 PORTIONEN

ZUTATEN

- 675 g kleine Venusmuscheln
- 2 x 400 ml Kokosmilch in Dosen
- 50 g IkanBilis (getrocknete Anchovis)
- 900 ml Wasser
- 115 g Schalotten, fein gehackt
- 4 Koblauchzehen, gehackt
- 6 Macadamianüsse oder blanchierte Mandeln, gehackt
- 3 Zitronengrashalme, ohne Wurzel
- 90 ml/6 EL Sonnenblumenöl
- 1 cm Würfel Garnelenpaste
- 25 g mildes Currypulver
- einige Curryblätter
- 2–3 Auberginen, zusammen 700 g
- 700 g rohe geschälte Garnelen
- 10 ml/2 TL Zucker
- 1 Kopf Chinakohl, dünn geschnitten
- 120 g Bohnenkeime, gewaschen
- 2 Frühlingszwiebeln, fein gehackt
- 50 g frittierte Zwiebeln
- 120 g frittierter Tofu
- 700 g gemischte Nudeln (laksa, mee und behoon) oder nur eine Sorte
- dazu Krabbenbrot

1 Schrubben Sie die Muscheln und geben sie in eine Pfanne 1 cm hoch voll Wasser. Bringen Sie die Muscheln zum Kochen, decken sie zu und kochen sie 3–4 Minuten, bis sie sich öffnen. Gießen Sie die Muscheln ab. Füllen Sie die Kokosmilch auf 1,2 Liter mit Wasser auf. Köcheln Sie die Anchovis mit Wasser in einer Pfanne 20 Minuten.

2 Geben Sie Schalotten, Knoblauch und Nüsse in einen Mörser. Schneiden Sie von dem Zitronengras unten 5 cm ab, hacken es fein und geben es dazu. Zerstoßen Sie alles zu einer Paste.

3 Erhitzen Sie das Öl in einer großen, schweren Pfanne, geben Sie die Paste hinein und braten sie an, bis sie duftet. Geben Sie das restliche Zitronengras dazu. Wenden Sie es in der Pfanne. Mischen Sie Krabbenpaste und Currypulver mit etwas Kokosmilch, geben die Mischung in die Pfanne und rühren 1 Minute bei niedriger Hitze um. Rühren Sie die restliche Kokosmilch unter, geben Sie Curryblätter dazu und lassen Sie die Suppe köcheln, während Sie die anderen Zutaten vorbereiten.

4 Sieben Sie den Anchovifond in eine Pfanne. Entfernen Sie die Anchovis und bringen Sie den Fond zum Kochen. Garen Sie die Auberginen 10 Minuten darin, nehmen sie heraus, schälen sie und schneiden sie in Streifen.

5 Legen Sie die Auberginen auf eine Servierplatte. Bestreuen Sie die Garnelen mit Zucker, geben sie in den Fond und kochen sie in 2–3 Minuten rosa. Sie kommen zu den Auberginen. Legen Sie Chinakohl, Bohnenkeime, Frühlingszwiebeln, frittierte Zwiebeln und die Muscheln dazu.

6 Gießen Sie den Anchovifond nach und nach zu der Suppe und bringen sie zum Kochen. Spülen Sie den Tofu mit kochendem Wasser ab, lassen ihn abkühlen und drücken das überschüssige Öl aus. Halbieren Sie die Tofustücke und geben sie in die Suppe. Reduzieren Sie die Hitze so weit wie möglich.

7 Kochen Sie die Nudeln nach Packungsangabe, schütten sie ab und geben sie auf einen Teller. Fischen Sie die Curryblätter und das Zitronengras aus der Suppe. Stellen Sie Nudeln, Suppe und die Platten mit Meeresfrüchten und Gemüse auf den Tisch und das Krabbenbrot dazu. Ab jetzt herrscht Selbstbedienung.

VARIATION

Sie können statt Venusmuscheln auch Miesmuscheln nehmen. Schrubben Sie diese gut, entfernen Sie die Bärte und kochen sie, bis sie sich geöffnet haben. Die Geschlossenen werfen Sie weg!

TIPP

Getrocknete Krabbenpaste, auch Blachan genannt, wird in kleinen Blöcken in asiatischen Läden verkauft.

HUHN SATAY

Ein klassisches Gericht aus Asien, auch als „Saté" bekannt. Die Fleischstücke sollten in mundgerechte Stücke geschnitten werden, sonst nehmen sie nicht genügend Marinade auf.

4 PORTIONEN

ZUTATEN
- 4 Hühnerbrüste ohne Haut und Knochen
- 10 ml/2 TL brauner Zucker

Für die Marinade
- 5 ml/1 TL Kreuzkümmelsamen
- 5 ml/1 TL Fenchelsamen
- 7,5 ml/1½TL Koriandersamen
- 6 Schalotten oder kleine Zwiebeln, gehackt
- 1 Knoblauchzehe, zerdrückt
- 1 Zitronengrashalm, ohne Wurzel
- 3 Macadamianüsse oder 6 Cashewkerne
- 2,5 ml/½ TL Kurkumapulver

Für die Erdnusssoße
- 4 Schalotten oder kleine Zwiebeln, in Scheiben
- 2 Koblauchzehen, zerdrückt
- 1-cm-Würfel Garnelenpaste
- 6 Cashewkerne oder Mandeln
- 2 Zitronengrashalme, z.T. geschnitten
- 45 ml/3 EL Sonnenblumenöl
- 5–10 ml/1–2 TL Chilipulver
- 400 ml Kokosmilch
- 60–75 ml/4–5 EL Tamarindenwasser oder 30 ml/2 EL Tamarindenkonzentrat mit 3 EL Wasser
- 15 ml/1 EL brauner Zucker
- 175 g Erdnussbutter

1 Schneiden Sie das Huhn in dünne Streifen, bestreuen es mit Zucker und stellen es beiseite.

2 Für die Marinade rösten Sie die Gewürze ohne Öl in einer Pfanne und zerstoßen sie dann im Mörser zu Pulver. Geben Sie die Schalotten oder Zwiebeln und den Knoblauch dazu. Hacken Sie das untere Ende des Zitronengrases, geben es mit den Nüssen und dem Kurkuma dazu und erstellen eine Paste.

TIPP
Weichen Sie die Bambusspieße 30 Minuten in warmem Wasser ein, dann verbrennen sie unter dem Grill nicht.

3 Mischen Sie die Hühnerstreifen gut unter. Decken Sie das Fleisch locker mit Folie ab und lassen Sie es 4 Stunden marinieren.

4 Für die Soße mixen Sie die Schalotten oder Zwiebeln mit Knoblauch und Krabbenpaste. Mischen Sie Nüsse und den unteren Teil des Zitronengrases unter und mixen Sie die Masse glatt. Erhitzen Sie Öl im Wok und braten die Masse 2–3 Minuten an. Geben Sie Chilipulver dazu und garen noch 2 Minuten.

5 Rühren Sie die Kokosmilch ein und bringen sie langsam zum Kochen. Reduzieren Sie die Hitze und rühren das Tamarindenwasser und den Zucker ein. Fügen Sie Erdnussbutter hinzu und köcheln Sie unter Rühren, bis die Soße andickt. Halten Sie die Soße warm.

6 Stecken Sie die Hühnerstreifen auf Bambusspieße, die Sie 5 Minuten grillen, bis sie braun und gar sind. Pinseln Sie ab und zu Öl darüber. Servieren Sie die Spieße mit der heißen Erdnusssoße.

Hühnchen Rendang

Dieses Gericht ist hervorragend für Buffets geeignet. Reichen Sie dazu Krabbenbrot, gekochten Reis und frittierte Anchovis, Acar-Pickle oder Sambal Nanas.

4 PORTIONEN

ZUTATEN

- 1 Huhn, ca. 1,5 kg
- 5 ml/1 TL Zucker
- 75 g Kokosflocken
- 4 kleine rote oder weiße Zwiebeln, grob gehackt
- 2 Koblauchzehen, gehackt
- 2,5 cm Ingwerwurzel, geschält und in Scheiben geschn tten
- 1–2 Zitronengrashalme
- 2,5 cm frischer Galgant, geschält und in Scheiben geschnitten
- 75 ml/5 EL Erdnuss- oder Pflanzenöl
- 10–15 ml/2–3 TL Chilipulver oder nach Geschmack
- 400 ml Kokosmilch
- 10 ml/2 TL Salz
- frischer Schnittlauch und frittierte Anchovis zum Garnieren

1 Zerlegen Sie das Huhn in 8 Teile, entfernen die Haut, bestreuen es mit Zucker und lassen es 1 Stunde ruhen.

2 Rösten Sie die Kokosflocken ohne Öl in einem Wok bei mittlerer Hitze unter ständigem Rühren, bis sie braun sind. Verarbeiten Sie die Flocken in einer Küchenmaschine zu einer geschmeidigen Paste und stellen diese beiseite.

3 Geben Sie Zwiebeln, Knoblauch und Ingwer in die Küchenmaschine. Hacken Sie die unteren 5 cm des Zitronengrases, geben Sie es mit dem Galgant dazu und verarbeiten alles zu einer Paste.

4 Erhitzen Sie Öl im Wok und braten Sie die Zwiebelmischung etwas an. Reduzieren Sie die Hitze und rühren Sie das Chilipulver unter, braten Sie unter ständigem Rühren noch 2–3 Minuten. Gießen Sie 120 ml Kokosmilch dazu unc salzen Sie.

5 Wenn die Masse kocht, geben Sie die Hühnerteile dazu und wenden sie mehrmals. Rühren Sie die restliche Kokosmilch ein. Geben Sie das zerstoßene Zitronengras dazu und lassen Sie das Huhn 40–45 Minuten kochen, bis es gar ist.

6 Kurz vor dem Servieren rühren Sie die Kokospaste ein und köcheln die Masse 5 Minuten. Geben Sie alles in eine Servierschüssel und garnieren Sie mit Schnittlauch und Anchovis.

Fisch Moolie

Hierbei handelt es sich um ein beliebtes südostasiatisches Fischcurry in einer delikaten Kokossosse. Nehmen Sie am besten festen Fisch, der während der kurzen Garzeit nicht so leicht zerfällt. Heilbutt und Kabeljau eignen sich beide sehr gut.

5 Erhitzen Sie Öl im Wok, geben Sie die Zwiebelmischung hinein und garen sie einige Minuten. Gießen Sie die Kokosmilch unter ständigem Rühren ein.

4 PORTIONEN

ZUTATEN

- 500 g Mönchsfisch oder andere feste Fischfilets, in 2,5-cm-Stücken
- 2,5 ml/½ TL Salz
- 50 g Kokosflocken
- 6 Schalotten oder kleine Zwiebeln, grob gehackt
- 6 blanchierte Mandeln
- 2–3 Koblauchzehen, grob gehackt
- 2,5 cm Ingwerwurzel, geschält und in Scheiben geschnitten
- 2 Zitronengrashalme
- 10 ml/2 TL Kurkumapulver
- 45 ml/3 EL Pflanzenöl
- 2 x 400 ml Kokosmilch
- 1–3 frische Chilischoten, klein geschnitten
- Salz und schwarzer Pfeffer
- frischer Schnittlauch zum Garnieren
- dazu gekochter Reis

1 Legen Sie die Fischstücke in einen flachen Teller und salzen sie. Rösten Sie die Kokosflocken in einem Wok bei mittlerer Hitze ohne Öl unter ständigem Rühren goldbraun (s. Tipp).

2 Verarbeiten Sie die Flocken in einer Küchenmaschine zu einer geschmeidigen Paste und stellen sie beiseite.

3 Geben Sie Schalotten oder Zwiebeln, Knoblauch und Ingwer in die Maschine. Hacken Sie 5 cm vom Zitronengras und geben Sie es dazu. Verarbeiten Sie alles zu einer Paste.

4 Fügen Sie der Mischung Kurkuma bei und mischen Sie es kurz unter. Zerstoßen Sie das Zitronengras und stellen es beiseite.

6 Geben Sie den Fisch in den Wok, einen Teil der Chilischoten und das zerstoßene Zitronengras. Kochen Sie den Fisch 3–4 Minuten. Rühren Sie dann die Kokospaste unter und kochen alles noch 2–3 Minuten weiter. Garen Sie den Fisch nicht zu lange. Probieren Sie und würzen Sie nach.

7 Nehmen Sie das Zitronengras heraus. Das Curry geben Sie in eine Servierschüssel, garnieren mit Chilischoten und Schnittlauch und reichen dazu gekochten Reis.

TIPP

Das Rösten ohne Öl ist in der malaysischen Küche wichtig. Die Kokosflocken werden unter ständigem Rühren goldbraun und knusprig geröstet– sie sollten nicht anbrennen.

DAMPFBOOT

DIESES GERICHT IST NACH DEM TOPF BENANNT, IN DEM ES GEKOCHT WIRD, EINE ART FONDUETOPF MIT RINNE UND KAMIN. DIE RINNE WIRD MIT BRÜHE GEFÜLLT UND TRADITIONELL MIT KOHLE WARM GEHALTEN. ELEKTRISCH BEHEIZTE „DAMPFOOTE“ ODER FONDUETÖPFE SIND EIN GUTER ERSATZ.

8 PORTIONEN

ZUTATEN

- 8 chinesische Trockenpilze, 30 Minuten in warmem Wasser eingeweicht
- 1,5 Liter kräftig gewürzte Hühnerbrühe, am besten hausgemacht
- 10 ml/2 TL Reiswein oder Sherry (medium-dry)
- 10 ml/2 TL Sesamöl
- je 225 g mageres Schweine- und Rindersteak, dünn geschnitten
- 1 Hühnerbrust, in Stücke geschnitten
- 2 Hühnerlebern, klein geschnitten
- 225 g rohe Garnelen, geschält
- 450 g weiße Fischfilets, in Würfel geschnitten
- 200 g Fischbällchen (aus einem asiatischen Laden)
- 115 g gebratener Tofu, jedes Stück halbiert
- grünes Blattgemüse wie Kopfsalat, Chinakohl, Spinat und Brunnenkresse, 15 cm lang geschnitten
- 225 g chinesische Nudeln
- 8 Eier
- verschiedene Soßen, Sojasoße mit Sesamsamen, Sojasoße mit zerdrücktem Ingwer, Chilisoße; Pflaumensoße und scharfer Senf
- ½ Bund Frühlingszwiebeln, gehackt
- Salz und weißer Pfeffer

1 Gießen Sie die Pilze ab und heben Sie das Wasser auf. Entfernen Sie die Stiele und schneiden die Kappen klein.

2 Gießen Sie die Brühe in einen großen Topf, geben Sie Reiswein oder Sherry, Sesamöl und das Pilzwasser dazu und bringen die Suppe zum Kochen. Würzen Sie mit Salz und Pfeffer und reduzieren Sie die Hitze. Lassen Sie die Suppe leicht köcheln, während Sie den Rest vorbereiten.

3 Verteilen Sie Fleisch, Fisch, Tofu, Gemüse und Pilze in Schälchen auf dem Tisch. Weichen Sie die Nudeln 5 Minuten in heißem Wasser ein und schütten sie ab. Stellen Sie 8 Suppenschüsseln bereit. Schlagen Sie für jeden Gast ein Ei in ein Schälchen. Stellen Sie die Soßen bereit.

4 Geben Sie die Frühlingszwiebeln zu der Brühe, lassen sie aufkochen und erhitzen das „Dampfboot“. Gießen Sie die Brühe hinein und bitten Sie die Gäste sofort zu Tisch. Jeder Gast gart sich nun die Zutaten seiner Wahl kurz in der Brühe und fischt sie mit Stäbchen, Fonduegabeln oder einer kleinen chinesischen Schöpfkelle heraus.

5 Wenn das Fleisch, der Fisch, der Tofu und das Gemüse aufgegessen sind, ist die Brühe zur Kraftbrühe geworden und schmeckt sehr kräftig. Fügen Sie bei Bedarf etwas Wasser hinzu. Bringen Sie die Schälchen mit Nudeln zu Tisch, geben Sie Brühe in die Schälchen, lassen Sie ein Ei hineingleiten und rühren es um, bis es Fäden zieht und stockt.

Zischendes Steak

Dieses originelle Gericht stammt aus einem Restaurant Kuala Lumpur. Die Steaks werden dort auf heissen Metallplatten zu Tisch gebracht. Dieses Rezept hier kommt dem köstlichen Original sehr nahe.

2 PORTIONEN

ZUTATEN
- 2 Rumpsteaks, ca. 450 g
- 15–30 ml/1–2 EL Pflanzenöl
- klein geschnittene Frühlingszwiebel, zum Garnieren

Für die Marinade und Soße
- 15 ml/1 EL Brandy
- 15 ml/1 EL braune Soße
- 30 ml/2 EL Erdnussöl oder Sonnenblumenöl
- einige Tropfen Sesamöl
- 2 Koblauchzehen, zerdrückt
- 150 ml Rinderbrühe
- 30 ml/2 EL Tomatenketchup
- 15 ml/1 EL Austernsoße
- 15 ml/1 EL Worchestersoße
- Salz und Zucker

1 Legen Sie die Steaks in eine Schüssel. Mischen Sie Brandy, braune Soße, Öl, Sesamöl und Knoblauch und gießen diese Marinade über die Steaks. Decken Sie die Schüssel mit Folie ab, lassen die Steaks 1 Stunde ruhen und wenden sie einmal. Tropfen Sie die Steaks ab und fangen die Marinade auf.

2 Erhitzen Sie Öl in einer schweren, Grillpfanne und braten die Steaks 3–5 Minuten von jeder Seite, je nachdem, wie gar sie sein sollen. Halten Sie die Steaks auf einer Platte warm, während Sie die Soße zubereiten, das Fleisch wird beim Ruhen noch zarter.

3 Gießen Sie die Marinade in die Pfanne und nehmen Sie nach Wunsch die Knoblauchzehen heraus.

4 Rühren Sie Brühe, Ketchup, Austernsoße und Worchestersoße ein und salzen und zuckern Sie nach Geschmack. Kochen Sie die Soße rasch zur Hälfte ein und schmecken Sie ab.

5 Servieren Sie die Steaks auf sehr gut vorgewärmten Tellern und gießen Sie die Soße kurz vorher darüber. Garnieren Sie mit Frühlingszwiebeln.

TIPP
Wenn Sie keine Grillpfanne besitzen, genügt eine normale schwere Pfanne, Hauptsache der Boden ist dick.

SOTONG-SAMBAL

TINTENFISCH BEKOMMEN SIE KÜCHENFERTIG BEIM FISCHHÄNDLER ODER AUF DEM MARKT. WASCHEN SIE DIE INNENSEITEN BESONDERS SORGFÄLTIG AB.

2 PORTIONEN

ZUTATEN
- 8 kleine Tintenfische mit Armen, jeder ca. 10 cm lang, insgesamt 350 g
- Limettensaft (nach Wunsch)
- Salz
- dazu gekochter Reis

Für die Füllung
- 175 g weiße Fischfilets, z. B. Scholle oder Seezunge, ohne Haut
- 2,5 cm Ingwerwurzel, geschält und in Scheibchen geschnitten
- 2 Frühlingszwiebeln, fein gehackt
- 50 g geschälte gekochte Garnelen, grob gehackt

Für die Sambalsoße
- 4 Macadamianüsse oder blanchierte Mandeln
- 1 cm frisches Galgant, geschält
- 2 Zitronengrashalme
- 1 cm Würfel Garnelenpaste
- 4 frische rote Chilischoten, grob gehackt
- 175 g kleine Zwiebeln, grob gehackt
- 60–90 ml/4–6 EL Pflanzenöl
- 400 ml Kokosmilch

1 Säubern Sie die Tintenfische und stellen sie beiseite. Verarbeiten Sie den weißen Fisch, den Ingwer und die Frühlingszwiebeln mit Salz in einem Mörser zu einer Paste. Sie können auch eine Küchenmaschine verwenden.

2 Geben Sie die Paste in eine Schüssel und rühren Sie die Garnelen unter.

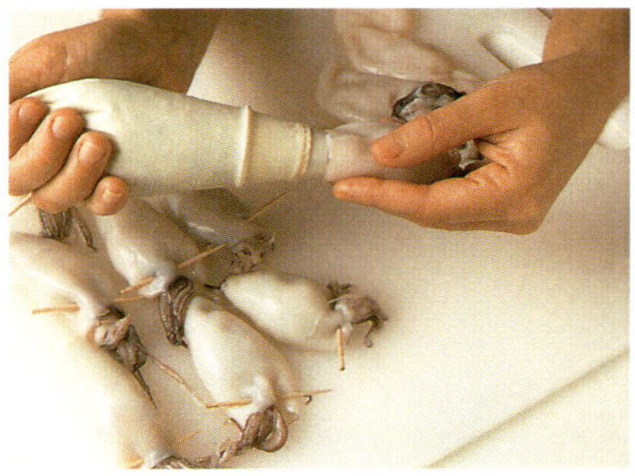

3 Füllen Sie die Paste mit einem Spritzbeutel in die Tintenfische. Stopfen Sie die Fangarme zuletzt hinein und verschließen Sie die Tintenfische mit Zahnstochern.

4 Für die Soße geben Sie die Macadamianüsse oder Mandeln und das Galgant in eine Küchenmaschine. Hacken Sie 5 cm Zitronengras klein und geben es dazu. Zusammen mit der Krabbenpaste, den Chilischoten und den Zwiebeln rühren Sie eine Paste an.

5 Erhitzen Sie Öl im Wok und braten Sie die Paste an, damit die Aromen sich entfalten. Zerstoßen Sie das Zitronengras und geben es mit der Kokosmilch in den Wok. Kochen Sie die Soße unter Rühren auf, reduzieren die Hitze und lassen alles 5 Minuten köcheln.

6 Legen Sie die Tintenfische in die Soße und garen sie 15–20 Minuten. Schmecken Sie das Gericht mit Salz und Limettensaft ab.

MALAYSISCHES KOKOSEIS

DIESES KOKOSEIS IST KÖSTLICH UND MIT EINER EISMASCHINE SEHR LEICHT SELBST HERZUSTELLEN. ABER AUCH OHNE MASCHINE KÖNNEN SIE SICH UND IHRE GÄSTE MIT DIESEM DESSERT VERWÖHNEN.

6 PORTIONEN

ZUTATEN
- 400 ml Kokosmilch
- 400 ml Kondesmilch
- 2,5 ml/½ TL Salz

Für die Gula-Melaka-Soße
- 150 g Palmzucker
- 150 ml Wasser
- 1 cm frische Ingwerwurzel, zerstoßen
- 1 Pandanblatt (wenn möglich)
- Kokosschale (nach Wunsch) und dünne Kokosschnitze zum Garnieren

1 Kühlen Sie die Kokosmilch und die Kondensmilch vor der Verarbeitung. Gießen Sie beide in eine Schüssel und schlagen sie zusammen mit Salz vorsichtig mit einem Schneebesen schaumig.

2 Geben Sie die Mischung in die Eismaschine (beachten Sie die Gebrauchsanleitung) und rühren Sie, bis sich die Mischung verdickt (ca. 30–40 Minuten).

3 Füllen Sie die Masse in eine Plastikschale, machen Sie den Deckel zu und frieren sie ein, bis die Masse sich ausstechen lässt. Wenn Sie keine Eismaschine haben, geben Sie die Masse zum Frieren in eine flache Schüssel.

4 Wenn sich Eiskristalle bilden, rühren Sie das Eis um und frieren es wieder ein, wiederholen Sie dies mindestens zweimal. Je öfter Sie das Eis aufschlagen, desto cremiger wird es.

5 Für die Soße mischen Sie Zucker, Wasser und Ingwer in einem kleinen Topf. Erwärmen Sie das Wasser, rühren Sie, bis sich der Zucker aufgelöst hat, und bringen es zum Kochen. Geben Sie das Pandanblatt dazu. Köcheln Sie die Soße 3–4 Minuten, nehmen Sie das Blatt und den Ingwer heraus und stellen die Soße beiseite.

6 Servieren Sie das Eis in Kokosnussschalen oder in Schälchen. Garnieren Sie mit Kokosschnitzen und reichen die Soße dazu, warm oder kalt.

TIPP
Kokosmilch braucht länger zum Gefrieren als Sahne. Nehmen Sie sich viel Zeit für die Herstellung.

KOKOS-CHIPS

Kokos-Chips können Sie gut als exotische Delikatesse zum Cocktail reichen. Die Chips können im voraus geschnitten und auf Blechen ausgelegt eingefroren werden. Dann füllen Sie die Chips in Tüten und haben sie so immer griffbereit.

8 PORTIONEN

ZUTATEN
- 1 frische Kokosnuss
- Salz

1 Heizen Sie den Ofen auf 160° C/ Gasstufe 3 vor. Gießen Sie die Flüssigkeit aus der Kokosnuss, indem Sie entweder eines der 'Augen' einstechen oder die Schale vorsichtig aufbrechen.

2 Legen Sie die Kokosnuss vor sich und schlagen Sie mit dem Hammer auf die Mitte, sie sollte entzwei gehen.

3 Wenn die Kokosnuss offen ist, lösen Sie das weiße Fruchtfleisch mit einem breiten Messer aus der Schale. Probieren Sie, ob die Kokosnuss frisch ist. Sie können die braune Haut mit einem Kartoffelschäler entfernen.

4 Schneiden Sie das Fleisch in sehr feine Scheiben, z. B. mit einer Gurkenreibe. Verteilen Sie die Scheiben gleichmäßig auf zwei Backbleche und salzen sie. Backen Sie die Chips unter mehrmaligem Wenden in 25–30 Minuten knusprig. Lassen Sie die Chips vor dem Servieren abkühlen. Reste sollten luftdicht verschlossen aufbewahrt werden.

TIPP

In diesem Gericht kommen die Küchenmaschine und ein scharfes Messer zum Einsatz. Bereiten Sie gleich mehrere Kokosnüsse vor und frieren Sie die Scheiben ein. Gefrorene Chips sollten Sie sehr gleichmäßig auf den Backblechen verteilen, salzen und ihnen etwas mehr Zeit zum Backen geben.

Popiah

Popiah sind eine ungewohnte Variante der chinesischen oder Nonya-Frühlingsrollen. Lassen Sie sich nicht von der Menge der Zutaten abschrecken, wenn Sie erst einmal alles vorbereitet haben, können Sie sich bei Tisch zurücklehnen und die Gäste kochen lassen.

FÜR 20–24 PFANNKUCHEN

ZUTATEN
- 40 g Maismehl
- 215 g Weizenmehl
- Salz
- 450 ml Wasser
- 6 Eier, verquirlt
- Schmalz, zum Braten

Für die gekochte Füllung
- 30 ml/2 EL Pflanzenöl
- 1 Zwiebel, fein gehackt
- 2 Koblauchzehen, zerdrückt
- 115 g gekochtes Schweinefleisch, gehackt
- 115 g Krebsfleisch oder geschälte, gekochte Garnelen, aufgetaut
- 115 g Bambussprossen, dünn geschnitten
- 1 kleine Yamsbohne, geschält und geraspelt oder 12 Wasserkastanien, fein gehackt
- 15–30 ml/1–2 EL gelbe, gesalzene Bohnen
- 15 ml/1 EL helle Sojasoße
- gemahlener schwarzer Pfeffer

Für die kalte Füllung
- 2 hart gekochte Eier, gehackt
- 2 chinesische Würste, gedünstet und klein geschnitten
- 115 g gebratener Tofu, jedes Stück halbiert
- 225 g Bohnenkeime
- 115 g Krebsfleisch oder geschälte, gekoche Garnelen
- ½ Gurke, in Stifte geschnitten
- 1 kleiner Bund Frühlingszwiebeln, fein gehackt
- 20 Salatblätter, gewaschen und getrocknet
- frische Korinaderzweige zum Garnieren
- dazu verschiedene Soßen wie Chili-, Knoblauch- und Hoisinsoße

TIPP
Yamsbohnen sind zarte Knollen ähnlich den Wasserkastanien, aber viel größer.

1 Sieben Sie Mehl und Salz in eine Schüssel, die Sie mit Wasser und Eiern zu einem flüssigen Teig verarbeiten.

2 Fetten Sie eine schwere Pfanne mit Schmalz ein. Erhitzen Sie die Pfanne, gießen Sie überschüssiges Öl ab und bedecken Sie den Boden dünn mit Teig.

3 Sobald der Teig fest wird, wenden Sie den Pfannkuchen und backen die andere Seite. Die Pfannkuchen sollten sehr dünn sein. Backen Sie alle Pfannkuchen und stapeln Sie sie mit Backpapier dazwischen aufeinander. Wickeln Sie den Stapel in Alufolie und halten Sie ihn im Ofen warm.

4 Für die gekochte Füllung erhitzen Sie Öl im Wok und rührbraten Zwiebeln und Knoblauch 5 Minuten glasig, aber nicht braun. Fügen Sie Krebsfleisch oder Garnelen, Schweinefleisch, die Bambussprossen und die Yamsbohne oder die Wasserkastanien hinzu und rührbraten alles bei mittlerer Hitze 2–3 Minuten.

5 Geben Sie die gelben Bohnen und die Sojasoße in den Wok und würzen Sie mit Pfeffer. Decken Sie den Wok zu und lassen alles 15–20 Minuten köcheln. Lassen Sie die Füllung in einer Servierschüssel abkühlen.

6 Arrangieren Sie hart gekochte Eier, chinesische Würste, Tofu, Bohnensprossen, Krebsfleisch oder Garnelen, Gurke, Frühlingszwiebel und Salatblätter auf einer Vorlegeplatte oder in Schälchen. Füllen Sie die Soßen in einzelne kleine Schälchen.

7 Jeder Gast bereitet seine Popiah selbst zu. Er verteilt etwas Soße auf einen Pfannkuchen, gibt von der gekochten und der frischen Füllung jeweils etwas dazu. Der Pfannkuchen sollte nicht zu voll werden.

8 Die Enden können eingeklappt und der Pfannkuchen wie eine Frühlingsrolle aufgerollt werden; aber auch einfach gerollt, so dass man die Füllung sieht, sehen die Popiah zum Anbeißen aus. Man kann die Popiah auch vorbereiten, aber es macht mehr Spaß, wenn sich jeder bei Tisch selbst bedient.

SAMOSAS

DIESE LECKEREN KLEINEN SNACKS SIND ÜBERALL SEHR BELIEBT. SIE WERDEN AUS FAHRENDEN KÜCHEN ZU JEDER TAGESZEIT VERKAUFT. SIE KÖNNEN DAFÜR AUCH BLÄTTERTEIG VERWENDEN.

FÜR 20 STÜCK

ZUTATEN

1 Packung Frühlingsrollenhüllen, 25 cm^2
30 ml/2 EL Weizenmehl, mit etwas Wasser zu einer Paste verrührt
Pflanzenöl zum Frittieren
Korianderblätter zum Garnieren
dazu Gurke, Möhre und Sellerie, in Stifte geschnitten (nach Wunsch)

Für die Füllung

25 g/2 EL Ghee oder Butter
1 kleine Zwiebel, feing ehackt
1 cm Ingwerwurzel, geschält und gehackt
1 Knoblauchzehe, zerdrückt
2,5 ml/½ TL Chilipulver
225 g Kartoffeln, gekocht und in kleine Würfel geschnitten
50 g Blumenkohlröschen, kurz gekocht und in kleine Stücke gehackt
50 g Tiefkühlerbsen, aufgetaut
5–10 ml/1–2 TL Garam Masala
15 ml/1 EL gehackter frischer Koriander (Blätter und Stiele)
einige Spritzer Zitronensaft
Salz

1 Braten Sie Zwiebel, Ingwer und Knoblauch in Butter oder Ghee im Wok 5 Minuten an. Rühren Sie das Chilipulver unter und geben Sie nach 1 Minute Kartoffelwürfel, Blumenkohl und Erbsen dazu. Bestreuen Sie alles mit Masala und lassen es abkühlen. Rühren Sie Koriander, Zitronensaft und Salz unter.

2 Teilen Sie die Hüllen in drei Streifen (oder in zwei Hälften für große Samosas) und bestreichen die Ränder mit der Mehlpaste. Legen Sie einen kleinen Löffel Füllung 2 cm von der kurzen Seite entfernt auf die Hülle. Falten Sie eine Ecke über die Füllung, damit ein Dreieck entsteht, fahren Sie damit so lange fort, bis Sie die Hülle aufgebraucht haben. Versiegeln Sie offene Stellen mit der Mehlpaste, die Sie zur Not noch etwas verdünnen können.

3 Erhitzen Sie das Frittieröl auf 190° C und frittieren Sie die Samosas portionsweise, bis sie braun und knusprig sind. Lassen Sie die Samosas gut auf Küchenpapier abtropfen und servieren sie heiß mit Koriander garniert. Dazu reichen Sie Gurke, Möhre und Sellerie.

TIPP

Bereiten Sie die Samosas so weit vor, dass sie gar und braun sind. Braten Sie die Samosas kurz vor dem Servieren erneut an und lassen sie gut abtropfen.

CHA SHAO

DIESES GERICHT IST AUCH ALS GEGRILLTES SCHWEIN BEKANNT UND IN SÜDCHINA, MALAYSIEN UND SINGAPUR SEHR BELIEBT. SIE KÖNNEN DIE MARINADE AUCH ERHITZEN UND ALS SOSSE SERVIEREN.

6 PORTIONEN

ZUTATEN
- 900 g Schweinefilet
- 15 ml/1 EL klarer Honig
- 45 ml/3 EL Reiswein oder Sherry medium-dry
- Frühlingszwiebelröllchen zum Garnieren

Für die Marinade
- 150 ml dunkle Sojasoße
- 90 ml/6 EL Reiswein oder Sherry medium-dry
- 150 ml gut gewürzte Hühnerbrühe
- 15 ml/1 EL weicher brauner Zucker
- 1 cm Ingwerwurzel, geschält und fein geschnitten
- 40 ml/2½ EL gehackte Zwiebel

1 Mischen Sie die Zutaten für die Marinade im Topf und bringen sie bei mittlerer Hitze unter Rühren zum Kochen. Lassen Sie die Marinade 15 Minuten sanft köcheln und abkühlen.

2 Legen Sie die Filets auf einem flachen Teller nebeneinander. Gießen Sie 250 ml der Marinade darüber, decken alles ab und kühlen es mindestens acht Stunden, dabei wenden Sie das Fleisch mehrmals.

TIPP
Sie werden Marinade übrig haben, frieren Sie diese ein und verwenden Sie sie zum Würzen von anderem Fleisch, z.B. von Rippchen.

3 Heizen Sie den Ofen auf 200° C/Gasstufe 6 vor. Lassen Sie die Filets gut abtropfen und heben Sie die Marinade auf. Geben Sie das Fleisch auf einen Rost über einer Fettpfanne, die Sie 1 cm hoch mit Wasser füllen. Grillen Sie das Fleisch 20 Minuten lang.

4 Rühren Sie Honig und Reiswein in die Marinade. Nehmen Sie das Fleisch aus dem Ofen und wenden Sie es in der Marinade. Dann legen Sie es zurück auf den Rost und grillen es weitere 20–30 Minuten. Servieren Sie es in Streifen heiß oder kalt mit Frühlingszwiebeln.

CHILI-KREBSE

Diese Krebse werden in Singapur mit den Fingern gegessen. Geben Sie Ihren Gästen Hummerzangen und stellen Sie Schüsseln mit heissem Zitronenwasser und Servietten bereit!

4 PORTIONEN

ZUTATEN
- 2 gekochte (Taschen-)Krebse, jeder um 700 g
- 90 ml/6 EL Sonnenblumenöl
- 2,5 cm Ingwerwurzel, geschält und gehackt
- 2–3 Koblauchzehen, zerdrückt
- 1–2 rote Chilischoten,ohne Samen zu einer Paste verarbeitet
- 175 ml Tomatenketchup
- 30 ml/2 EL weicher brauner Zucker
- 15 ml/1 EL helle Sojasoße
- Salz
- 120 ml kochendes Wasser
- dazu heißer Toast und Gurkenstücke

TIPP
Fertig gekochte, ganze Krebse bekommen Sie im Supermarkt oder beim Fischhändler.

1 Bereiten Sie die Krebse vor, indem Sie die Zangen entfernen, dann legen Sie die Krebse auf den Rücken. Die Augen zeigen von Ihnen weg, und Sie pressen mit beiden Daumen den Körper mit den Beinen nach oben aus der Schale. Entfernen Sie den Magensack und die grauen, schwammigen Lungen und werfen beides weg.

2 Mit einem Teelöffel schaben Sie das braune, weiche Fleisch aus der Schale. Drehen Sie die Beine ab. Zerteilen Sie den Körper. Holen Sie das weiße Fleisch heraus. Sie können auch noch das Fleisch aus den Beinen pulen oder dies Ihren Gästen überlassen.

3 Erhitzen Sie Öl im Wok und braten Ingwer, Knoblauch und Chilipaste 1–2 Minuten leicht an. Rühren Sie Ketchup, Zucker und Sojasoße ein, würzen Sie mit Salz und erhitzen die Soße.

4 Rühren Sie das Krebsfleisch, die Scheren und die Beine – wenn sie noch ganz sind – unter. Gießen Sie kochendes Wasser dazu und erhitzen Sie alles gründlich. Arrangieren Sie die Krebsteile auf einer Servierplatte und reichen Sie dazu Toast und Gurkenstücke.

NONYA-SCHWEINEFLEISCH-SATAY

Als chinesische Händler sich mit malaysischen Frauen vermählten, kam es zunächst zu einem kulinarischen Chaos. Ihr geliebtes Schweinefleisch war den muslimischen Frauen verboten. Die Nonyaküche ist ein Kompromiss - meist von Seiten der Frauen.

FÜR 8–12 STÜCK

ZUTATEN
- 450 g Schweinefilet
- 15 ml/1EL heller brauner Zucker
- 1 cm Würfel Garnelenpaste
- 1–2 Zitronengrashalme
- 30 ml/2 TL Koriandersamen, geröstet
- 6 Macadamianüsse oder blanchierte Mandeln
- 2 Zwiebeln, grob gehackt
- 3–6 frische rote Chilischoten, grob gehackt
- 2,5 ml/½ TL Kurkumapulver
- 300 ml Kokosmilch
- 30 ml/2 EL Erdnussöl oder Sonnenblumenöl
- Salz

1 Legen Sie 8–12 Bambusspieße mindestens 1 Stunde in Wasser, damit sie beim Grillen nicht verbrennen.

2 Schneiden Sie die Filets in Würfel und legen sie nebeneinander in einen flachen Teller. Bestreuen Sie das Fleisch mit Zucker, damit der Fleischsaft aktiv wird. Braten Sie Krabbenpaste in Alufolie gewickelt kurz an oder erwärmen sie über einer Flamme.

TIPP
Dieses Gericht kann als Teil eines Menüs oder als Snack gereicht werden. Dann reichen Sie dazu Gurke, deren Frische mit dem würzigen Fleisch kontrastiert.

3 Hacken Sie 5 cm Zitronengras fein. Verarbeiten Sie geröstete Koriandersamen in einer Küchenmaschine zu Pulver. Geben Sie Nüsse und gehacktes Zitronengras dazu, mixen kurz, geben dann Zwiebeln, Krabbenpaste, Chilischoten, Kurkuma und etwas Salz dazu und verarbeiten alles zu einer feinen Paste. Gießen Sie Kokosmilch und Öl hinein und mixen ganz kurz durch. Geben Sie die Marinade über das Fleisch und marinieren es 2 Stunden.

4 Heizen Sie den Grill vor. Stecken Sie immer 4 Stücke Fleisch auf ein Spießchen und grillen sie 8–10 Minuten, bis sie zart und gar sind. Bestreichen Sie das Fleisch zwischendurch mit der Mariande und servieren Sie die Spießchen direkt vom Grill.

SAMBAL NANAS

SAMBALS SIND DIE KLEINEN BEILAGEN, DIE IN MALAYSIEN ZU FAST JEDEM MAHL GEREICHT WERDEN. IN ÄRMEREN FAMILIEN KANN EIN MAHL AUCH AUS GEKOCHTEM REIS UND EINEM SAMBAL AUS GESTOSSENER KRABBENPASTE, CHILI UND LIMETTENSAFT BESTEHEN. DIESES SAMBAL ENTHÄLT GURKE UND ANANAS.

8–10 PORTIONEN (ALS BEILAGE)

ZUTATEN

- 1 kleine oder ½ große, frische, reife Ananas
- ½ Gurke, längs halbiert
- 50 g getrocknete Krabben
- 1 große, frische, grüne Chillischote
- 1 cm Garnelenpaste, vorbereitet (s. Tipp)
- Saft einer Zitrone oder Limette
- heller brauner Zucker (nach Wunsch)

1 Schneiden Sie die Ananas oben und unten ab. Stellen Sie die Frucht aufrecht hin und entfernen Sie Schale und harte Teile. Schneiden Sie den festen Kern heraus und die Ananas in feine Scheiben, die Sie beiseite stellen.

2 Schneiden Sie die Enden der Gurke ab und die Gurke in feine Scheiben. Salzen Sie die Scheiben und stellen sie beiseite. Hacken Sie die Krabben in einer Küchenmaschine fein. Aus Krabben, Chilischote, Krabbenpaste und Zitronensaft mixen Sie eine Paste.

3 Spülen Sie die Gurkenscheiben ab und lassen sie auf Küchenpapier trocknen. Mischen Sie die Ananas unter und stellen beides kühl. Vor dem Servieren mischen Sie die Paste unter.

TIPP

Die scharfe Krabbenpaste ist in Südostasien sehr beliebt und in asiatischen Läden zu finden. Damit sie nicht roh und fischig schmeckt, rösten Sie die Paste in Alufolie gewickelt 5 Minuten unter Wenden bei mäßiger Hitze in einer Pfanne an. Wenn die Krabbenpaste laut Rezept mit andere Gewürzen geröstet wird, ist diese Vorbereitung nicht nötig.

Indisches Mee Goreng

In Wahrheit kombiniert dieses Gericht indische, chinesische und westliche Zutaten miteinander. Diese leckere Versuchung gibt es in Singapur und Malaysien in zahlreichen Garküchen zu kaufen.

4–6 PORTIONEN

ZUTATEN

- 450 g frische gelbe Einudeln
- 60–90 ml/4–6 EL Pflanzenöl
- 115 g gebratener Tofu oder 150 g fester Tofu
- 2 Eier
- 30 ml/2 EL Wasser
- 1 Zwiebel, in Scheiben
- 1 Knoblauchzehe, zerdrückt
- 15 ml/1 EL helle Sojasoße
- 30–45 ml/2–3 EL Tomatenketchup
- 15 ml/1 EL Chilisoße
- 1 große gekochte Kartoffel, gewürfelt
- 4 Frühlingszwiebeln, klein geschnitten
- 1–2 frische grüne Chilischoten, klein geschnitten (nach Wunsch)

1 Geben Sie die Nudeln in reichlich kochendes Wasser und kochen sie 2 Minuten. Gießen Sie die Nudeln ab und stoppen durch Abschrecken mit kaltem Wasser den Garvorgang. Gießen Sie die Nudeln wiederum ab.

2 Gebratene Tofuwürfel halbieren Sie, geben sie kurz in kochendes Wasser und lassen sie abtropfen. Erhitzen Sie 2 EL Öl in einer Pfanne. Festen Tofu würfeln Sie und braten die Würfel schön braun, heben sie aus dem Öl und stellen sie beiseite.

3 Verquirlen Sie die Eier mit Wasser und würzen sie. Gießen sie die Eimasse in die Pfanne und backen Sie das Omelette von beiden Seiten. Rollen Sie es auf und schneiden Sie es fein.

4 Erhitzen Sie das restliche Öl im Wok und braten Zwiebeln und Knoblauch 2–3 Minuten. Geben Sie Nudeln, Sojasoße, Ketchup und Chilisoße dazu und rühren gut um. Nach 2 Minuten geben Sie die Kartoffelwürfel dazu Bewahren Sie einige Frühlingszwiebeln zum Garnieren auf und geben den Rest mit Chilistücken und Tofu in die Pfanne.

5 Wenn alles heiß ist, rühren Sie die Omelettestreifen ein. Servieren Sie das Gericht auf einer vorgewärmten Platte.

THAILAND UND BIRMA (Myanmar)

Ein thailämdisches Menü ist ein kulinarischer Genuss. Die Currygerichte sind würzig, aber nicht aufdringlich, die Suppen sind legendär, und sogar die einfachen Fischbällchen sind ein Gedicht. Birma (Myanmar) hat eine deftigere, aber ebenso interessante Küche und ist besonders für ein Gericht berühmt: die Fischsuppe Mohingha.

THAILÄNDISCHE FRÜHLINGSROLLEN

Knusprige Frühlingsrollen sind in Thailand ebenso beliebt wie in China. In Thailand werden sie mit einer köstlichen Mischung aus Knoblauch, Fleisch und Nudeln gefüllt.

FÜR CA. 24 STÜCK

ZUTATEN
- 24 x 15 cm^2 Frühlingsrollenhüllen
- 30 ml/2 EL Weizenmehl
- Pflanzenöl zum Frittieren
- dazu thailändische süße Chilisoße (nach Wunsch)

Für die Füllung
- 4–6 chinesische Trockenpilze, 30 Minuten in warmem Wasser eingeweicht
- 50 g Glasnudeln
- 30 ml/2 EL Pflanzenöl
- 2 Knoblauchzehen, gehackt
- 2 frische rote Chilischoten, gehackt
- 225 g Schweinehackfleisch
- 50 g geschälte gekochte Garnelen
- 30 ml/2 EL Nam Pla (Fischsoße)
- 5 ml/1 TL Zucker
- 1 Möhre, geraspelt
- 50 g Bambussprossen, gehackt
- 50 g Bohnenkeime
- 2 Frühlingszwiebeln, klein gehackt
- 15 ml/1 EL gehackter frischer Koriander
- gemahlener schwarzer Pfeffer

1 Für die Füllung gießen Sie die Pilze ab. Entfernen Sie die Stiele und hacken Sie die Kappen klein.

2 Geben Sie die Nudeln in eine Schüssel, bedecken sie mit kochendem Wasser und lassen sie 10 Minuten einweichen. Gießen Sie die Nudeln ab und schneiden sie in 5 cm lange Stücke.

3 Erhitzen Sie Öl im Wok, rührbraten Sie Knoblauch und Chili ganz kurz und nehmen sie dann heraus. Bräunen Sie das Hackfleisch unter Rühren an.

4 Geben Sie Nudeln, Garnelen und Pilze dazu. Rühren Sie Fischsoße und Zucker ein und würzen Sie mit Pfeffer.

5 Schütten Sie den Nudelmix in eine Schüssel und heben Sie Möhre, Bambus, Bohnenkeime, Frühlingszwiebeln und Koriander zusammen mit der Knoblauch-Chili-Mischung unter.

6 Legen Sie die Frühlingsrollenhüllen unter einem feuchten Geschirrtuch bereit, damit sie nicht austrocknen. Rühren Sie aus Mehl und Wasser eine Paste an. Geben Sie etwas Füllung auf eine Frühlingsrollenhülle.

7 Klappen Sie den unteren Rand über die Füllung und schlagen Sie die Ränder links und rechts ein. Geben Sie etwas Mehlpaste auf den oberen Rand und rollen Sie die Hülle auf. Füllen Sie so alle Rollen.

8 Erhitzen Sie Öl in einem Wok oder in der Friteuse. Frittieren Sie die Rollen, bis sie goldbraun und knusprig sind. Lassen Sie die Rollen auf Küchenpapier abtropfen und halten sie warm, während Sie den Rest zubereiten. Servieren Sie die Rollen heiß mit Chilisoße.

TIPP

Fischsoße (Nam Pla) wird aus Anchovis gemacht, die gesalzen in Holzfässern gären. Die Soße verstärkt den Geschmack eines Gerichts, ohne ein eindeutiges Fischaroma zu hinterlassen.

KNUSPRIG FRITTIERTE KREBSSCHEREN

KREBSSCHEREN BEKOMMEN SIE IN ASIALÄDEN UND GUT SORTIERTEN SUPERMÄRKTEN TIEFGEKÜHLT. TAUEN SIE DIE SCHEREN VOLLSTÄNDIG AUF UND TROCKNEN SIE VOR DEM FRITTIEREN GRÜNDLICH.

4 PORTIONEN

ZUTATEN
- 50 g Reismehl
- 15 ml/1 EL Maismehl
- 2,5 ml/½ TL Zucker
- 1 Ei
- 60 ml/4 EL kaltes Wasser
- 1 Zitronengrashalm
- 2 Knoblauchzehen, klein gehackt
- 15 ml/1 EL gehackter frischer Koriander
- 1–2 frische rote Chilischoten, klein gehackt
- 5 ml/1 TL Nam Pla (Fischsoße)
- Pflanzenöl, zum Braten
- 12 Krebsscheren, zur Hälfte geschält
- gemahlener schwarzer Pfeffer

Für den Chili-Essig-Dip
- 45 ml/3 EL Zucker
- 120 ml Wasser
- 120 ml Rotweinessig
- 15 ml/1 EL Nam Pla (Fischsoße)
- 2–4 rote Chilischoten, gehackt

1 Für den Dip mischen Sie Zucker und Wasser im Topf, rühren Sie, bis sich der Zucker aufgelöst hat, und bringen Sie das Wasser zum Kochen. Köcheln Sie es 5–7 Minuten, rühren die anderen Zutaten unter und kühlen den Dip ab.

2 Mischen Sie Reismehl, Maismehl und Zucker in einer Schüssel. Schlagen Sie das Ei mit kaltem Wasser auf und rühren Sie es in das Mehl ein. Verarbeiten Sie die Mischung zu einem Ausbackteig.

3 Hacken Sie die unteren 5 cm des Zitronengrases fein. Geben Sie dieses mit Knoblauch, Koriander, Chilischoten und Fischsoße zum Ausbackteig und würzen Sie mit Pfeffer.

4 Erhitzen Sie Öl im Wok. Trocknen Sie die Krebsscheren und tauchen sie in den Teig. Backen Sie die Scheren goldbraun und knusprig. Lassen Sie sie auf Küchenpapier abtropfen und stellen sie warm. Servieren Sie zu den Krebsscheren den Dip in einer Schüssel.

Fischbällchen mit Gurken-Relish

Diese wunderbaren kleinen Fischbällchen sind in Thailand und zunehmend auch in ganz Asien ein Appetithappen. Sie werden meist zu thailändischem Bier gereicht.

12 STÜCK

ZUTATEN
- 5 Kaffir-Limettenblätter
- 300 g Kabeljau, in Stücken
- 30 ml/2 EL rote Currypaste
- 1 Ei
- 30 ml/2 EL Nam Pla (Fischsoße)
- 5 ml/1 TL Zucker
- 30 ml/2 EL Maismehl
- 15 ml/1 EL gehackter Koriander
- 50 g grüne Bohnen, klein geschnitten
- Pflanzenöl, zum Braten
- frische chinesische Senfkresse oder Korianderblätter, zum Garnieren

Für das Gurken-Relish
- 60 ml/4 EL Kokos- oder Reisessig
- 50 g Zucker
- 1 Knolle eingelegten Knoblauch
- 15 ml/1 EL frischer Ingwer
- 1 Gurke, in Stifte geschnitten
- 4 Schalotten, klein geschnitten

1 Für das Gurkenrelish kochen Sie Essig und Zucker mit 4 EL Wasser auf und rühren, bis sich der Zucker aufgelöst hat. Dann lassen Sie die Mischung erkalten.

2 Teilen Sie den eingelegten Knoblauch in Zehen. Hacken Sie diese mit Ingwer klein und geben sie in eine Schüssel. Fügen Sie Gurke und Schalotten dazu und mischen alles mit der Essigmixtur.

3 Heben Sie zwei Limettenblätter zum Garnieren auf und hacken Sie den Rest fein. Verarbeiten Sie Fisch, Currypaste und Ei in einer Küchenmaschine zu einer Paste. Geben Sie diese in eine Schüssel und rühren Sie Fischsoße, Zucker, geschnittene Limettenblätter, Koriander und grüne Bohnen unter. Mischen Sie alles gut und formen aus der Masse 12 Plätzchen, ca. 5 cm im Durchmesser und 5 mm dick.

4 Erhitzen Sie Öl im Wok. Braten Sie immer mehrere Bällchen auf einmal 4–5 Minuten, bis sie gar und gleichmäßig braun sind.

5 Lassen Sie die Bällchen auf Küchenpapier abtropfen. Halten Sie die Bällchen warm, während Sie den Rest braten. Garnieren Sie mit den aufbewahrten Limettenblättern und reichen Sie dazu das Gurkenrelish.

Kokossuppe mit Inwger und Huhn

Diese Suppe kombiniert Kokosmilch, Galgant, Zitronengras und Kaffier-Limettenblätter zu einem einzigartigen Aroma. In Thailand heisst sie Dom Kha Gai.

4–6 PORTIONEN

ZUTATEN
- 4 Zitronengrashalme
- 2 x 400 ml Kokosmilch
- 475 ml Hühnerbrühe
- 2,5 cm Galgant, geschält und dünn geschnitten
- 10 schwarze Pfefferkörner, zerstoßen
- 10 Kaffir-Limettenblätter
- 300 g Hühnerbrust, in feine Streifen geschnitten
- 115 g kleine Champignons
- 50 g Maiskölbchen, längs geviertelt
- 60 ml/4 EL Limettensaft
- 45 ml/3 EL Nam Pla (Fischsoße)
- gehackt frische rote Chilischoten, Frühlingszwiebeln und frische Korianderblätter, zum Garnieren

1 Hacken Sie die unteren 5 cm der Zitronengrashalme fein, den Rest zerstoßen Sie. Bringen Sie Kokosmilch und Hühnerbrühe in einem Topf zum Kochen. Geben Sie das Zitronengras, Galgant, die Pfefferkörner und die Hälfte der Limettenblätter dazu, lassen die Suppe 10 Minuten köcheln und sieben sie dann in einen zweiten Topf.

2 Stellen Sie die Suppe zurück auf den Herd und geben Hühnchen, Pilze und Maiskölbchen hinein. Köcheln Sie nun das Huhn in der Suppe gar.

3 Rühren Sie den Limettensaft und die Fischsoße ein und geben den Rest der Limettenblätter dazu. Servieren Sie die Suppe heiß und mit Chilistücken, Frühlingszwiebeln und Koriander garniert.

Scharf-saure Garnelensuppe

Diese klassische thailändische Meeresfrüchtesuppe – Dom Yam Kung – ist die wohl beliebteste und bekannteste Suppe des Landes.

4–6 PORTIONEN

ZUTATEN
- 450 g rohe Riesengarnelen
- 1 Liter Hühnerbrühe oder Wasser
- 3 Zitronengrashalme
- 10 Kaffir-Limettenblätter, halbiert
- 225 g Strohpilze, aus der Dose
- 45 ml/3 EL Nam Pla (Fischsoße)
- 60 ml/4 EL Limettensaft
- 30 ml/2 EL gehackte Frühlingszwiebeln
- 15 ml/1 EL frischer Koriander
- 4 frische rote Chilischoten, dünn geschnitten
- Salz und gemahlener schwarzer Pfeffer

1 Schälen Sie die Garnelen und geben Sie die Schalen in ein Sieb. Stellen Sie die Garnelen beiseite.

2 Spülen Sie die Schalen unter kaltem Wasser und kochen sie in einen großen Topf mit Wasser oder Brühe auf.

3 Zerstoßen Sie die Zitronengrashalme und geben sie mit der Hälfte der Limettenblätter in den Topf. Köcheln Sie die Brühe 5–6 Minuten, bis sie zu duften beginnt.

4 Sieben Sie die Brühe in einen Topf. Geben Sie die abgetropften Pilze und die Garnelen dazu und lassen sie köcheln, bis die Garnelen rosa werden.

5 Rühren Sie Fischsoße, Limettensaft, Frühlingszwiebeln, Koriander, Chilistücke und Limettenblätter ein und schmecken ab. Die Suppe sollte sauer, salzig, würzig und scharf zugleich schmecken.

HUHN MIT BASILIKUM UND CHILI

DIESES EINFACHE UND SCHNELLE HUHNGERICHT IST EINE GUTE EINFÜHRUNG IN DIE THAILÄNDISCHE KÜCHE. THAI-BASILIKUM HAT EIN EINZIGARTIGES AROMA, DAS SOWOHL SCHARF ALS AUCH WÜRZIG IST. FRITTIERTE BASILIKUMBLÄTTER GEBEN DEM GERICHT EINE BESONDERE NOTE.

4–6 PORTIONEN

ZUTATEN

- 45 ml/3 EL Pflanzenöl
- 4 Knoblauchzehen, dünn geschnitten
- 2–4 frische rote Chilischoten, klein gehackt
- 450 g Hühnerbrüste, ohne Haut und Knochen, in mundgerechte Stücke
- 45 ml/3 EL Nam Pla (Fischsoße)
- 10 ml/2 TL dunkle Sojasoße
- 5 ml/1 TL Zucker
- 10–12 Blätter Thai-Basilikum
- 2 frische rote Chilischoten, klein gehackt und 20 frittierte Thai-Basilikumblätter, zum Garnieren

1 Erhitzen Sie Öl im Wok und rührbraten Sie Knoblauch und Chilischoten bei mäßiger Hitze 1–2 Minuten, bis der Knoblauch goldbraun ist.

2 Geben Sie die Hühnerstücke dazu und rührbraten sie, bis sich ihre Farbe verändert.

3 Rühren Sie Fischsoße, Sojasoße und Zucker ein. Rührbraten Sie alles noch 3–4 Minuten, bis alle Hühnerstücke mit Soße überzogen sind.

4 Rühren Sie die frischen Basilikumblätter ein. Geben Sie das Gericht auf eine Warmhalteplatte oder in einzelne Schälchen und garnieren Sie mit dem frittierten Basilikum und Chilischoten.

TIPP

Basilikumblätter frittieren Sie wie folgt: Die Blätter müssen unbedingt vollständig trocken sein, sonst spritzen sie im heißen Fett. Frittieren Sie die Blätter kurz in heißem Öl, bis sie knusprig sind, das dauert nur 30–40 Sekunden. Heben Sie die Blätter mit einer Schaumkelle heraus und lassen Sie sie auf Küchenpapier abtropfen.

Salat aus grünen Papayas

Diesen Salat gibt es in Südostasien in den unterschiedlichsten Variationen. Da grüne Papayas bei uns sehr schwer erhältlich sind, können Sie auch fein geriebene Möhren, Gurken, grüne Äpfel oder auch sehr fein geschnittenen Weisskohl nehmen.

4 PORTIONEN

ZUTATEN

- 1 grüne Papaya
- 4 Knoblauchzehen, grob gehackt
- 15 ml/1 EL gehackte Schalotten
- 3–4 frische rote Chilischoten, geschnitten
- 2,5 ml/½ TL Salz
- 2–3 Schlangenbohnen oder 6 grüne Bohnen, in 2-cm-Stücken
- 2 Tomaten, in dünnen Scheiben
- 45 ml/3 EL Nam Pla (Fischsoße)
- 15 ml/1 EL Zucker
- Saft einer Limette
- 30 ml/2 EL geröstete Erdnuss- und rote Chilistücke zum Garnieren

1 Schneiden Sie die Papaya längs auf. Entfernen Sie die Kerne mit einem Löffel und schälen die Frucht mit einem scharfen Messer oder einem Gemüseschäler. Reiben Sie das Fruchtfleisch.

2 Geben Sie Knoblauch, Schalotten, Chilischoten und Salz in einen Mörser und verarbeiten alles zu einer Paste. Arbeiten Sie die geriebene Papaya nach und nach mit ein.

3 Geben Sie die geschnittenen Bohnen und die Tomatenscheiben in den Mörser und zerstoßen sie vorsichtig.

4 Würzen Sie die Mischung mit Fischsoße, Zucker und Limettensaft. Geben Sie den Salat in eine Servierschüssel und garnieren ihn mit Erdnüssen und Chilistückchen.

HÜHNCHENSALAT CHIANG MAI

CHIANG MAI IST EINE STADT IM NORDEN THAILANDS. KULTURELL IST SIE ENG MIT LAOS VERBUNDEN UND BERÜHMT FÜR IHREN HÜHNCHENSALAT, DER „LAAP" ODER „LARP" GENANNT WIRD. SIE KÖNNEN STATT HÜHNCHEN AUCH ENTEN-, SCHWEINE- ODER RINDFLEISCH VERWENDEN.

4–6 PORTIONEN

ZUTATEN

450 g klein gehacktes Hühnerfleisch
1 Zitronengrashalm
3 Kaffir-Limettenblätter, klein gehackt
4 frische rote Chilischoten, gehackt
60 ml/4 EL Limettensaft
30ml/2 EL Nam Pla (Fischsoße)
15 ml/1 EL gerösteter, gemahlener Reis (s. Tipp)
2 Frühlingszwiebeln, gehackt
30 ml/2 EL frischer Koriander
dünn geschnittene Kaffir-Limettenblätter, verschiedene Salatblätter und frische Minze zum Garnieren

1 Erhitzen Sie eine beschichtete Pfanne. Geben Sie das Hühnerfleisch hinein und befeuchten Sie es mit etwas Wasser. Rühren Sie es 7–10 Minuten lang um, bis es gar ist. Hacken Sie die unteren 5 cm des Zitronengrases fein.

2 Geben Sie das Hühnerfleisch in eine Schüssel und mischen es mit gehacktem Zitronengras, Limettenblättern, Chilischoten, Limettensaft, Fischsoße, gemahlenem Reis, Frühlingszwiebeln und Koriander.

3 Geben Sie die Mischung in eine Salatschüssel. Garnieren Sie den Salat mit Limettenblättern und frischer Minze.

TIPP
Nehmen Sie für den gemahlenen Reis Klebreis. Rösten Sie den Reis in einer Pfanne goldbraun. Dann verarbeiten Sie ihn in einem Mörser oder einer Küchenmaschine zu Pulver. Wenn der Reis kalt ist, heben Sie ihn in einem Schraubglas an einen kühlen Ort auf.

THAILÄNDISCHER RINDFLEISCHSALAT

DIESE HERZHAFTE HAUPTMAHLZEIT KOMBINIERT ZARTE STEAKSTREIFEN MIT EINEM KÖSTLICHEN CHILI-LIMETTEN-DRESSING.

4 PORTIONEN

ZUTATEN

2 Lendensteaks, je 225 g
1 Zitronengrashalm
1 rote Zwiebel, klein geschnitten
½ Gurke, in Streifen geschnitten
30 ml/2 EL gehackte Frühlingszwiebel
Saft von 2 Limetten
15–30 ml/1–2 EL Nam Pla (Fischsoße)
chinesische Senfkresse oder normale Salatkresse zum Garnieren

TIPP
In Asialäden erhalten Sie manchmal Gui Chai, das von Aussehen her sehr dünnen Frühlingszwiebeln ähnelt und an deren Stelle eingesetzt werden kann.

1 Braten Sie die Steaks in 6–8 Minuten medium. Lassen Sie das Fleisch 10–15 Minuten ruhen. Währenddessen hacken Sie die unteren 5 cm des Zitronengrases fein.

2 Schneiden Sie das kalte Fleisch in sehr dünne Streifen und geben Sie es in eine Schüssel.

3 Geben Sie Zwiebel, Gurke, Zitronengras und Frühlingszwiebel zum Fleisch.

4 Mischen Sie den Salat und würzen Sie ihn mit Limettensaft und Fischsoße. Geben Sie ihn in eine Salatschüssel oder auf eine Servierplatte und reichen Sie ihn lauwarm oder gekühlt und mit der Kresse garniert.

GEFÜLLTE THAILÄNDISCHE OMELETTES

Sie können aus diesem einfachen, leckeren Omeletteteig mehrere kleine oder zwei grosse Omelettes machen – für ein schnelles Mittagsgericht oder ein leichtes Abendessen.

3–4 PORTIONEN

ZUTATEN
30 ml/2 EL Pflanzenöl
2 Knoblauchzehen, klein gehackt
1 kleine Zwiebel, klein gehackt
225 g Schweinehackfleisch
30 ml/2 EL Nam Pla (Fischsoße)
5 ml/1 TL Zucker
2 Tomaten, geschält and gehackt
15 ml/1 EL gehackter Koriander
gemahlener schwarzer Pfeffer
frischer Koriander zum Garnieren

Für die Omelettes
6 Eier
15 ml/1 EL Nam Pla (Fischsoße)
ca. 30 ml/2 EL Pflanzenöl

1 Erhitzen Sie Öl im Wok. Geben Sie Knoblauch und Zwiebel hinein und braten sie 3–4 Minuten an, bis die Zwiebel weich ist. Braten Sie dann das Schweinehack 7–10 Minuten an, bis es krümelig und leicht gebräunt ist.

2 Rühren SIe Fischsoße, Zucker und Tomaten ein und würzen Sie mit Pfeffer. Köcheln Sie alles 5–8 Minuten, bis die Soße dick wird. Nehmen Sie den Wok vom Herd und geben Koriander dazu.

3 Für die Omelettes verquirlen Sie Eier und Fischsoße in einer Schüssel. Erhitzen Sie etwas Öl in einer Pfanne mit ca. 20 cm Durchmesser. Geben Sie ein Viertel oder die Hälfte der Eimasse hinein, je nach dem wie viele Omelettes Sie machen wollen. Achten Sie darauf, dass das Omelette gleichmäßig dünn wird und warten Sie, bis es stockt. Dann geben Sie Füllung in die Mitte und falten vier Seiten nach innen, so dass ein handliches Paket entsteht.

4 Geben Sie das Omelette mit der gefalteten Seite nach unten auf einen Teller und halten es warm, während Sie die anderen machen. Garnieren Sie die Omelettes mit Koriander.

VARIATION
Ersetzen Sie die Hälfte des Hackfleisches durch Garnelen oder Krebsfleisch.

GEGRILLTES HUHN

GEGRILLTES HUHN GIBT ES ÜBERALL IN THAILAND, AN GARKÜCHEN, ALS SNACK IN SPORTSTADIEN UND AM STRAND.

4–6 PORTIONEN

ZUTATEN

1 Huhn, ca 1,5 kg, in 8–10 Stücke zerteilt
Limettenschnitze und frische rote Chilischoten zum Garnieren

Für die Marinade

2 Zitronengrashalme
2,5 cm frischer Ingwer, geschält und dünn geschnitten
6 Knoblauchzehen, grob gehackt
4 Schalotten, grob gehackt
½ Bund Korianderwurzeln, gehackt
15 ml/1 EL Palmzucker
120 ml Kokosmilch
30 ml/2 EL Nam Pla (Fischsoße)
30 ml/2 EL helle Sojasoße

1 Für die Marinade hacken Sie die unteren 5 cm des Zitronengrases grob. Geben Sie diese mit allen anderen Zutaten für die Marinade in eine Küchenmaschine und verarbeiten alles zu einer weichen Paste.

2 Geben Sie die Hühnerteile in einen tiefen Teller und begießen sie gleichmäßig mit der Marinade. Decken Sie den Teller ab und lassen das Huhn 4 Stunden oder über Nacht marinieren.

3 Bereiten Sie den Grill vor oder heizen Sie den Ofen auf 200° C/Gasstufe 6 vor. Im Ofen legen Sie die Hühnerteile auf einen Rost über eine Fettpfanne.

4 Grillen oder backen Sie das Huhn 20–30 Minuten, bis die Teile gar und gebräunt sind. Wenden Sie das Fleisch zwischendurch zwei- oder dreimal und bestreichen Sie es mit der Marinade. Legen Sie die Hühnerteile auf eine Vorlegeplatte und garnieren sie mit Limettenschnitzen und Chilischoten.

TIPP

Kokosmilch gibt es frisch oder in Dosen oder im Tetrapack in Supermärkten. Ansonsten nehmen Sie 50 g Kokoscreme und verdünnen sie mit warmem Wasser.

KNUSPRIG FRITTIERTE REISNUDELN

DIESES GERICHT – MEE KROB – WIRD MEIST ZU FESTLICHEN ANLÄSSEN GEREICHT. DIE KNUSPRIGEN NUDELN WERDEN IN EINER PIKANTEN SÜSS-SAUREN KNOBLAUCHSOSSE GESCHWENKT.

4–6 PORTIONEN

ZUTATEN

- Pflanzenöl, zum Frittieren
- 175 g Reisnudeln
- 15 ml/1 EL gehackter Knoblauch
- 4–6 getrocknete rote Chilischoten
- 30 ml/2 EL gehackte Schalotten
- 15 ml/1 EL getrocknete Garnelen, gespült
- 115 g Schweinehackfleisch
- 115 g rohe geschälte Garnelen, gehackt
- 30 ml/2 EL braune Bohnensoße
- 30ml/2 EL Reisweinessig
- 45ml/3 EL Nam Pla (Fischsoße)
- 75g/3oz Palmzucker
- 30 ml/2 EL Tamarindensaft oder Limettensaft
- 115 g Bohnenkeime

Zum Garnieren

- 2 Frühlingszwiebeln, gehackt
- 30 ml/2 EL frischer Koriander
- 1 Omelette aus 2 Eiern, in Streifen
- 2 frische Chilischoten, in Streifchen

1 Erhitzen Sie Öl im Wok. Brechen Sie die Reisnudeln in ca. 7 cm lange Stücke. Frittieren Sie diese kurz in heißem Öl knusprig. Heben Sie die Nudeln aus dem Öl und tropfen sie auf Küchenpapier ab.

VARIATION

Sie können zum Garnieren auch noch eingelegten Knoblauch nehmen. Thailändischer Knoblauch ist kleiner als der Europäische. Die ganzen Knollen werden in süß-saure Lake eingelegt.

2 Gießen Sie das Öl bis auf 2 EL in eine Pfanne und lassen es erkalten. Erhitzen Sie die 2 EL Öl im Wok erneut und braten Sie Knoblauch, Chilischoten, Schalotten und Garnelen 1 Minute lang.

3 Geben Sie das Hackfleisch dazu und bräunen es 3–4 Minuten. Braten Sie auch die rohen Garnelen 2 Minuten mit. Füllen Sie die Masse in eine Schüssel.

4 Geben Sie Bohnensoße, Essig, Fischsoße und Zucker in den Wok. Erhitzen Sie alles langsam und bringen es zum Köcheln. Rühren Sie den Zucker hinein, bis die Masse sirupartig wird.

5 Geben Sie Tamarinden- oder Limettensaft zu der Soße und schmecken Sie ab. Die Soße sollte süß, sauer und salzig schmecken. Reduzieren Sie die Hitze und rühren Sie die Fleischmischung und die Bohnenkeime in die Soße.

6 Dann geben Sie die Nudeln dazu und heben sie vorsichtig unter, damit sie gleichmäßig mit Soße überzogen sind, aber nicht brechen. Geben Sie das Gericht auf ein vorgewärmte Servierplatte oder in einzelne Schälchen. Garnieren Sie mit gehackten Frühlingszwiebeln, Korianderblättern, Omelettestreifen sowie frischen Chilistücken und servieren Sie sofort.

TIPP

Frittieren Sie die Reisnudeln kleinen Portionen, denn sie werden um das Zwei- bis Dreifache größer. Die Prozedur dauert nur wenige Sekunden, stehen Sie mit einer Schaumkelle zum Herausheben bereit, damit die Nudeln nicht braun werden und verbrennen.

ROTES HÜHNERCURRY MIT BAMBUS

BAMBUSPROSSEN KANN MAN SEHR GUT AUS DER DOSE VERWENDEN, FRISCHE SPROSSEN GIBT ES BEI UNS KAUM ZU KAUFEN. NEHMEN SIE AM BESTEN GANZE BAMBUSSPROSSEN, SIE SIND FESTER UND VON BESSERER QUALITÄT ALS BEREITS GESCHNITTENE. SPÜLEN SIE DIE SPROSSEN ZUERST GUT AB.

4–6 PORTIONEN

ZUTATEN

1 Liter Kokosmilch
450 g Hühnerbrüste ohne Haut und Knochen,in mundgerechte Stücken
30 ml/2 EL Nam Pla (Fischsoße)
15 ml/1 EL Zucker
225 g Bambussprossen, geschnitten
5 Kaffir-Limettenblätter, zerpflückt
Salz und gemahlener schwarzer Pfeffer
gehackte, frische rote Chilischoten und Kaffir-Limettenblätter zum Garnieren

Für die rote Currypaste

5 ml/1 TL Koriandersamen
2,5 ml/½ TL Kreuzkümmelsamen
12–15 rote Chilschoten, gehackt
4 Schalotten, dünn geschnitten
2 Knoblauchzehen, gehackt
15 ml/1 EL gehacktes Galgant
2 Zitronengrashalme, gehackt
3 Kaffir-Limettenblätter, gehackt
4 frische Korianderwurzeln
10 schwarze Pfefferkörner
eine Prise gemahlener Zimt
5 ml/1 TL Kurkumapulver
2,5 ml/½TL Garnelenpaste
5 ml/1 TL Salz
30 ml/2 EL Pflanzenöl

1 Für die Currypaste rösten Sie Koriander- und Kreuzkümmelsamen 1–2 Minuten und verarbeiten sie dann mit den anderen Zutaten, außer dem Öl, in einem Mörser oder einer Küchenmaschine zu einer Paste.

2 Geben Sie das Öl nach und nach dazu und mischen Sie es gut unter. Füllen Sie die Paste in ein Glas und stellen sie in den Kühlschrank.

3 Gießen Sie die Hälfte der Kokosmilch in einen schweren Topf. Bringen Sie die Milch unter ständigem Rühren zum Kochen.

4 Rühren Sie 2 EL der Currypaste in die Milch und kochen sie 2–3 Minuten unter ständigem Rühren. Die restliche Currypaste hält sich im Kühlschrank bis zu 3 Monate lang.

5 Geben Sie die Hühnerstücke, die Fischsoße und den Zucker dazu. Rühren Sie gut um und lassen das Huhn 5–6 Minuten kochen, bis es die Farbe verändert und gar ist. Rühren Sie ständig um, damit die Soße nicht am Topfboden hängen bleibt.

6 Gießen Sie den Rest der Kokosmilch dazu, geben die Bambussprossen und die zerpflückten Limettenblätter hinein und bringen Sie die Soße unter ständigem Rühren wieder zum Kochen. Schmecken Sie mit Salz und Pfeffer ab.

7 Zum Servieren geben Sie das Gericht in eine vorgewärmte Schüssel und garnieren es mit gehackten Chilischoten und Limettenblättern.

VARIATION

Sie können die Bambussprossen zum Teil oder ganz durch Strohpilze ersetzen. Es gibt sie in Dosen im Asialaden. Schütten Sie die Pilze gut ab und geben Sie sie nach dem Ende der Garzeit dazu.

TIPP

Verwenden Sie in jedem Fall Hühnerbrust für dieses Gericht, da das Fleisch nur sehr kurz gegart wird. Schneiden Sie die Hühnerbrüste am besten in kleine Stücke oder dünne Streifen, wie für ein rührgebratenes Gericht.

Mussaman-Curry

Traditionell wird dieses Gericht mit Rindfleisch zubereitet, Sie können es aber auch mit Huhn, Lamm oder Tofu machen. Zu diesem würzig-süssen Curry servieren Sie am besten gekochten Reis. Die Mussaman-Currypaste können Sie kaufen oder auch selbst machen.

4–6 PORTIONEN

ZUTATEN
- 600 ml Kokosmilch
- 675 g Rinderschmorfleisch, in 2,5 cm große Stücke geschnitten
- 250 ml Kokoscreme
- 45 ml/3 EL Mussaman-Currypaste (s. Tipp)
- 30 ml/2 EL Nam Pla (Fischsoße)
- 15 ml/1 EL Palmzucker
- 60 ml/4 EL Tamarindensaft
- 6 grüne Kardamomkapseln
- 1 Zimtstange
- 1 große Kartoffel, ca. 225 g, in Stücke geschnitten
- 1 Zwiebel, in Stücke geschnitten
- 50 g geröstete Erdnüsse

1 Kochen Sie die Kokosmilch langsam auf. Geben Sie das Fleisch dazu, reduzieren Sie die Hitze und lassen es ca. 40 Minuten köcheln, bis es zart ist.

2 Geben Sie die Kokoscreme in eine Pfanne und kochen sie 5–8 Minuten. Rühren Sie die Mussaman-Currypaste ein und lassen sie aufkochen, bis sie duftet. Mischen Sie das Fleisch unter.

3 Rühren Sie Fischsoße, Zucker, Tamarindensaft, Kardamomkapseln, Zimt, Kartoffel und Zwiebel unter. Köcheln Sie das Gericht, bis die Kartoffel gar ist. Mischen Sie die Erdnüsse unter. Lassen Sie das Gericht noch 5 Minuten garen.

TIPP
Für Ihre eigene Mussaman-Currypaste weichen Sie 12 große getrocknete Chilis ohne Samen 15 Minuten in heißem Wasser ein. Hacken Sie die Schoten klein und verarbeiten sie im Mörser mit 4 EL Schalotten, 5 Knoblauchzehen, der unteren Hälfte eines Zitronengrashalms und 2 EL gehacktem Galgant zu einer Paste. Rösten Sie 1 TL Koriandersamen, 2 Nelken und 6 Pfefferkörner 1–2 Minuten in einer Pfanne. Zermahlen Sie die Gewürze zu Pulver, geben 1 TL Garnelenpaste, 1 TL Salz, 1 TL Zucker und 2 EL Öl dazu und mischen es mit der ersten Paste.

GARNELENCURRY MIT KOKOSMILCH

EIN WEITERES LECKERES, SCHNELLES GERICHT MIT GARNELEN IN EINER SCHMACKHAFTEN KOKOSSOSSE.

4–6 PORTIONEN

ZUTATEN

- 600 ml Kokosmilch
- 30 ml/2 EL gelbe Currypaste (s. Tipp)
- 15 ml/1 EL Nam Pla (Fischsoße)
- 2,5 ml/½ TL Salz
- 5 ml/1 TL Zucker
- 450 g rohe Riesengarnelen, geschält, ggf. aufgetaut
- 225 g Kirschtomaten
- frische gelbe und orangefarbene Paprikaschoten, in dünne Streifen geschnitten, Schnittlauch und Saft von ½ Limette zum Garnieren

VARIATION

Sie können auch gekochte Garnelen nehmen. Geben Sie diese ganz am Ende dazu und erwärmen sie 1–2 Minuten.

1 Gießen Sie die Hälfte der Kokosmilch in den Wok und kochen sie auf. Lösen Sie unter Rühren die gelbe Currypaste darin auf, reduzieren Sie die Hitze und köcheln alles 10 Minuten.

2 Geben Sie Fischsoße, Salz, Zucker und den Rest der Kokosmilch dazu und lassen alles weitere 5 Minuten köcheln.

3 Geben Sie Garnelen und Tomaten dazu und lassen sie noch 5 Minuten mitköcheln, bis die Garnelen rosa sind.

4 Geben Sie alles in eine Schüssel, besprenkeln es mit Limettensaft und garnieren mit Paprika und Schnittlauch.

TIPP

Für eine gelbe Currypaste geben Sie 6–8 frische gelbe Chilischoten, etwas Zitronengras, 2 gehackte Schalotten, 4 gehackte Knoblauchzehen, 1 EL gehackten Ingwer 1 TL Koriandersamen, 1 TL Senfpulver, 1 TL Salz, ½ TL Zimt, 1 EL braunen Zucker und 2 EL Sonnenblumenöl in eine Küchenmaschine. Verarbeiten Sie alle Zutaten zu einer Paste, streichen Sie diese in eine Glas, verschließen es und bewahren Sie die Paste im Kühlschrank auf.

Gedünsteter Kürbis in Kokoscreme

Gedünstete Früchte sind in Thailand sehr beliebt. Nach diesem Rezept können Sie auch Bananen oder Melonen zubereiten und sogar Maiskörner oder Hülsenfrüchte wie Mungobohnen und schwarze Bohnen in Kokosmilch garen.

4–6 PORTIONEN

ZUTATEN
- 1 kg Kabocha-Kürbis
- 750 ml Kokosmilch
- 175 g Zucker
- eine Prise Salz
- geröstete Kürbiskerne und frische Minze zum Garnieren

TIPP
Für die Garnitur waschen Sie die Kürbiskerne und tupfen sie mit Küchenpapier trocken. Geben Sie die Kerne in eine Pfanne ohne Öl oder breiten sie auf einem Backblech aus und rösten Sie sie unter Wenden, bis sie braun werden.

1 Halbieren Sie den Kürbis mit einem scharfen Messer und schälen Sie die Schale ab. Nehmen Sie die Kerne und die Fäden mit einem Löffel heraus und heben einige Kerne auf. Schneiden Sie den Kürbis in 5 x 2 cm große Stücke.

2 Bringen Sie Kokosmilch, Zucker und Salz zum Kochen. Geben Sie den Kürbis dazu und köcheln ihn in 10–15 Minuten weich. Servieren Sie ihn warm in Portionsschälchen, die Sie mit Minze und gerösteten Kürbiskernen garnieren.

Mangos mit Klebreis

Das beliebteste Dessert in Thailand: Der wunderbare Duft und das süsse Aroma der Mango passen besonders gut zu Kokosklebreis. Für dieses Gericht beginnen Sie schon einen Tag vorher mit den Vorbereitungen.

4 PORTIONEN

ZUTATEN
- 11 5g weißer Klebreis
- 175 ml dicke Kokosmilch
- 45 ml/3 EL Zucker
- eine Prise Salz
- 2 reife Mangos, geschält und geschnitten
- dünne Streifen Limettenschale zum Garnieren

1 Spülen Sie den Klebreis mehrmals gründlich unter kaltem Wasser und lassen Sie ihn über Nacht in einer Schüssel mit kaltem Wasser quellen.

TIPP
Wie bei Sahne schwimmt der gehaltvollste Teil der Kokosmilch oben. Dieser Teil kommt erst zum Schluss über den Reis.

2 Lassen Sie den Reis abtropfen und breiten ihn auf einem Tuch in einem Dämpftopf aus. Machen Sie den Dämpftopf zu und garen den Reis 20 Minuten.

3 Nehmen Sie 3 EL von der Kokosmilch ab und bringen Sie den Rest mit Zucker und Salz zum Kochen. Rühren Sie, bis sich der Zucker gelöst hat. Kühlen Sie die Milch ab.

4 Geben Sie den Reis in eine Schüssel und gießen Sie die kühle Kokosmilch darüber. Rühren Sie gut um und lassen den Reis 10–15 Minuten ruhen.

5 Verteilen Sie den Reis auf Teller. Legen Sie Mangoscheiben daneben und besprenkeln sie mit der aufbewahrten Kokosmilch. Garnieren Sie das Dessert mit Limettenstreifen.

MOHINGHA

Birmanische Frauen kaufen dieses bekannte Gericht von Hausierern, die man an dem langen Bambusstab, den sie auf dem Rücken tragen, erkennt. An einem Ende befindet sich ein Gefäss mit heisser Kohle, am anderen Ende hängt ein Gefäss mit allen Zutaten.

8 PORTIONEN

ZUTATEN

- 675 g Kabeljau oder Makrele, gesäubert, aber mit Gräte
- 3 Zitronengrashalme
- 2,5 cm frischer Ingwer, geschält
- 30 ml/2 EL Fischsoße
- 3 Zwiebeln, grob gehackt
- 4 Knoblauchzehen, grob gehackt
- 2–3 frische rote Chilischoten, gehackt
- 5 ml/1 TL Kurkumapulver
- 75 ml/5 EL Erdnussöl, zum Braten
- 400 ml Kokosmilch
- 25 g/3 EL Reismehl
- 25 g/3 EL Kichererbsenmehl
- 550 g Bambussprossen, geschnitten
- Salz und gemahlener schwarzer Pfeffer
- 1 hart gekochtes Ei in Achteln, dünn geschnittene rote Zwiebeln, klein gehackte Frühlingszwiebeln, einige frittierte Garnelen und gebratene Chilischoten (s. Tipp) zum Garnieren
- dazu 450 g getrocknete oder frische Reisnudeln, nach Packungsanleitung zubereitet

1 Bedecken Sie den Fisch in einer Pfanne mit kaltem Wasser. Zerstoßen Sie zwei Zitronengrashalme und die Hälfte des Ingwers und geben sie dazu. Kochen Sie das Wasser auf, gießen die Fischsoße dazu und köcheln alles 10 Minuten. Heben Sie den Fisch heraus, kühlen ihn ab und sieben den Fond in eine Schüssel. Entfernen Sie Haut und Gräten und zerpflücken Sie den Fisch.

TIPP

Für gebratene Chilischoten rösten Sie 8–10 getrocknete rote Chilischoten an und zerstoßen sie. Braten Sie diese in 2 EL Erdnussöl und rühren 25 g zerdrückte Garnelenpaste unter.

2 Entfernen Sie die unteren 5 cm des übrigen Zitronengrases und hacken den Rest. Verarbeiten Sie dies mit dem Rest Ingwer, Zwiebeln, Knoblauch, Chilischoten und Kurkuma zu einer sämigen Paste. Erhitzen Sie Öl in einer Pfanne und dünsten die Paste an, bis sie ihr Aroma frei setzt. Nehmen Sie die Paste vom Feuer und geben den Fisch dazu.

3 Gießen Sie die Kokosmilch in den Fischfond, füllen das Ganze mit Wasser auf 2,5 Liter auf und gießen alles in eine große Pfanne. Mischen Sie Reis- und Kichererbsenmehl mit etwas Fond zu einer dünnen Soße. Gießen Sie diese unter ständigem Rühren in den Fischfond und lassen ihn aufkochen.

4 Geben Sie die Bambussprossen dazu und garen sie in 10 Minuten. Rühren Sie die Fischmischung ein und würzen Sie. Kochen Sie den Fond weiter, bis alles heiß ist. Die Gäste gießen sich Suppe über die Nudeln und garnieren mit Ei, Zwiebeln, Chili und Garnelen.

THAMIN LETHOK

DIESES REZEPT ZEIGT DIE ERFOLGREICHE BIRMANISCHE METHODE, RESTE ZU VERWERTEN. NUDELN UND REIS WERDEN MIT DEN ANDEREN ZUTATEN AUF TELLERN ANGERICHTET UND KALT SERVIERT, WAS BESONDERS GUT FÜR EINE SOMMERPARTY GEEIGNET IST.

6 PORTIONEN

ZUTATEN

- 175 g Langkornreis
- 1–2 rote Chilischoten, grob gehackt
- 1 kleine Zwiebel, grob gehackt
- 15 ml/1 EL Pflanzenöl
- 350 g Kartoffeln, gewürfelt
- 115 g Eiernudeln, 30 Minuten in kaltem Wasser eingeweicht
- 115 g Reisnudeln, 30 Minuten in kaltem Wasser eingeweicht
- 50 g Glasnudeln (oder mehr von den anderen Nudelsorten)
- 225 g Spinat
- 175 g Bohnenkeime
- 25 ml/1½ EL Tamarindenmark oder -konzentrat, in 200 ml warmem Wasser eingeweicht oder 6 Zitronenachtel
- Salz

Als Beilagen

- 1 sehr kleine Zwiebel, dünn geschnitten
- 3 Frühlingszwiebeln, klein gehackt
- knusprig gebratene Zwiebel
- 50 g Glasnudeln, kusprig gebraten
- 25 g/3 EL Kichererbsen, geröstet und zerstoßen
- 3 getrocknete Chillies, geröstet und zerstoßen
- frischer Koriander

1 Bringen Sie Wasser in einem Topf zum Kochen und garen Sie den Reis in 12–15 Minuten. Schütten Sie ihn ab und stellen ihn in einer Schüssel beiseite. Zerstoßen Sie Chillies und Zwiebel in einem Mörser, braten sie 2–3 Minuten in Öl an und rühren sie unter den Reis.

2 Kochen Sie die Kartoffeln in Salzwasser gar und schütten sie ab. Gießen Sie die Nudeln ab und garen sie in separaten Töpfen in Salzwasser (s. Tipp). Schrecken Sie die Nudeln mit kaltem Wasser ab.

3 Spülen Sie den Spinat und geben ihn tropfnass in die Pfanne. Bedecken Sie die Pfanne und garen den Spinat 2 Minuten. Lassen Sie ihn gut abtropfen. Garen Sie die Bohnenkeime ebenso. Lassen Sie beides erkalten.

TIPP

Kochen Sie Nudeln nach der Packungsanleitung: Eiernudeln brauchen etwa 4 Minuten, Reisnudeln sind schon gar, wenn das Wasser wieder aufkocht.

4 Arrangieren Sie den kalten gewürzten Reis, die Kartoffelwürfel, die Nudeln, den Spinat und die Bohnenkeime hübsch auf einer Servierplatte. Stellen Sie die Beilagen dazu. Sieben Sie den Tamarindensaft in einen Krug oder legen Sie die Zitronenachtel auf einem Teller bereit. Jeder Gast stellt sich nach Geschmack etwas von den Zutaten mit Beilagen zusammen und gibt ein bisschen Tamarinden- oder Zitronensaft darüber.

INDONESIEN

Indonesien besteht aus über 13.000 kleinen und großen Inseln. Viele Religionen und Kulturen haben hier ihre Blütezeiten erlebt, die frühen Buddhisten, die Hindus und auch der Islam. In der Kolonialzeit eröffneten Portugiesen und Briten bereits Handelsstationen, aber den größten auswärtigen Einfluss übten die Holländer aus, die das Land 250 Jahre lang als Kolonie hielten. Ein reichhaltiges kulinarisches Erbe und die große Vielfalt an Lebensmitteln, wie Reis, Chilischoten in allen Variationen, Limetten, Tamarinde und Gewürzmischungen, haben viele kulinarische Genüsse, wie beispielsweise Nasi Goreng, Gado-Gado und Rindfleisch Rendang, hervorgebracht.

LAMM-SATAY

DIESE LECKEREN LAMMSPIESSE – AUCH SATÉ GENANNT – WERDEN MIT APPETITLICHEN RAUTENFÖRMIGEN REISPLÄTZCHEN SERVIERT. SIE SIND LEICHT ZUZUBEREITEN. REICHEN SIE DEN REST DER SOSSE ZUM DIPPEN.

FÜR 25–30 SPIESSCHEN

ZUTATEN
- 1 kg Lammkeule, ausgebeint
- 3 Knoblauchzehen, zerdrückt
- 15–30 ml/1–2 EL Chilisambal oder 5–10 ml/1–2 TL Chilipulver
- 90 ml/6 EL dunkle Sojasoße
- Saft einer Zitrone
- Salz und gemahlener schwarzer Pfeffer
- Erdnuss- oder Sonnenblumenöl, zum Bestreichen

Für die Soße
- 6 Knoblauchzehen, zerdrückt
- 15 ml/1 EL Chilisambal oder 2–3 frische Chilischoten, zu einer Paste verarbeitet
- 90 ml/6 EL dunkle Sojasoße
- 25 ml/1½ EL Zitronensaft
- 30 ml/2 EL kochendes Wasser

dazu
- dünn geschnittene Zwiebel
- Gurkenschnitze (nach Wunsch)
- Reisplätzchen (s. Tipp)

1 Schneiden Sie das Lamm in 1 cm große Würfel. Entfernen Sie alle Knorpel, aber lassen Sie das Fett dran, es hält das Fleisch beim Garen feucht und intensiviert den Geschmack. Legen Sie die Lammwürfel nebeneinander in eine flache Schüssel.

TIPP
Für die Reisplätzchen fertigen Sie zwei Stoffbeutelchen, ca. 15 cm² und füllen in jedes 115 g Reis. Garen Sie ihn ca. 75 Minuten in kochendem Salzwasser, bis der Reis die Beutelchen prall füllt. Halten Sie die Beutel mit einem Teller die ganze Zeit unter Wasser. Lassen Sie den Reis flach gedrückt erkalten, bevor Sie die Beutel aufschneiden und den klumpigen Reis herausnehmen. Mit einem scharfen, befeuchteten Messer halbieren Sie die beiden Reisflächen und schneiden sie dann in Rauten.

2 Geben Sie Knoblauch, Chilisambal, Sojasoße und Zitronensaft in einen Mörser. Verarbeiten Sie die Zutaten mit Salz und Pfeffer zu einer Paste. Das können Sie auch mit der Küchenmaschine machen. Wälzen Sie das Fleisch darin und lassen Sie es an einem kühlen Ort ca. eine Stunde marinieren. Weichen Sie Bambusspieße in Wasser ein, damit sie später nicht verbrennen.

3 Für die Soße mischen Sie Knoblauch, Chilisambal, Sojasoße, Zitronensaft und kochendes Wasser in einer Schüssel und rühren gut um. Heizen Sie den Grill vor. Stecken Sie das Fleisch auf Spießchen und bestreichen Sie es mit Öl. Grillen Sie die Spieße unter häufigem Wenden. Bestreichen Sie die Spieße mit Soße und reichen dazu Zwiebel, Gurke, die Reisplätzchen und die Soße.

GEMÜSESUPPE AUS BALI

In Bali basiert diese Suppe auf Bohnen, aber jahreszeitliche Variationen sind kein Problem. Zu diesem Gericht gehört auch Garnelenpaste, die auf Bali Terasi genannt wird.

2 Verarbeiten Sie Knoblauch, Macadamianüsse oder Mandeln, Garnelenpaste und Koriandersamen im Mörser oder mit der Küchenmaschine zu einer feinen Paste.

8 PORTIONEN

ZUTATEN

- 225 g grüne Bohnen
- 1,2 Liter leicht gesalzenes Wasser
- 1 Knoblauchzehe, grob gehackt
- 2 Macadamianüsse oder 4 Mandeln, klein gehackt
- 1 cm Würfel Garnelenpaste
- 10–15 ml/2–3 TL Koriandersamen, geröstet
- 30 ml/2 EL Pflanzenöl
- 1 Zwiebel, klein geschnitten
- 400 ml Kokosmilch
- 2 Lorbeerblätter
- 225 g Bohnenkeime
- 8 dünne Limettenschnitze
- 30 ml/2 EL Zitronensaft
- Salz und gemahlener schwarzer Pfeffer

1 Putzen Sie die Bohnen und schneiden sie klein. Kochen Sie die Bohnen 3–4 Minuten in Salzwasser Gießen Sie das Gemüse ab, aber heben Sie das Kochwasser auf. Stellen Sie die Bohnen beiseite.

TIPP
Rösten Sie die Koriandersamen 2 Minuten an, bis das Aroma frei gesetzt wird.

3 Erhitzen Sie Öl im Wok und dünsten Sie die Zwiebel glasig. Heben Sie die Zwiebel heraus. Geben Sie die Nusspaste in den Wok und braten Sie sie 2 Minuten ohne Bräunen an.

4 Gießen Sie das aufbewahrte Kochwasser dazu. Nehmen Sie 3–4 EL vom dickeren Teil der Kokosmilch ab. Den Rest der Milch geben Sie in den Wok und bringen die Flüssigkeit zum Kochen. Geben Sie den Lorbeer hinein und kochen alles 15–20 Minuten.

5 Kurz vor dem Servieren nehmen Sie einige Bohnen, gebratene Zwiebeln und Bohnenkeime beiseite und geben den Rest zur Suppe. Rühren Sie die Zitronenschnitze, die aufbewahrte Kokosmilch, Zitronensaft und Gewürze hinzu. Gießen Sie die Suppe in Schalen und garnieren Sie mit dem restlichen Gemüse.

Würziger Tintenfisch

Dieses aromatische Fischgericht – Cumi Cumi Smoor – ist einfach, aber lecker. Zum Glück sind die Zeiten vorbei, in denen man den Tintenfisch mühsam reinigen musste, das erledigen heute dankenswerterweise die Fischhändler für uns.

2 Erhitzen Sie 1EL Öl im Wok. Rührbraten Sie die Tintenfische 2–3 Minuten in heißem Öl, dann haben sich die langen Streifen zu hübschen Kringeln gerollt. Nehmen Sie die Tintenfische heraus und stellen sie beiseite.

3–4 PORTIONEN

ZUTATEN
- 700 g Tintenfisch
- 50 ml/3 EL Erdnussöl
- 1 Zwiebel, klein gehackt
- 2 Knoblauchzehen, zerdrückt
- 1 Fleischtomate, geschält und gehackt
- 15 ml/1 EL dunkle Sojasoße
- 2,5 ml/½ TL geraspelte Muskatnuss
- 6 Nelken
- 150 ml Wasser
- Saft von ½ Zitrone oder 1 Limette
- Salz und schwarzer Pfeffer
- frischer Koriander und gehackte Frühlingszwiebel, zum Garnieren
- dazu gekochter Reis

1 Spülen und trocknen Sie die Tintenfische, schneiden sie längs an einer Seite auf und klappen sie auseinander. Ritzen Sie die Innenseite kreuzweise ein und schneiden Sie das Fleisch schräg in lange dünne Streifen.

3 Wischen Sie den Wok aus und geben den Rest Öl hinein. Rührbraten Sie Zwiebel und Knoblauch kurz. Rühren Sie Tomate, Sojasoße, Muskat, Nelken, Wasser und Zitronensaft ein. Kochen Sie alles kurz auf, reduzieren die Hitze, geben die Tintenfische dazu und würzen.

4 Garen Sie die Mischung noch 3–5 Minuten und rühren Sie regelmäßig um, damit nichts anklebt. Verkochen Sie die Tintenfische aber nicht.

5 Teilen Sie den Reis auf 3 oder 4 Schalen auf und geben die würzigen Tintenfische obenauf. Garnieren Sie das Gericht mit frischem Koriander und Frühlingszwiebeln und servieren Sie.

NASI GORENG

EINES DER BERÜHMTESTEN GERICHTE DER WELT IST EIGENTLICH EIN RESTEESSEN. HIER KÖNNEN SIE ÜBRIG GEBLIEBENEN REIS SOWIE HUHN UND ANDERES FLEISCH AUFBRAUCHEN. DER REIS IST KALT, DIE KÖRNER SOLLEN SICH BEIM ERWÄRMEN TRENNEN. AM BESTEN KOCHEN SIE DEN REIS EINEN TAG VORHER.

4–6 PORTIONEN

ZUTATEN

- 2 Eier
- 30 ml/2 EL Wasser
- 105 ml/7 EL Öl
- 225 g Schweinefilet oder Rinderfilet, in dünnen Streifen
- 115 g geschälte gekochte Garnelen, ggf. aufgetaut
- 175–225 g gekochtes Hünherfleisch, klein gehackt
- 2 frische rote Chilischoten, halbiert
- 1 cm Würfel Garnelenpaste
- 2 Knoblauchzehen, zerdrückt
- 1 Zwiebel, grob gehackt
- 700 g kalter gekochter Langkornreis, vorzugsweise Basmati (ca. 350 g roher Reis)
- 30 ml/2 EL dunkle Sojasoße oder 45–60 ml/3–4 EL Tomatenketchup
- Salz und gemahlener schwarzer Pfeffer
- frittierte Zwiebeln und frischer Koriander zum Garnieren

1 Schlagen Sie die Eier mit Wasser in einer Schüssel auf, würzen Sie mit Salz und Pfeffer. Backen Sie in einer beschichteten Pfanne zwei oder drei Omelettes mit sehr wenig Öl. Rollen Sie die erkalteten Omelettes auf und zerschneiden Sie sie in Streifen. Geben Sie das Fleisch, das Huhn und die Garnelen in verschiedenen Schüsselchen. Hacken Sie eine Chilischote.

2 Geben Sie Garnelenpaste, den Rest der Chilischoten, Knoblauch und Zwiebel in eine Küchenmaschine oder einen Mörser und verarbeiten alles zu einer Paste.

3 Erhitzen Sie Öl im Wok und braten Sie die Paste, ohne sie zu bräunen, bis sie ihr Aroma frei setzt. Wenden Sie das Fleisch 2 Minuten in der Paste, damit es schnell von ihr umschlossen wird und nicht zu viel Feuchtigkeit verliert.

4 Rührbraten Sie die Garnelen ebenfalls 2 Minuten. Dann geben Sie Huhn, Reis, Sojasoße oder Ketchup dazu und würzen. Rühren Sie den Reis beim Erhitzen ständig um, damit er locker bleibt und nicht am Boden anhängt.

5 Füllen Sie das Gericht in Schalen und geben die Omelettestreifen und die Chilistücke darüber. Garnieren Sie mit Frühlingszwiebeln und Koriander.

Würzige Fleischbällchen

Reichen Sie zu diesen Leckerbissen – Pergedel Djawa – Eiernudeln und Chilisambal.

4–6 PORTIONEN

ZUTATEN
- 1-cm-Würfel Garnelenpaste
- 1 große Zwiebel, grob gehackt
- 1–2 frische rote Chilischoten, gehackt
- 2 Knoblauchzehen, zerdrückt
- 15 ml/1 EL Koriandersamen
- 5 ml/1 TL Kreuzkümmelsamen
- 450 g mageres Rinderhackfleisch
- 10 ml/2 TL dunkle Sojasoße
- 5 ml/1 TL brauner Zucker
- Saft von 1½ Zitronen
- 1 verschlagenes Ei
- Pflanzenöl, zum Frittieren
- Salz und gemahlener schwarzer Pfeffer
- dazu Chilisambal
- 1 grüne und 2 frische rote Chilischoten zum Garnieren

1 Packen Sie die Garnelenpaste in Alufolie ein und erwärmen sie 5 Minuten in einer Pfanne. Wenden Sie die Paste mehrmals und geben sie ohne die Folie in eine Küchenmaschine.

TIPP
Mahlen Sie Garnelenpaste, Zwiebel, Chilischoten und Knoblauch nicht zu lange in der Küchenmaschine, die Zwiebel wird sonst matschig und verdirbt den Geschmack der Fleischbällchen.

2 Geben Sie Zwiebel, Chilischoten und Knoblauch dazu und verarbeiten alles zu einer Paste. Rösten Sie Koriander- und Kreuzkümmelsamen 1 Minute in einer heißen Pfanne, um das Aroma frei zu setzen. Zerstoßen Sie die Samen in einem Mörser.

3 Mischen Sie das Fleisch mit Zwiebelpaste, den zerstoßenen Samen, Sojasoße, Zucker, Zitronensaft und Ei. Würzen Sie nach Geschmack.

4 Rollen Sie die Mischung in kleine Bällchen und stellen sie 5–10 Minuten kalt, damit sie fester werden.

5 Erhitzen Sie Öl im Wok und braten immer einige Bällchen zusammen 4–5 Minuten unter mehrmaligem Wenden. Sie sollen gar und braun sein.

6 Lassen Sie die Bällchen auf Küchenpapier abtropfen und stapeln sie auf einem vorgewärmten Teller oder in einer Schüssel. Schneiden Sie 1 grüne und 1 rote Chilischote klein und streuen sie über das Fleisch. Sie können auch nur rote Schoten verwenden. Reichen Sie dazu Chilisambal (s. unten) in einem Schälchen.

VARIATION
Sie können statt Rinderhackfleisch auch Schweine-, Lamm- oder Truthahnhack verwenden.

Chilisambal

Diese feurige Beilage wird als Sambal Oelek im Handel angeboten, ist aber auch rasch selbst gemacht und hält sich mehrere Wochen in einem gut verschlossenen Glas. Nehmen Sie Stahl- oder Plastiklöffel zum Abmessen; Soße an den Fingern sollten Sie abwaschen.

FÜR 500 GRAMM

ZUTATEN
- 500 g frische rote Chilischoten
- 10 ml/2 TL Salz

1 Geben Sie die Chilischoten in kochendes Wasser und garen sie darin 5–8 Minuten.

2 Schütten Sie die Schoten ab und verarbeiten sie zu einer Paste, die nicht zu glatt sein sollte.

3 Geben Sie die Paste in ein Glas mit Schraubverschluss, rühren das Salz ein und decken das Glas mit Plastikfolie ab. Dann schrauben Sie den Deckel auf und stellen es in den Kühlschrank. Reichen Sie das Sambal als Beilage oder verarbeiten Sie es in Rezepten.

SÜSS-SAURER SALAT

ACAR BENING IST DIE PERFEKTE BEILAGE FÜR VIELE WÜRZIGE UND SCHARFE GERICHTE. DER GESCHMACK IST DURCH DIE GRANATÄPFELKERNE – NICHT UNBEDINGT EINE TRADITIONELLE ZUTAT – SEHR ERFRISCHEND.

8 PORTIONEN

ZUTATEN
- 1 kleine Gurke
- 1 Zwiebel, dünn geschnitten
- 1 kleine, reife Ananas oder 425 g Ananasringe aus der Dose
- 1 grüne Paprika, dünn geschnitten
- 3 feste Tomaten, gehackt
- 30 ml/2 EL brauner Zucker
- 45–60 ml/3–4 EL Weissweinessig
- 120 ml Wasser
- Salz
- Kerne von 1–2 Granatäpfeln zum Garnieren

1 Schneiden Sie die Gurke in halbe Scheiben, legen sie mit der Zwiebel auf einen Teller und salzen Sie. Schütten Sie das Wasser nach 10 Minuten ab.

2 Frische Ananas schälen Sie, entfernen das Herz und schneiden das Fleisch in mundgerechte Stücke. Ananas aus der Dose schütten Sie ab und schneiden sie ebenfalls klein. Geben Sie Ananas, Gurke, Zwiebel, Paprika und Tomate in eine Schüssel.

3 Erhitzen Sie Zucker, Essig und Wasser in einem Topf und rühren Sie, bis sich der Zucker augelöst hat. Lassen Sie das Dressing erkalten. Dann geben Sie etwas Salz dazu und gießen es über den Salat. Stellen Sie ihn bis zum Servieren kühl. Reichen Sie den Salat in kleinen Schalen mit Granatapfelkernen garniert.

VARIATION

Für einen indonesischen Gurkensalat salzen Sie eine Gurke wie oben beschrieben. Geben Sie halb so viel Dressing über die Gurke und geben Frühlingszwiebelringe dazu. Decken Sie den Salat ab und stellen ihn bis zum Servieren kalt. Garnieren Sie mit Sesamsamen.

Gado-Gado mit Obst und Rohkost

Wenn Sie diesem Gericht eine besondere Note verleihen wollen, nehmen Sie zum Servieren statt der Salatblätter ein Bananenblatt, das Sie in Asialäden kaufen können.

6 PORTIONEN

ZUTATEN
- ½ Gurke
- 2 Birnen (nicht zu reif) oder 175 g Yamsbohne
- 1–2 Äpfel
- Saft von ½ Zitrone
- verschiedene Salatblätter
- 6 kleine Tomaten, in Achteln
- 3 Scheiben frische Ananas, ohne Herz, in Stücke geschnitten
- 3 Eier, hart gekocht und gepellt
- 175 g Eiernudeln, gekocht, abgekühlt und gehackt
- frittierte Zwiebeln zum Garnieren

Für die Erdnusssoße
- 2–4 frische rote Chilischoten, zerrieben oder 15 ml/1 EL Chilisambal
- 300 ml Kokosmilch
- 350 g stückige Erdnussbutter
- 15 ml/1 EL dunkle Sojasoße oder dunkler brauner Zucker
- 5 ml/1 TL Tamarindenmark, in 3 EL warmem Wasser eingeweicht
- grob gehackte Erdnüsse
- Salz

1 Für die Erdnusssoße geben Sie Chilischoten oder Chilisambal in eine Pfanne und gießen die Kokosmilch dazu. Geben Sie Erdnussbutter hinein und erhitzen Sie die Soße langsam unter Rühren.

2 Lassen Sie die Soße köcheln, bis sie andickt und rühren Sie dann Sojasoße oder Zucker ein. Gießen Sie den Tamarindensaft dazu, würzen mit Salz und rühren Sie ausgiebig um. Garnieren die Soße in einer Schale mit Erdnüssen.

VARIATION
Sie können die Eier durch Wachteleier ersetzen, sie sehen sehr hübsch aus. Kochen Sie die Eier 3 Minuten und halbieren sie oder verwenden sie ganz.

3 Für den Salat schneiden Sie Gurke und Birnen oder Yamsbohnen in Stifte. Raspeln Sie die Äpfel und tropfen Sie Zitronensaft darüber. Legen Sie die Salatblätter auf einer Servierplatte aus und geben Obst und Gemüse darauf.

4 Legen Sie die Nudeln, die Eier und die frittierten Zwiebeln dazu und servieren Sie sofort. Dazu reichen Sie die Erdnusssoße.

Rindfleisch Rendang

In Indonesien wird dieses würzige Gericht mit trockenem Fleisch und wenig Sosse gereicht. Wenn Sie mehr Sosse möchten, geben Sie mit den Kartoffeln mehr Wasser zu.

6–8 PORTIONEN

ZUTATEN
- 2 Zwiebeln oder 5–6 Schalotten, gehackt
- 4 Knoblauchzehen, gehackt
- 2,5 cm frischer Galgant, geschält und geschnitten, oder 15 ml/1 EL Galgantpaste
- 2,5 cm frischer Ingwer, geschält und geschnitten
- 4–6 frische rote Chilischoten, gehackt
- der untere Teil eines Zitronengrashalms, geschnitten
- 2,5 cm frisches Kurkuma, geschält und geschnitten, oder 5 ml/1 TL Kurkumapulver
- 1 kg bestes Rindfleisch am Stück
- 5 ml/1 TL Koriandersamen, geröstet
- 5 ml/1 TL Kreuzkümmelsamen, geröstet
- 2 Kaffir-Limettenblätter, zerpflückt
- 2 x 400 ml Kokosmilch
- 300 ml Wasser
- 30 ml/2 EL dunkle Sojasoße
- 5 ml/1 TL Tamarindenmark, in 4 EL warmem Wasser eingeweicht
- 8–10 neue Kartoffeln, gebürstet
- Salz und gemahlener schwarzer Pfeffer
- frittierte Zwiebeln (s. unten), frische rote Chilischoten und Frühlingszwiebeln zum Garnieren

1 Geben Sie Zwiebeln oder Schalotten, Knoblauch, Galgant, Ingwer, Chilischoten, Zitronengras und Kurkuma in eine Küchenmaschine oder einen Mörser und verarbeiten alles zu einer feinen Paste.

2 Schneiden Sie das Fleisch mit einem scharfen Messer in Würfel und legen Sie es in eine Schüssel.

3 Mahlen Sie die Kreuzkümmel- und Koriandersamen und geben sie zusammen mit Zwiebel, Chilipaste und Limettenblättern zum Fleisch. Wälzen Sie es gut in der Marinade und lassen es abgedeckt im Kühlen marinieren.

TIPP
Dieses Gericht schmeckt noch besser, wenn Sie es einen oder zwei Tage vorher kochen. Das Aroma wird noch intensiver. Kochen Sie die Kartoffeln erst beim Aufwärmen gar.

4 Gießen Sie Kokosmilch und Wasser in einen Wok und geben das marinierte Fleisch und die Sojasoße dazu. Gießen Sie den Tamarindensaft dazu. Lassen Sie alles unter Rühren aufkochen und 1½ Stunden halb bedeckt köcheln.

5 Geben Sie die Kartoffeln dazu und köcheln sie 20–25 Minuten mit, Kartoffeln und Fleisch sollten dann zart sein. Geben Sie bei Bedarf Wasser hinzu. Garnieren Sie mit Frühlingszwiebeln, frittierten Zwiebeln und Chilistücken.

Frittierte Zwiebeln

Diese traditionelle Garnitur ist als Bawang Goreng *bekannt. In asiatischen Läden kann man sie fertig kaufen, aber die Garnitur ist sehr einfach selbst zu machen. Verwenden Sie kleine rote Zwiebeln, diese enthalten weniger Wasser.*

FÜR 500 GRAMM

ZUTATEN
- 500 g Zwiebeln
- Pflanzenöl zum Frittieren

1 Schneiden Sie die Zwiebeln in sehr dünne Scheiben. Breiten Sie die Zwiebelscheiben auf Küchenpapier aus und lassen sie 30 Minuten bis 2 Stunden trocknen. Erhitzen Sie das Öl in einer Friteuse oder einem Wok auf 190° C.

2 Frittieren Sie immer eine Hand voll Zwiebeln gleichzeitig, bis sie braun und knusprig sind. Lassen Sie die Zwiebeln auf Küchenpapier abtropfen und bewahren Sie die Ringe in einem luftdicht verschlossenen Gefäß auf.

SAMBAL GORENG MIT GARNELEN

SAMBAL GORENG GEHÖRT ZU DEN VIELSEITIGSTEN SOSSEN DER ASIATISCHEN KÜCHE. HIER WIRD SIE MIT GARNELEN UND GRÜNEN PAPRIKA KOMBINIERT, SIE KÖNNTEN ABER AUCH HÜHNERLEBER, KALBSLEBER, TOMATEN, GRÜNE BOHNEN ODER HART GEKOCHTE EIER VERWENDEN.

4–6 PORTIONEN

ZUTATEN
350 g geschälte gekochte Garnelen
1 grüne Paprika, dünn geschnitten
60 ml/4 EL Tamarindensaft
eine Prise Zucker
45 ml/3 EL Kokosmilch oder -creme
dazu gekochter Reis
Limettenschale und rote Zwiebel zum Garnieren

Für das Sambal Goreng
2,5-cm-Würfel Garnelenpaste
2 Zwiebeln, grob gehackt
2 Knoblauchzehen, grob gehackt
2,5 cm frischer Galgant, geschält und geschnitten
10 ml/2 TL Chilisambal oder 2 frische rote Chilischoten, geschnitten
Salz
30 ml/2 EL Pflanzenöl
45 ml/3 EL Tomatenpüree
600 ml Gemüsebrühe oder Wasser

1 Für das Sambal Goreng zerstoßen Sie Garnelenpaste, Zwiebeln und Knoblauch in einem Mörser. Sie können auch eine Küchenmaschine verwenden. Dann geben Sie Galgant, Chilisambal oder geschnittene Chillischoten und Salz dazu. Verarbeiten Sie alles zu einer Paste.

TIPP
Bewahren Sie die restliche Soße im Kühlschrank 3 Tage auf oder frieren Sie die Soße bis zu 3 Monate lang ein.

2 Erhitzen Sie Öl im Wok und erwärmen Sie die Paste 1–2 Minuten, ohne dass sie braun wird. Wenn sie ihr Aroma frei setzt, rühren Sie Tomatenpüree und Brühe oder Wasser ein und lassen alles 10 Minuten köcheln. Schöpfen Sie die Häfte der Soße in eine Schale, lassen sie erkalten und verwerten sie anderweitig (s.Tpip).

3 Geben Sie Garnelen und Paprika in die Soße und garen sie bei mittlerer Hitze 3–4 Minuten. Dann rühren Sie Tamarindensaft, Zucker und Kokosmilch hinein. Füllen Sie das Gericht in vorgewärmte Schalen und garnieren Sie mit Limettenschale und roten Zwiebelringen. Dazu reichen Sie gekochten Reis.

VARIATIONEN
Für Tomaten-Sambal-Goreng geben Sie 500 g geschälte, gehackte Tomaten vor der Brühe in die Soße.
Für Eier-Sambal-Goreng geben Sie 3 oder 4 hart gekochte, gehackte Eier und 2 geschälte, gehackte Tomaten in die Soße.

Bami Goreng

Dieses gebratene Nudelgericht ist sehr einfach in der Zubereitung. Sie können beim Gemüse variieren, verwenden Sie z. B. Pilze, Chayote, Brokkoli, Lauch oder Bohnenkeime. Bemühen Sie sich aber immer um die Ausgewogenheit von Farben, Aromen und Konsistenz.

6–8 PORTIONEN

ZUTATEN

- 450 g Eiernudeln
- 2 Eier
- 25 g/2 EL Butter
- 90 ml/6 EL Pflanzenöl
- 1 Hühnerbrust ohne Haut und Knochen, geschnitten
- 115 g Schweinefilet, geschnitten
- 115 g Kalbsleber, klein geschnitten (nach Wunsch)
- 2 Knoblauchzehen, zerdrückt
- 115 g geschälte gekochte Garnelen
- 115 g Pak Choy
- 2 Staudensellerie, klein geschnitten
- 4 Frühlingszwiebeln, gehackt
- ca. 60 ml/4 EL Hühnerbrühe
- dunkle Sojasoße und helle Sojasoße
- Salz und gemahlener schwarzer Pfeffer
- frittierte Zwiebeln zum Garnieren

1 Garen Sie die Nudeln in kochendem Salzwasser in 3–4 Minuten. Schütten Sie die Nudeln ab, schrecken sie mit kaltem Wasser ab und stellen sie beiseite.

2 Schlagen Sie die Eier mit Salz und Pfeffer auf. Erhitzen Sie die Butter und 1 TL Öl in einer Pfanne, verarbeiten Sie die Eier zu einem feuchten, aber garen Rührei. Stellen Sie das Rührei beiseite.

3 Erhitzen Sie den Rest des Öls im Wok und rührbraten Sie Fleisch, Leber und Knoblauch 2–3 Minuten. Wenn das Fleisch Farbe angenommen hat, mischen Sie Garnelen, Pak Choy, Sellerie und Frühlingszwiebeln unter.

4 Geben Sie die Nudeln dazu und rühren Sie das Gericht so lange, bis Nudeln und Garnelen heiß sind. Befeuchten Sie Fleisch und Gemüse mit Brühe und den Sojasoßen nach Geschmack. Zum Schluss mischen Sie das Rührei unter. Geben Sie das Gericht in vorgewärmte Schalen und servieren es heiß mit Zwiebeln garniert.

TIPP

Pak Choy ähnelt Mangold und ist in den meisten Asialäden erhältlich.

Gebratene Bananen

Dieses delikate Dessert – Pisang Goreng – sollte erst in allerletzter Minute zubereitet werden, damit die Hülle knusprig und die Bananen innen weich sind.

8 PORTIONEN

ZUTATEN
- 115 g Mehl mit ½ TL Backpulver
- 40 g Reismehl
- 2,5 ml/½ TL Salz
- 200 ml Wasser
- klein geraspelte Limettenschale (nach Wunsch)
- 8 kleine Bananen (oder Babybananen)
- Pflanzenöl, zum Frittieren
- Limettenrinde, zum Garnieren
- dazu Zucker und Limettenachtel

TIPP
Kleine Bananen bekommen Sie in Asialäden und größeren Supermärkten. Wenn nicht, teilen Sie normale Bananen in der Mitte und jede Hälfte noch einmal der Länge nach.

1 Sieben Sie Mehl, Backpulver, Reismehl und Salz in eine Schüssel. Geben Sie so viel Wasser dazu, dass ein weicher Ausbackteig entsteht. Geben Sie nach Wunsch Limettenschale dazu.

VARIATION
Anstelle der Limettenschale können Sie auch Orangenschale nehmen.

2 Erhitzen Sie Öl im Wok oder der Friteuse auf 190° C. Schälen Sie die Bananen, tauchen sie mehrmals in den Teig und frittieren sie, bis sie braun und knusprig sind. Lassen Sie die Bananen auf Küchenpapier abtropfen und servieren sie heiß mit Zucker bestreut und mit Limettenschale garniert. Dazu reichen Sie Limettenachtel.

Schwarzer Klebreispudding

Dieser ungewöhnliche Reispudding – Bubor Pulot Hitam – wird mit Ingwer gewürzt und schmeckt gut mit Kokosmilch oder -creme. Schwarzer Reis behält beim Kochen seine Hülse und hat einen herrlich nussigen Geschmack.

6 PORTIONEN

ZUTATEN
- 115 g schwarzer Klebreis
- 475 ml Wasser
- 1 cm frischer Ingwer, geschält und zerstoßen
- 50 g brauner Zucker
- 50 g Zucker
- dazu 300 ml Kokosmilch oder Kokoscreme

TIPP
Kokoscreme kann leicht selbst machen. Verarbeiten Sie 225 g Kokosraspeln mit 450 ml kochendem Wasser 30 Sekunden in einer Küchenmaschine und lassen sie etwas abkühlen. Füllen Sie die Masse in ein sauberes Tuch, drehen es oben zu und pressen so viel Flüssigkeit heraus wie möglich.

1 Waschen Sie den Klebreis in einem Sieb mit reichlich kaltem Wasser ab. Lassen Sie ihn abtropfen und geben ihn in eine Pfanne. Gießen Sie das Wasser dazu und kochen den Reis unter Rühren auf. Lassen Sie den Reis bedeckt bei kleiner Hitze 30 Minuten köcheln.

2 Geben Sie Ingwer und beide Zuckersorten dazu. Garen Sie den Reis weitere 15 Minuten; geben Sie evtl. noch Wasser dazu, bis der Reis gar ist und die Konsistenz von Haferschleim hat.

3 Nehmen Sie den Ingwer heraus und geben den Reis in Schalen. Servieren Sie ihn warm mit Kokoscreme garniert.

Vietnam und die Philippinen

Da Vietnam an China, Laos und Kambodscha grenzt, ist es nicht weiter erstaunlich, dass die vietnamesische mit den benachbarten Küchen viel gemeinsam hat. Im Norden, nahe China, sind Rührgebratenes und Currygerichte beliebt, weiter im Süden herrscht durch die frühere Kolonisierung ein starker französischer Einfluss vor. Das Hauptnahrungsmittel Reis wird hier von Baguette begleitet. Pasteten, Kräutersalate, rohes Rindfleisch und Schmorgerichte bestehen neben traditionellen Gerichten mit der bekannten Fischsoße Nuoc Mam. Auf den Philippinen zeigen Speisen wie Puchero, Escabeche und Huhn Adobo den spanischen Einfluss, aber die landestypischen Aromen haben sich durchaus bewahrt.

Vietnamesische Reispapierrollen

Reispapierhüllen sind meist rund und in verschiedenen Grössen in Asialäden erhältlich. Sie werden weich, wenn sie mit warmem Wasser benetzt werden, sind aber sehr zerbrechlich und sollten mit Vorsicht gehandhabt werden.

8 PORTIONEN

ZUTATEN
- 2 Liter Wasser
- 1 kleine Zwiebel, geschnitten
- einige frische Korianderstiele
- 30 ml/2 EL Fischsoße
- 225 g Bauchfleisch, ohne Knochen und Schwarte
- 50 g Reisnudeln
- 225 g Bohnenkeime, gespült und abgegossen
- 8 feste Salatblätter, halbiert
- frische Minze und Korianderblätter
- 175 g geschälte gekochte Garnelen, ggf. aufgetaut
- 16 große Reispapierhüllen
- gemahlener schwarzer Pfeffer

Für die schwarze Bohnensoße
- 15–30 ml/1–2 EL Erdnussöl
- 2 Knoblauchzehen, zerdrückt
- 1 frische rote Chilischote, gehackt
- 60–75 ml/4–5 EL schwarze gesalzene Bohnen aus der Dose
- 30 ml/2 EL Fischsoße
- 5 ml/1 TL Reisessig
- 10–15 ml/2–3 TL brauner Zucker
- 15 ml/1 EL Erdnussbutter
- 15 ml/1 EL Sesamsamen, geröstet
- 5 ml/1 TL Sesamöl
- 90 ml/6 EL Fisch-, Fleisch- oder Hühnerbrühe

1 Mischen Sie Wasser, Zwiebelscheiben, Korianderstiele und Fischsoße in einer Pfanne und bringen alles zum Kochen. Lassen Sie das Fleisch darin 20–30 Minuten kochen. Testen Sie mit einem Bambusspieß, ob es zart ist. Nehmen Sie das Fleisch heraus und schneiden es in dünne Streifen. Aus der Brühe können Sie eine Suppe machen.

2 Für die Soße erhitzen Sie Erdnussöl und braten Knoblauch und Chilschotei 1 Minute an. Rühren Sie alle anderen Zutaten unter und hacken die Mischung kurz in einer Küchenmaschine. Lassen Sie die Mischung in einer Schale erkalten.

3 Legen Sie die Reisnudeln in warmes Wasser, bis sie weich sind. Schütten Sie die Nudeln ab und schneiden sie klein. Geben Sie die Nudeln in kochendes Wasser, wenn das Wasser wieder zu kochen beginnt. Nehmen Sie die Reisnudeln nach 1 Minute wieder heraus und schrecken sie mit kaltem Wasser ab. Geben Sie Nudeln, Garnelen und Bohnenkeime in getrennte Schalen. Arrangieren Sie Salatblätter, Minze und Koriander auf einem Teller.

4 Kurz vor Beginn der Mahlzeit bestreichen Sie immer zwei Reispapiere auf einmal von beiden Seiten auf einem Geschirrtuch mit warmem Wasser.

5 Legen Sie je zwei Reispapiere auf insgesamt 8 Teller. Jeder Gast legt etwas Salat, dazu Nudeln und Bohnenkeime, Kräuter und Schweinefleisch auf seine Hülle.

6 Rollen Sie die Hülle bis zur Hälfte und legen dann noch Garnelen dazu. Dann rollen Sie alles zu einem kleinen Paket. Sie können die Rolle auch halbieren und sie dann in die Soße tunken. Die zweite Rolle essen Sie ebenso.

CHA GIO MIT NUOC CHAM

FÜR DIESES GERICHT WERDEN TRADITIONELLE REISPAPIERHÜLLEN VERWENDET, ABER CHINESISCHE FRÜHLINGSROLLENHÜLLEN TUN ES AUCH. CHA GIO IST EIN SEHR BELIEBTER SNACK, BEI DEM SIE DIE GEMÜSEZUTATEN AUCH NACH LUST UND LAUNE VARIIEREN KÖNNEN.

FÜR 15 STÜCK

ZUTATEN
- 25 g Glasnudeln, 10 Minuten in heißem Wasser eingeweicht
- 6–8 Wolkenohren, 30 Minuten in warmem Wasser eingeweicht
- 225 g Schweinehackfleisch
- 225 g Krebsfleisch, frisch oder aus der Dose
- 4 Frühlingszwiebeln, klein gehackt
- 5 ml/1 TL Fischsoße
- etwas Paste aus Mehl und Wasser
- 250 g Frühlingsrollenhüllen
- Pflanzenöl, zum Frittieren
- Salz und schwarzer Pfeffer

Für die *Nuoc-Cham*-Soße
- 2 frische rote Chilischoten, zu einer Paste zerrieben
- 2 Knoblauchzehen, zerdrückt
- 15 ml/1 EL Zucker
- 45 ml/3 EL Fischsoße
- Saft von 1 Limette oder ½ Zitrone

1 Für die Soße mischen Sie Chilipaste, Knoblauch, Zucker und Fischsoße in einer Schale und geben nach Wunsch Limetten- oder Zitronensaft dazu. Gießen Sie die Nudeln ab und kürzen sie auf ca. 2,5 cm. Gießen Sie die Pilze ab, entfernen Sie die Stiele und hacken Sie die Kappen fein.

TIPP
Servieren Sie die Rollen auf vietnamesische Art, indem Sie jede in ein Salatblatt mit Minze und Koriander sowie einem Stück Gurke einwickeln.

2 Mischen Sie Nudeln, Pilze und Hackfleisch. Entfernen Sie mögliche Knorpel aus dem Krebsfleisch und geben es mit Frühlingszwiebeln und Fischsoße zum Fleisch. Würzen Sie nach Geschmack und mischen Sie gut durch.

3 Legen Sie eine Hülle mit einer Spitze zu Ihnen vor sich. Geben Sie etwas Füllung zwischen Spitze und Mitte, schlagen die Spitze über und rollen einmal.

4 Falten Sie die beiden seitlichen Spitzen in die Mitte, bestreichen die offenen Ränder mit der Mehlpaste und versiegeln damit die Rolle.

5 Erhitzen Sie Öl im Wok oder in der Friteuse auf 190° C. Frittieren Sie mehrere Rollen auf einmal 8–10 Minuten lang und lassen sie auf Küchenpapier abtropfen. Reichen Sie zu den heißen Rollen die *Nuoc-Cham*-Soße.

Salat mit Huhn, Gemüse und Chili

Goi Tom, ein typisch vietnamesischer Salat, besteht aus vielen überraschenden Aromen. Servieren Sie ihn mittags oder abends mit knusprigem französischem Baguette.

4 PORTIONEN

ZUTATEN

225 g Chinakohl
2 Möhren, in Stifte geschnitten
½ Gurke, in Stifte geschnitten
Salz
2 frische rote Chilischoten, in dünne Streifen geschnitten
1 kleine Zwiebel, in Ringe geschnitten
4 saure Gurken, geschnitten, und 3 EL von der Essiglake
50 g Erdnüsse, grob gehackt
225 g gekochtes Hühnerfleisch, klein geschnitten
1 Knoblauchzehe, zerdrückt
5 ml/1 TL Zucker
30 ml/2 EL Weißweinessig

1 Schneiden Sie den Chinakohl in feine Streifen. Salzen Sie die Gurkenstifte auf einem Brett und stellen sie 15 Minuten beiseite.

TIPP
Wenn Sie den Salat etwas herber möchten, geben Sie mehr Weinessig dazu.

2 Mischen Sie Chilischoten und Zwiebelringe und geben die sauren Gurken und die Erdnüsse dazu. Gießen Sie die Gurke ab und trocknen sie.

3 Geben Sie das ganze Gemüse in eine Salatschüssel, fügen die Chilimischung und das Huhn dazu und mischen gut durch. Verrühren Sie die Essigbrühe mit Knoblauch, Zucker und Essig, gießen sie über den Salat und mischen durch.

Spargelsuppe mit Krebsfleisch

Spargel verdankt seine Beliebtheit den französischen Kolonialherren. Er wird oft mit Krebsfleisch kombiniert und zur köstlichen Suppe Cahn Cua verarbeitet.

4–6 PORTIONEN

ZUTATEN

350 g grüne Spargelspitzen, halbiert
900 ml Hühnerbrühe, bevorzugt hausgemachte
30–45 ml/2–3 EL Sonnenblumenöl
6 Schalotten, gehackt
115 g Krebsfleisch, frisch oder aus der Dose, gehackt
15 ml/1 EL Maismehl, mit Wasser zu einer Paste verrührt
30 ml/2 EL Fischsoße
1 Ei, leicht verschlagen
gehackter Schnittlauch und ganzer Schnittlauch zum Garnieren
Salz und gemahlener schwarzer Pfeffer nach Geschmack

1 Garen Sie die Spargelspitzen 5–6 Minuten in der Hühnerbrühe, bis sie zart sind. Heben Sie die Brühe auf.

2 Erhitzen Sie Öl im Wok und rührbraten Sie die Schalotten 2 Minuten lang, jedoch ohne sie anzubräunen. Geben Sie Spargel, Krebsfleisch und Hühnerbrühe dazu.

3 Kochen Sie die Suppe 3 Minuten, nehmen den Wok vom Herd und mischen etwas Flüssigkeit mit Maismehl. Dies geben Sie in die Suppe, stellen den Wok wieder aufs Feuer und warten, bis die Suppe einzudicken beginnt.

4 Rühren Sie die Fischsoße ein, würzen mit Salz und Pfeffer und geben das verschlagene Ei dazu. Schlagen Sie das Ei in der Suppe kräftig auf, damit es Fäden zieht. Zum Schluss rühren Sie den Schnittlauch unter und garnieren.

TIPP
Wenn es keinen frischen Spargel gibt, nehmen Sie Dosenware. Gießen Sie den Spargel ab und halbieren Sie ihn.

GARNELENBEIGNETS

UKOY SIND EIN BELIEBTER SNACK ODER AUCH EINE VORSPEISE. NORMALERWEISE WERDEN SIE ERST ANGEBRATEN UND DANN FRITTIERT. AM BESTEN SCHMECKEN SIE FRISCH AUS DER PFANNE.

2–4 PORTIONEN

ZUTATEN

- 16 rohe Garnelen mit Schale
- 225 g Weizenmehl
- 5 ml/1 TL Backpulver
- 2,5 ml/½ TL Salz
- 1 Ei, verschlagen
- 1 kleine Süßkartoffel
- 1 Knoblauchzehe, zerdrückt
- 115 g Bohnenkeime, in kaltem Wasser eingeweicht und gut abgetropft
- Pflanzenöl, zum Braten und Frittieren
- 4 Frühlingszwiebeln, gehackt

Für den Dip

- 1 Knoblauchzehe, geschnitten
- 45 ml/3 EL Reis- oder Weinessig
- 15–30 ml/1–2 EL Wasser
- Salz, nach Geschmack
- 6–8 kleine rote Chilischoten

1 Vermischen Sie alle Zutaten für den Dip und verteilen ihn auf zwei kleine Schälchen.

2 Bedecken Sie die Garnelen in einer Pfanne mit Wasser und bringen es zum Kochen. Garen Sie die Garnelen 4–5 Minuten, bis sie rosa und zart sind. Heben Sie die Garnelen mit der Kelle heraus. Entfernen Sie nur Kopf und Schale. Sieben Sie das Kochwasser ab und lassen Sie es erkalten.

3 Sieben Sie Mehl, Backpulver und Salz in eine Schüssel. Geben Sie das Ei und ca. 300 ml vom Garnelenkochwasser dazu. Der Ausbackteig sollte die Konsistenz von dicker Sahne haben.

VARIATION

Sie können auch gekochte Riesengarnelen nehmen. Dann verwenden Sie Fisch- oder Hühnerfond für den Teig.

4 Schälen Sie die Süßkartoffel und reiben sie grob. Geben Sie die Kartoffel in den Teig und fügen auch den Knoblauch und die Bohnenkeime hinzu.

5 Geben Sie das Öl zum Braten 5 mm hoch in eine große Pfanne. Geben Sie mehr Öl in einen Wok für das Frittieren. Erhitzen Sie das Öl in der Pfanne und geben einen Löffel Teig hinein, der sich ungefähr handtellergroß ausbreiten sollte, so wie bei Reibeplätzchen.

6 Bereiten Sie weitere Beignets zu. Sobald sie unten fest werden, legen Sie eine Garnele und einige Frühlingszwiebelringe darauf. Garen Sie die Beignets noch 1 Minute und nehmen sie dann heraus.

7 Erhitzen Sie das Öl im Wok auf 190° C und frittieren Sie die Beignets, bis sie braun und knusprig sind. Lassen Sie die Beignets gut auf Küchenpapier abtropfen und arrangieren sie hübsch auf einem Teller, dazu reichen Sie den Dip in den Schälchen.

ESCABECHE

DIESES FISCHGERICHT WIRD ÜBERALL GEGESSEN, WO EINST SPANISCHE SIEDLER WOHNTEN. DAS REZEPT IST ETWAS VERÄNDERT UND ZEIGT DEN CHINESISCHEN EINFLUSS AUF DIE PHILIPPINISCHE KÜCHE.

6 PORTIONEN

ZUTATEN

- 675–900 g weiße Fischfilets, wie Scholle oder Seezunge
- 45–60 ml/3–4 EL gewürztes Mehl
- Pflanzenöl, zum Anbraten

Für die Soße

- 2,5 cm frischer Ingwer, geschält und dünn geschnitten
- 2–3 Knoblauchzehen, zerdrückt
- 1 Zwiebel, in Ringe geschnitten
- 30 ml/2 EL Pflanzenöl
- ½ große grüne Paprika, in kleine Quadrate geschnitten
- ½ große rote Paprika, in kleine Quadrate geschnitten
- 1 Möhre, in Stifte geschnitten
- 25 ml/1½ EL Maismehl
- 450 ml Wasser
- 45–60 ml/3–4 EL Kräuter- oder Apfelessig
- 15 ml/1 EL weicher brauner Zucker
- 5–10 ml/1–2 TL Fischsoße
- Salz und schwarzer Pfeffer
- 1 kleine Chilischote, geschnitten, und Frühlingszwiebeln, klein geschnitten (nach Wunsch)
- dazu gekochter Reis

1 Spülen Sie die Fischfilets, lassen sie ganz oder teilen sie in Portionen. Trocknen Sie die Filets ab und bestäuben sie mit gewürztem Mehl (s. Warenkunde).

2 Erhitzen Sie Öl in einer Pfanne und braten den Fisch an, bis er schön braun und fast gar ist. Geben Sie ihn auf einen feuerfesten Teller und halten ihn warm.

3 Für die Soße braten Sie Ingwer, Knoblauch und Zwiebln 5 Minuten in Öl an. Die Zwieblringe sollten glasig, aber nicht braun sein.

4 Geben Sie Paprika und Möhre dazu und braten sie 1 Minute mit.

5 Mischen Sie Maismehl mit etwas Wasser zu einer Paste. Rühren Sie Wasser, Essig und Zucker ein. Gießen Sie diese Soße über das Gemüse im Wok und rühren Sie, bis die Soße kocht und andickt. Würzen Sie mit Fischsoße sowie Salz und Pfeffer nach Geschmack.

6 Geben Sie den Fisch in die Soße und erwärmen ihn kurz, ohne umzurühren. Geben Sie alles auf ein vorgewärmte Platte und garnieren mit Chili und Frühlingszwiebeln. Reichen Sie dazu Reis.

TIPP
Sie können auch Red Snapper oder Meerbarsch verwenden. Bitten Sie ihren Fischhändler, Ihnen Filets zu schneiden.

HUHN UND SCHWEIN ADOBO

FÜR DIESES LIEBLINGSGERICHT VIELER PHILIPPINOS SIND VIER ZUTATEN BESONDERS WICHTIG: ESSIG, KNOBLAUCH, LORBEERBLÄTTER UND PFEFFERKÖRNER.

4 PORTIONEN

ZUTATEN
- 1 Huhn, ca. 1,5 kg, oder 4 Hühnerteile
- 350 g Schweinesteaks (mit Fett)
- 10 ml/2 TL Zucker
- 60 ml/4 EL Sonnenblumenöl
- 75 ml/5 EL Wein- oder Apfelessig
- 4 große Knoblauchzehen, zerdrückt
- ½ TL schwarze Pfefferkörner, leicht zerstoßen
- 15 ml/1 EL helle Sojasoße
- 4 Lorbeerblätter
- 2,5 ml/½ TL Annattosamen, in 2 EL kochendem Wasser eingeweicht, oder 2,5 ml/½ TL Kurkumapulver
- Salz

Für die Bananenchips
- 1–2 große Kochbananen und/oder 1 Süßkartoffel
- Pflanzenöl, zum Frittieren

1 Zerteilen Sie das ganze Huhn in 8 gleichgroße Teile oder halbieren Sie die Hühnerviertel. Schneiden Sie das Schweinefleisch klein. Legen Sie Huhn und Schwein auf einem Brett aus, zuckern es leicht und lassen es ruhen.

2 Erhitzen Sie Öl im Wok und braten Sie die Huhn- und Fleischstücke nach und nach an, bis sie rundherum braun sind.

3 Geben Sie Essig, Knoblauch, Pfefferkörner, Sojasoße und Lorbeer dazu.

4 Gießen Sie den Annattosamensaft hinein oder geben Sie Kurkuma hinzu. Würzen Sie mit Salz. Kochen Sie alles auf und lassen das Fleisch bedeckt 30–35 Minuten garen. Dann garen Sie alles weitere 10 Minuten ohne Deckel.

5 In der Zwischenzeit erhitzen Sie Öl im Wok oder in der Friteuse auf 195 °C. Schälen Sie die Bananen und/oder die Süßkartoffel und schneiden sie in sehr dünne Scheiben. Frittieren Sie die Scheiben nacheinander, bis sie gar, aber nicht braun sind. Lassen Sie alle auf Küchenpapier abtropfen. Kurz vor dem Servieren erhitzen Sie das Öl noch einmal und frittieren die Scheiben rasch knusprig. Geben Sie das Adobo in eine Schüssel und reichen dazu die Chips.

TIPP
Wenn das Fleisch leicht gezuckert wird, wird die Haut beim Braten schön braun. Erhitzen Sie das Öl nicht übermäßig, sonst wird das Fleisch schwarz.

SINIGANG

VIELE PHILIPPINOS BEZEICHNEN DIESEN GESÄUERTEN EINTOPF ALS IHR NATIONALGERICHT. ER WIRD IMMER MIT FISCH SERVIERT – GARNELEN ODER FEINE STREIFEN WEISSEN FISCHFILETS –, UND DAZU WERDEN REIS ODER NUDELN GEREICHT.

4–6 PORTIONEN

ZUTATEN

- 15 ml/1 EL Tamarindenmark
- 150 ml warmes Wasser
- 2 Tomaten
- 115 g Spinat oder Chinakohl
- 115 g geschälte, gekochte große Garnelen, ggf. aufgetaut
- 1,2 Liter vorbereiteter Fischfond (s. Tipp)
- ½ Mooli, geschält und klein gewürfelt
- 115 g grüne Bohnen, in 1-cm-Stücke geschnitten
- 225 g Filet (Kabeljau oder Schellfisch)
- Fischsoße, nach Geschmack
- etwas Zitronensaft, nach Geschmack
- Salz und gemahlener schwarzer Pfeffer
- dazu Reis oder Nudeln, gekocht

1 Übergießen Sie das Tamarindenmark mit warmem Wasser. Schälen und schneiden Sie die Tomaten in Stücke, entfernen Sie dabei die Kerne. Entfernen Sie die Stiele von Spinat oder Chinakohl und zerpflücken Sie die Blätter.

2 Entfernen Sie die Köpfe und die Schalen von den Garnelen.

3 Gießen Sie den Fischfond in einen Topf und den Mooli hinein. Kochen Sie ihn 5 Minuten und fügen dann die Bohnen zu. Lassen Sie den Fond weitere 3–5 Minuten kochen.

4 Jetzt geben Sie das in Streifen geschnittene Fischfilet, Tomaten, Spinat oder Chinakohl dazu. Gießen Sie den Tamarindensaft hinein und kochen alles 2 Minuten. Dann geben Sie die Garnelen dazu und rühren den Eintopf 1–2 Minuten, bis die Garnelen warm sind. Würzen Sie mit Salz und Pfeffer und geben etwas Fischsoße dazu. Fertig!

TIPP

Ein guter Fischfond ist für dieses Gericht wichtig. Kaufen Sie beim Fischhändler ca. 700 g Fischabfälle. Waschen Sie diese und geben sie mit 2 Litern Wasser in eine Pfanne. Fügen Sie eine geschälte Zwiebel, ein Stück zerstoßenen Ingwer und etwas Salz und Pfeffer dazu. Kochen Sie den Fond auf, schöpfen ihn ab und lassen in 20 Minuten köcheln. Sieben Sie ihn durch, wenn er etwas kühler ist.

PUCHERO

Ein philippinischer Pot-au-feu mit spanischem Einschlag. Es wird manchmal als zwei Gänge – die Suppe voraus – serviert, aber Puchero kann auch einen Gang ausfüllen: auf Reis in einer Suppenschale. Es ist recht mächtig und eine Siesta danach ist durchaus zu empfehlen.

6–8 PORTIONEN

ZUTATEN

- 225 g Kichererbsen, über Nacht in Wasser eingeweicht
- 1,5 kg Huhn, in 8 Stücke geteilt
- 350 g Bauchfleisch oder Schweinefilet, in Würfeln
- 2 Chorizowurst, dick geschnitten
- 2 Zwiebeln, gehackt
- 2,5 Liter Wasser
- 60 ml/4 EL Pflanzenöl
- 2 Knoblauchzehen, zerdrückt
- 3 große Tomaten, geschält und gehackt, ohne Kerne
- 15 ml/1 EL Tomatenpüree
- 1–2 Süßkartoffeln, in 1-cm-Würfeln
- 2 Kochbananen, geschnitten (nach Wunsch)
- Salz und gemahlener schwarzer Pfeffer
- Schnittlauch oder gehackte Frühlingszwiebeln zum Garnieren
- ½ Kopf Chinakohl, klein geschnitten, dazu gekochter Reis

Für die Auberginennsoße

- 1 große Aubergine
- 3 Knoblauchzehen, zerdrückt
- 60–90 ml/4–6 EL Weinessig

1 Gießen Sie die Kichererbsen ab und geben sie in einen Topf. Gießen Sie mit Wasser auf und kochen Sie sie 10 Minuten. Reduzieren Sie die Hitze und köcheln die Kichererbsen 30 Minuten, sie sollten innen noch fest sein. Dann gießen Sie die Erbsen ab.

2 Geben Sie Huhn, Schwein, Wurst und die Hälfte der Zwiebeln in eine Pfanne. Mischen Sie die Kichererbsen und Wasser dazu und köcheln alles eine Stunde, bis das Fleisch zart ist.

3 Für die Auberginensoße heizen Sie den Ofen auf 200° C/Gasstufe 6 vor. Stechen Sie die Aubergine mehrmals ein, legen sie auf Backpapier und backen sie 30 Minuten, bis sie weich ist.

4 Lassen Sie die Aubergin etwas abkühlen und schälen sie. Das Fleisch geben Sie in eine Schüssel. Zerdrücken Sie es mit Knoblauch und würzen mit Salz, Pfeffer und Essig. Die Soße sollte pikant und säuerlich schmecken.

5 Erhitzen Sie Öl in einer Pfanne und braten Sie die restlichen Zwiebeln und Knoblauch 5 Minuten an. Rühren Sie die Tomaten und das Tomatenpüree ein und lassen alles 2 Minuten kochen. Geben Sie diese Mischung mit der Süßkartoffel in eine große Pfanne und nach Wunsch die Kochbananen hinzu. Köcheln Sie alles, bis die Süßkartoffel gar ist, ca. 20 Minuten. Fügen Sie in der letzten Minute den Chinakohl dazu.

6 Gießen Sie die Fleischsuppe in eine Terrine und das Gemüse in eine Servierschüssel. Garnieren Sie beide mit Schnittlauch oder Frühlingszwiebeln und reichen dazu gekochten Reis und Auberginensoße.

ENSAIMADAS

DIESE SÜSSEN BRÖTCHEN GIBT ES AUF DEN PHILIPPINEN MIT VIELEN VERSCHIEDENEN FÜLLUNGEN, AUCH PIKANTE VARIATIONEN SIND DARUNTER. DIESE HIER ENTHÄLT EINEN KRÄFTIGEN KÄSE.

FÜR 10–12 STÜCK

ZUTATEN
- 30 ml/2 EL Zucker und zum Bestreuen
- 150 ml warmes Wasser
- 15 ml/1 EL Trockenhefe
- 450 g Weißmehl
- 5 ml/1 TL Salz
- 115 g weiche Butter und 2 EL geschmolzene Butter für die Füllung
- 4 Eidotter
- 90–120 ml/6–8 EL warme Milch
- 115 g geraspelter Cheddar (oder ein ähnlich kräftiger Hartkäse)

1 Lösen Sie 1 TL Zucker in warmem Wasser auf und rühren die Hefe ein. Lassen Sie die Hefe 10 Minuten gehen. Sieben Sie Mehl und Salz in eine große Schüssel.

2 Verrühren Sie die weiche Butter mit dem Rest Zucker. Wenn die Butter schäumt, geben Sie Eidotter und etwas von dem Mehl dazu. Schlagen Sie nach und nach Mehl und Hefemischung unter und geben so viel Milch dazu, dass ein weicher, nicht klebriger Teig entsteht. Füllen Sie ihn in eine gefettete Plastiktüte und lassen Sie so viel Platz, dass er in 1 Stunde an einem warmen Ort zur doppelten Größe aufgehen kann.

3 Kneten Sie den Teig auf einer bemehlten Fläche und rollen ihn zu einem großen Rechteck aus. Bestreichen Sie die Oberfläche mit geschmolzener Butter, streuen Sie den Käse darüber und rollen Sie den Teig auf.

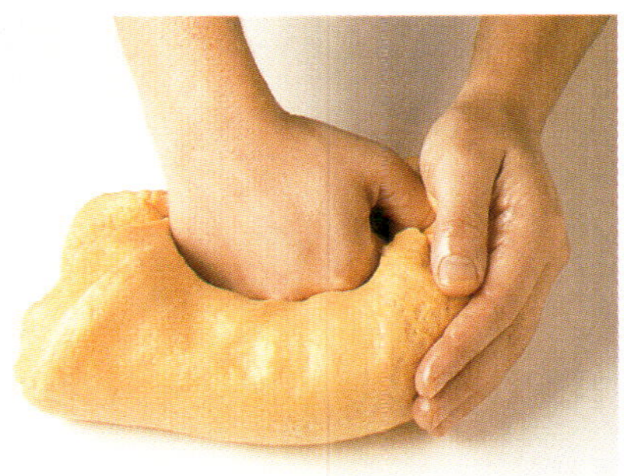

4 Kneten Sie den Teig erneut, um den Käse zu verteilen, dann teilen Sie ihn in 10–12 Stücke auf.

5 Rollen Sie jedes Teigstück zu einer 30 cm langen Schlange aus und legen sie auf Backpapier zu Spiralen aus. Legen Sie die Spiralen nicht zu dicht nebeneinander. Die Enden drücken Sie fest an. Lassen Sie die Brötchen 45 Minuten an einem warmen Ort gehen. In der Zwischenzeit heizen Sie den Ofen auf 220° C/Gasstufe 7 vor.

6 Backen Sie die Ensaimadas 15–20 Minuten im Ofen, bis goldbraun und gar sind. Bestreichen Sie die heißen Ensaimadas mit dem Rest der Butter. Streuen Sie Zucker obenauf und servieren Sie die Brötchen warm.

CHURROS

DIESE UNWIDERSTEHLICHEN BEIGNETS, DIE ZU JEDER GELEGENHEIT MIT HEISSER SCHOKOLADE ODER KAFFEE SERVIERT WERDEN, WURDEN VON DEN SPANIERN AUF DIE PHILIPPINEN GEBRACHT.

FÜR 24 STÜCK

ZUTATEN
- 450 ml Wasser
- 15 ml/1 EL Olivenöl
- 15 ml/1 EL Zucker
- 2,5 ml/½ TL Salz
- 150 g Weizenmehl
- 1 großes Ei
- Sonnenblumenöl, zum Frittieren
- Zucker zum Bestreuen

TIPP
Wenn Sie keinen Spritzbeudtel haben, können Sie den Teig auch mit Teelöffeln abstechen. Frittieren Sie nicht zu viele Churros gleichzeitig, sie gehen im Öl noch etwas auf.

1 Mischen Sie Wasser, Öl, Zucker und Salz in einem Topf und kochen alles auf. Nehmen Sie den Topf vom Feuer und sieben das Mehl hinein. Rühren Sie den Teig mit einem Holzlöffel gut um.

2 Schlagen Sie das Ei unter, damit eine glänzende weiche Masse entsteht. Füllen Sie Teig in einen Spritzbeutel mit einer großen Sterntülle.

3 Erhitzen Sie Öl im Wok oder in der Friteuse auf 190° C. Spritzen Sie immer zwei Kringel in das heiße Öl. Frittieren Sie die Kringel in 3–4 Minuten, bis sie braun sind.

4 Nehmen Sie die Churros mit dem Schaumlöffel heraus und lassen sie auf Küchenpapier abtropfen. Wälzen Sie sie in Zucker und servieren Sie sofort.

LECHE-FLAN

DIESES MILCHDESSERT WIRD WARM ODER KALT SERVIERT, MIT SCHLAGSAHNE ODER CRÊME FRAÎCHE VERFEINERT. DIE KONDENSMILCH VERRÄT DIE AMERIKANISCHE PRÄSENZ AUF DEN PHILIPPINEN.

8 PORTIONEN

ZUTATEN
- 5 große Eier
- 30 ml/2 EL Zucker
- etwas Vanilleessenz
- 410 g Kondensmilch
- 300 ml Milch
- 5 ml/1 TL geraspelte Limettenschale
- Limettenschalenstreifen als Garnitur

Für den Karamell
- 225 g Zucker
- 120 ml Wasser

1 Geben Sie Zucker und Wasser in eine schwere Pfanne. Lösen Sie den Zucker durch Umrühren und kochen die Masse dann ohne Rühren auf, bis sie goldbraun ist. Gießen Sie den Karamell rasch in 8 feuerfeste Förmchen.

2 Heizen Sie den Ofen auf 150° C/Gasstufe 2 vor. Verrühren Sie Eier, Zucker und Vanille in einer Schüssel. Erhitzen Sie Milch und Kondensmilch in einer Pfanne bis kurz vor den Siedepunkt. Gießen Sie die Milch unter ständigem Rühren zu den Eiern. Lassen Sie die Mischung mit den Limettenraspeln abkühlen und gießen sie in die Förmchen.

3 Stellen Sie die Förmchen auf ein Backblech und gießen so viel Wasser dazu, dass sie zur Hälfte darin stehen.

4 Schieben Sie das Backblech in den Ofen und backen den Flan 35–45 Minuten, bis die Oberfläche glänzt, wenn Sie die Förmchen rütteln.

5 Servieren Sie den Flan in den Förmchen oder auf einen Teller gestürzt und mit dem zerbrochenen Karamell garniert. Sie können den Flan heiß oder kalt servieren, dekorieren Sie ihn mit Limettenschalestreifen.

TIPP
Sie können Karamell auch als Dekoration machen. Gießen Sie die Masse auf gefettete Folie und zerbrechen sie später.

Japan und Korea

Japanisches Essen ist einzigartig, u.a. auch weil sich das Land über 200 Jahre lang vollkommen von fremden Einflüssen abgeschirmt hatte und so eine unverfälschte Tradition bewahren konnte. Die Restaurants sind meist auf Sushi, Sukiyaki, Sashimi oder Tempura spezialisiert. Die koreanische Küche stützt sich auf sieben Aromen ~ Knoblauch, Ingwer, Pfeffer Sojasoße, Frühlingszwiebeln, Sesamöl und geröstete Sesamsamen.

SASHIMI

BEI DIESER JAPANISCHEN SPEZIALITÄT WIRD DIE SCHNEIDETECHNIK HIRA ZUKURI ANGEWENDET. DER PERFEKT GESCHNITTENE FISCH LÄSST SICH HÜBSCH DEKORIEREN UND WIRD MIT WASABI – JAPANISCHEM GRÜNEM RETTICH – UND JAPANISCHER SOJASOẞE SERVIERT.

4 PORTIONEN

ZUTATEN
- 2 sehr frische Lachsfilets, ohne Haut und Gräten, insgesamt 400 g
- dazu japanische Sojasoße und Wasabipaste

zum Garnieren
- 50 g Mooli, geschält
- Shisoblätter

1 Geben Sie die Lachsfilets 10 Minuten ins Gefrierfach, dann sind sie leichter zu schneiden. Legen Sie die gehäutete Seite nach oben und das dicke Ende zu Ihrer Linken. Mit einem langen scharfen Messer setzen Sie links mit der Spitze auf der von Ihnen abgewandten Seite an und schneiden vorsichtig nach rechts, wobei Sie die Messerschneide von sich weg drücken.

2 Raspeln Sie den Mooli fein, geben ihn für 5 Minuten in eine Schüssel mit kaltem Wasser und schütten ihn ab.

3 Arrangieren Sie die Lachsscheiben hübsch auf einer Platte oder teilen sie auf vier Teller auf.

4 Geben Sie auf vier Teller etwas Shisoblätter und Mooli. Der Fisch wird in Sojasoße und Wasabipaste getunkt.

TIPP
Lachs und Thunfisch sind die beliebtesten Fische für Sashimi, obwohl Sie fast jeden Fisch dafür nehmen können. Für Ihr erstes Sashimi nehmen Sie am besten Lachs oder Thunfisch und kaufen beim Fischhändler Ihres Vertrauens, denn der Fisch muss absolut frisch sein und darf auf keinen Fall „fischig" riechen oder schmecken. Ganz frischer Fisch ist das Geheimnis von Sashimi.

Hühnchen Yakitori

Hierbei handelt es sich um die japanische Version von Kebab-Spiessen. Sie sind ideal für Gartenparties und Picknicks. Machen Sie etwas mehr Yakitorisosse zum Servieren.

4 PORTIONEN

ZUTATEN
- 6 Hühnerschenkel ohne Knochen
- 1 Bund Frühlingszwiebeln
- dazu Shichimi (Sieben-Gewürze-Pulver), nach Wunsch

Für die Yakitorisoße
- 150 ml japanische Sojasoße
- 90 g Zucker
- 25 ml/1½ EL Sake oder trockener Weißwein
- 15 ml/1 EL Weizenmehl

1 Weichen Sie 12 Bambusspieße 30 Minuten in Wasser ein, damit sie beim Grillen nicht anbrennen. Für die Soße rühren Sie Sojasoße, Zucker und Sake oder Wein in das Mehl in einen kleinen Topf ein. Kochen Sie die Soße unter Rühren auf. Reduzieren Sie die Hitze, lassen die Soße 10 Minuten köcheln, bis sie um ein Drittel reduziert ist.

2 Schneiden Sie das Hühnerfleisch in mundgerechte Stücke.

3 Schneiden Sie die Frühlingszwiebeln schräg in 3 cm lange Stücke. Heizen Sie den Grill vor.

4 Stecken Sie abwechselnd Fleisch und Frühlingszwiebeln auf die Bambusspieße. Grillen Sie die Spieße bei mittlerer Hitze und bestreichen sie mehrmals großzügig mit der Soße. Nach ca. 5–10 Minuten ist das Hühnerfleisch gar, aber noch zart.

5 Reichen Sie zu den Spießen etwas Yakitorisoße und Shichimi als Extras.

TIPP

Wenn Sie kein Shichimi bekommen, nehmen Sie Paprikapulver als Ersatz.

GEROLLTES OMELETTE

Dieses feste Omelette wird in Stücke geschnitten und kalt serviert. Es sollte weich und leicht sein, nicht ledrig, der Geschmack ist süss-pikant. Als Garnitur eignet sich eingelegter Ingwer, meist Gari genannt.

4 PORTIONEN

ZUTATEN
- 8 Eier
- 60 ml/4 EL Zucker
- 20 ml/4 TL japanische Sojasoße und noch mehr zum Servieren
- 90 ml/6 EL Sake oder trockener Weißwein
- Pflanzenöl zum Braten
- Wasabi und eingelegter Ingwer

TIPP
Wasabi ist eine sehr scharfe, grüne Paste. Wenden Sie sie nur spärlich an.

1 Verrühren Sie die Eier mit Stäbchen miteinander.

2 Mischen Sie Zucker, Sojasoße und Sake oder Wein. Rühren Sie diese Mischung unter die Eier. Geben Sie die Hälfte in eine andere Schüssel.

3 Erhitzen Sie etwas Öl in einer Pfanne. Wischen Sie überschüssiges Öl aus. Backen Sie aus einem Viertel der Mischung einer Schüssel ein Omelette. Wenn die Ränder fest, das Innere aber noch feucht sind, rollen Sie es auf.

4 Bestreichen Sie die Pfanne mit Öl und geben ein Drittel der übrigen Mischung hinein. Heben Sie das gerollte Omelette an, damit sich die Mischung ausbreiten kann. Wenn die Ränder fest sind, rollen Sie das erste Omelette in das zweite.

5 Auf diese Weise bereiten Sie mit dem Rest der Eiermischung aus der einen Schüssel mehrere Omelettes zu, einige braten Sie auf beiden Seiten und rollen sie alle ineinander. Legen Sie die Rolle auf eine Bambusmatte, rollen sie noch einmal fest auf und pressen sie flach.

6 Lassen Sie die Omeletterolle erkalten. Mit der Mischung aus der zweiten Schüssel verfahren Sie genauso. Schneiden Sie die kalten Eierrollen in 2,5 cm breite Stücke. Legen Sie diese auf eine Platte und reichen dazu Wasabipaste, eingelegten Ingwer und japanische Sojasoße.

FÜNF-AROMEN-NUDELN

AUF JAPANISCH HEISST DIESES GERICHT GOMOKU YAKISOBA, WAS „FÜNF ZUTATEN" BEDEUTET. SIE KÖNNEN JEDOCH NOCH WEITERE ZUTATEN HINZUFÜGEN, UM EIN SCHMACKHAFTES, INTERESSANTES RÜHRGEBRATENES NUDELGERICHT ZU KREIEREN.

4 PORTIONEN

ZUTATEN

- 300 g getrocknete, chinesische dünne Eiernudeln oder 500 g frische Yaki-soba Nudeln
- 200 g mageres Schweinefleisch, ohne Knochen, dünn geschnitten
- 22,5 ml/4½ TL Sonnenblumenöl
- 10 g geraspelten frischen Ingwer
- 1 Knoblauchzehe, zerdrückt
- 200 g Weißkohl, grob gehackt
- 115 g Bohnenkeime
- 1 grüne Paprika, in feine Streifen geschnitten
- 1 rote Paprika, in feine Streifen geschnitten
- Salz und gemahlener schwarzer Pfeffer
- 20 ml/4 TL Ao-Nori-Seetang zum Garnieren (nach Wunsch)

Für die Gewürzmischung

- 60 ml/4 EL Worcestersoße
- 15 ml/1 EL japanische Sojasoße
- 15 ml/1 EL Austernsoße
- 15 ml/1 EL Zucker
- 2,5 ml/½ TL Salz
- gemahlener weißer Pfeffer

1 Bereiten Sie die Nudeln nach Packungsanleitung zu, schütten sie ab und stellen sie beiseite.

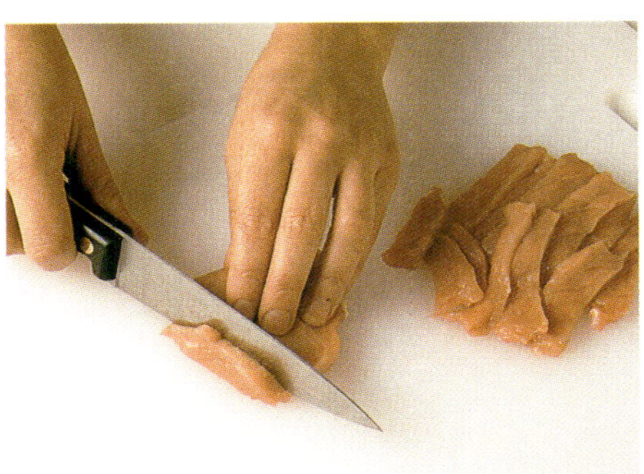

2 Schneiden Sie das Fleisch in 3–4 cm lange dünne Streifen und würzen es mit Salz und Pfeffer.

3 Erhitzen Sie 1½ TL Öl im Wok und rührbraten Sie das Fleisch, bis es gerade eben gar ist. Dann nehmen Sie es aus dem Wok.

4 Wischen Sie den Wok mit Küchenpapier aus und erhitzen Sie den Rest des Öls. Geben Sie Ingwer, Knoblauch und Kohl hinein und braten 1 Minute.

5 Fügen Sie Bohnenkeime dazu und rühren, bis sie weich sind, dann geben Sie Paprika dazu und rühren 1 Minute.

6 Geben Sie das Fleisch wieder in den Wok und schütten die Nudeln hinein. Verrühren Sie die Zutaten für die Gewürzmischung, gießen sie darüber und braten noch 2–3 Minuten. Fertig!

HUHN UND EI MIT REIS

OYAKO-DON, DER JAPANISCHE NAME DIESES GERICHTS, BEDEUTET ELTERN (OYA), KIND (KO) UND SCHALE (DON). ES HEISST SO, WEIL ES DAS FLEISCH VOM HUHN UND DAS EI GLEICHZEITIG ENTHÄLT. DIESES KLASSISCHE GERICHT WIRD IN JAPAN DAS GANZE JAHR ÜBER GEGESSEN.

4 PORTIONEN

ZUTATEN

- 300 g Hühnerbrustfilets
- 1 große milde Zwiebel, dünn geschnitten
- 200 ml frischer Dashi (ein Fond aus Kombu und Bonito) oder Instant-Dashi
- 22,5 ml/4½ TL Zucker
- 60 ml/4 EL japanische Sojasoße
- 30 ml/2 EL Mirin (süßer Reiswein)
- 4 Eier, verschlagen
- 60 ml/4 EL aufgetaute Erbsen
- dazu gekochter Reis

1 Schneiden Sie die Hühnerbrust zuerst diagonal in Streifen und diese dann in 3 cm lange Stücke.

2 Kochen Sie Zwiebel, Dashi, Zucker, Sojasoße und Mirin in einem Topf auf. Geben Sie das Hühnchen dazu und kochen es 5 Minuten bei mittlerer Hitze, bis es gar ist. Schöpfen Sie jeglichen Schaum ab, der sich auf der Oberfläche bildet.

3 Schöpfen Sie ein Viertel der Brühe mit Fleisch in eine Pfanne und bringen alles zum Kochen.

4 Gießen Sie ein Viertel der Eier darüber und streuen 1 EL Erbsen darauf.

5 Legen Sie den Deckel auf die Pfanne und lassen Sie das Ei stocken. Lassen Sie das Omelette auf einen vorgewärmten Teller gleiten und backen die anderen 3 Omelettes aus. Verteilen Sie die Omelettes auf Schalen und reichen Sie dazu den Reis.

TIPP
Nehmen Sie japanischen Reis oder thailändischen Duftreis. Rechnen Sie 50–75 g ungekochten Reis pro Person.

Reisecken

Picknicks sind in Japan sehr beliebt, Onigiri sind dazu ideal. Sie können die Reisecken mit allem füllen, was Sie gerne essen und so Ihre persönlichen Onigiri erfinden.

4 PORTIONEN

ZUTATEN
- 1 Lachssteak
- 15 ml/1 EL Salz
- 450 g frisch gekochter Sushireis
- 4 Umeboshi (eingelegte Pflaumen)
- ½ Blattt Yaki-Nori-Seetang, in vier Streifen geschnitten
- weiße und schwarze Sesamsamen zum Wälzen

1 Braten Sie das Lachssteak auf jeder Seite 4–5 Minuten an, bis das Fleisch fast zerfällt. Lassen Sie das Steak abkühlen, während Sie andere Sorten Onigiri machen. Wenn der Lachs kalt ist, zerpflücken Sie ihn und sammeln alle Gräten heraus.

2 Geben Sie Salz in eine Schüssel und ein Viertel vom warmen gekochten Reis in eine kleine Reisschüssel. Legen Sie ein Umeboshi in die Mitte und decken es mit Reis zu.

3 Befeuchten Sie Ihre Hände mit kaltem Wasser und reiben sie gleichmäßig mit Salz ein.

4 Geben Sie das in Reis verpackte Umeboshi auf eine Hand. Formen Sie den Reis mit beiden Händen zu einer Dreiecksform. Drücken Sie nicht zu fest zu. Machen Sie noch 3 Reisecken auf diese Weise.

5 Mischen Sie den Lachs in den restlichen Reis und formen Sie wieder dreieckige Reisplätzchen.

6 Legen Sie je einen Seetangstreifen um die Umeboshi-Reisecken. Wälzen Sie die Lachsreisecken in Sesamsamen.

TIPP
Nehmen Sie immer warmen Reis. Lassen Sie die Reisecken vollständig erkalten und packen Sie sie in Folie ein.

MISOSUPPE

DIESE SUPPE GEHÖRT IN JAPAN ZU DEN ALLTÄGLICHEN SPEISEN, SIE WIRD ZU FAST JEDEM ESSEN GERICHT, BEI DEM ES REIS GIBT.

4 PORTIONEN

ZUTATEN

- ½ Block Silken-Tofu, ca. 150 g
- 1 Liter frisches Dashi (ein Fond aus Kombu und Bonito) oder Instant-Dashi
- 10 g getrockneter Wakame-Seetang
- 60 ml/4 EL weiße oder rote Misopaste
- 2 Frühlingszwiebeln, zum Garnieren

TIPP
Reduzieren Sie die Hitze, sobald der Fond kocht. Bei übermäßigem Kochen verliert der Fond an Geschmack.

1 Schneiden Sie den Tofu in 1 cm große Würfel. Kochen Sie das Dashi auf, reduzieren Sie die Hitze und geben den Seetang dazu. Köcheln Sie ihn 1–2 Minuten.

2 Geben Sie etwas Suppe in eine Schale und rühren die Misopaste ein, bis sie aufgelöst ist. Geben Sie die Mischung zurück in den Topf.

3 Geben Sie den Tofu in die Suppe und erwärmen ihn 1 Minute. Gießen Sie die Suppe in vorgewärmte Schüsseln und servieren Sie sofort mit gehackten Frühlingszwiebeln garniert.

VARIATION
Wakame ist junger, dunkel gefärbter Seetang, den Sie getrocknet in asiatischen Läden kaufen können. Sie können aber auch Nori verwenden.

SÜSSE SUPPE AUS ADUKIBOHNEN

SUPPE MUSS NICHT IMMER EINE PIKANTE SPEISE SEIN. ZENZAI IST EIN BELIBTES DESSERT, ZU DEM IN JAPAN REISPLÄTZCHEN UND GRÜNER TEE GEREICHT WERDEN.

4 PORTIONEN

ZUTATEN

- 165 g getrocknete Adukibohnen
- 225 g Zucker
- 1 Prise Salz
- 4 gekaufte Reisplätzchen (Mochi)

1 Waschen Sie die Bohnen unter kaltem Wasser in einem Sieb, schütten sie ab und geben sie in eine große Pfanne. Gießen Sie 1 Liter Wasser dazu und kochen es auf. Schütten Sie die Bohnen wieder ab und geben sie zurück in die getrocknete Pfanne.

2 Gießen Sie 1,2 Liter Wasser in die Pfanne, kochen es auf, gießen weitere 1,2 Liter dazu und kochen es wieder auf. Reduzieren Sie die Hitze und kochen Sie die Bohnen in 30 Minuten weich.

3 Schöpfen Sie die Oberfläche regelmäßig mit der Schaumkelle ab. Der Schaum gibt der Suppe sonst einen bitteren Geschmack.

4 Wenn sich die Bohnen leicht zwischen den Fingern zerdrücken lassen, geben Sie die Hälfte des Zuckers hinzu und lassen die Bohnen weitere 20 Minuten köcheln.

5 Geben Sie den Rest des Zuckers und das Salz dazu und rühren Sie die Bohnen um, bis sich der Zucker gelöst hat.

6 Erhitzen Sie den Grill und rösten Sie die Reisplätzchen auf beiden Seiten, bis sie weich, aber nicht braun sind. Geben Sie die Reisplätzchen in die Suppe und kochen sie auf. Servieren Sie die Suppe sofort in tiefen, vorgewärmten Schalen.

Gerollte Sushi – Maki

Diese einfachen Rollen, bekannt als Hosomaki, sind der erste Schritt zur Sushizubereitung. Sie eignen sich gut als Snack oder als Cocktailhäppchen, denn sie werden immer kalt gegessen. Für die Zubereitung benötigen Sie eine Bambusmatte (Makisu).

FÜR 12 ROLLEN ODER 72 STÜCK

ZUTATEN
- 400 g Sushireis, 20 Minuten in Wasser eingelegt
- 55 ml/3½ EL Reisessig
- 15 ml/1 EL Zucker
- 2,5 ml/½ TL Salz
- 6 Blätter Yaki-Nori-Seetang
- 200 g frischer Thunfisch, am Stück
- 200 g frischer Lachs, am Stück
- Wasabipaste
- ½ Gurke, der Länge nach geviertelt
- eingelegter Ingwer zum Garnieren (nach Wunsch)
- dazu japanische Sojasoße

1 Geben Sie den Reis mit 525 ml frischem Wasser. Kochen Sie ihn auf und lassen ihn bei geringer Hitze 20 Minuten köcheln, bis die ganze Flüssigkeit aufgesaugt ist. Erhitzen Sie Essig, Salz und Zucker, rühren gut um und lassen die Mischung erkalten. Geben Sie dies zum heißen Reis, nehmen ihn vom Herd und lassen ihn bedeckt 20 Minuten ruhen.

2 Halbieren Sie die Seetangblätter der Länge nach. Schneiden Sie die Fische in je vier lange Stücke; sie sollten die gleich Länge wie die lange Seite der Seetangblätter haben, 1 cm breit und ebenso hoch sein.

3 Legen Sie einen Seetangstreifen mit der glänzenden Seite nach unten auf die Bambusmatte. Teilen Sie den Reis durch 12. Verteilen Sie eine Portion auf dem Blatt und lassen beidseitig 1 cm frei.

4 Streichen Sie etwas Wasabipaste entlang der Mitte auf den Reis und legen darauf ein oder zwei Stücke Thunfisch.

5 Rollen Sie jetzt die Matte von sich weg und den Seetangstreifen so ein, dass der Thunfisch in der Mitte liegt. Rollen Sie nicht die Matte mit in das Sushi, sie ist nur das Hilfsmittel. Pressen Sie den Reis fest zusammen, damit die Körner fest um die Füllung kleben.

6 Rollen Sie das Sushi vorsichtig von der Matte. Fertigen Sie weitere 11 Rollen, immer vier mit derselben Füllung, aber nehmen Sie bei der Gurke keine Wasabipaste. Schneiden Sie jede Rolle mit einem nassen Messer in 6 Stücke. Garnieren Sie mit Ingwer und reichen Sie Sojasoße dazu.

VERSCHIEDENE TEMPURA

TEMPURA GEHÖRT ZU DEN BELIEBTESTEN GERICHTEN IN JAPAN. TRADITIONELL WIRD HIERBEI EHER FISCH ALS FLEISCH VERWENDET, ABER DIE AUSWAHL AN GEMÜSE BLEIBT IHNEN ÜBERLASSEN. FÜR EIN GUTES TEMPURA IST ES WICHTIG, DASS ES SOFORT NACH DER ZUBEREITUNG SERVIERT WIRD.

4–6 PORTIONEN

ZUTATEN
1 kleine Süßkartoffel, ca. 115 g
8 große Garnelen
1 kleiner Tintenfisch, gesäubert
Pflanzenöl, zum Frittieren
Mehl, zum Bestäuben
1 kleine Möhre, in Stifte geschnitten
4 Shiitake-Pilze, ohne Stiele
50 g grüne Bohnen, geputzt
1 rote Paprika, in 2 cm dicke Streifen geschnitten

Für den Dip
200 ml Wasser
45 ml/3 EL Mirin (süßer Reiswein)
10 g Bonitoflocken
45 ml/3 EL japanische Sojasoße

Für den Ausbackteig
1 Ei
90 ml/6 EL Eiswasser
75 g Weizenmehl
2,5 ml/½ TL Backpulver
2 Eiswürfel

1 Mischen Sie die Zutaten für den Dip, kochen sie auf, lassen sie abkühlen und sieben sie durch. Schneiden Sie die Süßkartoffel in dünne Scheiben und legen sie in kaltes Wasser.

TIPP
Frittieren Sie Möhren und Bohnen als kleine Päckchen. Die Pilze werden nur mit der unteren Seite in den Ausbackteig getaucht. Sie können ein Kreuz in die Kappe ritzen.

2 Schälen Sie die Garnelen, aber lassen Sie die Schwänze intakt. Legen Sie eine Garnele auf die Seite und schneiden sie drei- oder viermal diagonal ein, der Schnitt sollte ca. zwei Drittel tief sein. Verfahren Sie so mit allen Garnelen. Schneiden Sie den Tintenfisch in 3 cm dicke Streifen.

3 Verrühren Sie das Ei in einer Schüssel und stellen die Hälfte beiseite. Geben Sie Wasser, Mehl und Backpulver dazu und rühren um, etwas Mehl sollte noch sichtbar bleiben. Geben Sie Eiswürfel dazu.

4 Erhitzen Sie Öl im Wok oder in der Friteuse auf 185° C. Bestäuben Sie die Garnelen mit Mehl und tauchen sie kopfüber in den Teig. Frittieren Sie die Garnelen, bis sie braun sind. Frittieren Sie so alle Garnelen sowie die Tintenfischstreifen und stellen sie warm.

5 Reduzieren Sie das Öl auf 170° C. Schütten Sie die Süßkartoffel ab und trocknen sie. Tunken Sie die Gemüse und frittieren sie ebenfalls. Lassen Sie alles abtropfen und halten es warm. Reichen Sie den Dip zu den Tempura.

GRÜN-GELBE PLÄTZCHEN

DIESES FARBENFROHE DESSERT WIRD AUS ZWEI TEIGMISCHUNGEN GEMACHT. DER JAPANISCHE NAME ERKLÄRT SICH AUS DER ZUBEREITUNGSMETHODE: CHAKIN-SHIBORI, *WOBEI* CHAKIN *„BEUTEL“ BEDEUTET UND* SHIBORI *FÜR DAS FORMEN STEHT.*

6 STÜCK

ZUTATEN

Für die gelbe Mischung (Kimi-an)
- 6 kleine hart gekochte Eier
- 50 g Zucker

Für die grüne Mischung (Endo-an)
- 200 g tiefgekühlte Erbsen
- 40 g/3 EL Zucker

1 Für die gelbe Mischung pellen Sie die Eier, halbieren sie und geben das Eigelb in ein Sieb über einer Schüssel. Pressen Sie die Eigelbe mit einem Holzlöffel durch das Sieb und rühren Sie Zucker unter. Mischen Sie gut durch.

2 Für die grüne Mischung kochen Sie die Erbsen in leicht gesalzenem Wasser 3–4 Minuten, bis sie weich sind. Schütten Sie die Erbsen ab und zerdrücken sie in einem Mörser. Geben Sie die Paste mit dem Zucker in einen Topf und erhitzen Sie die Masse unter ständigem Rühren, bis sie andickt.

3 Verstreichen Sie die grüne Paste auf einem Teller, damit sie schnell abkühlt. Teilen Sie beide Mischungen in 6 Portionen auf.

TIPP

Sie können statt des Mörsers auch eine Küchenmaschine verwenden. Mixen Sie für eine grobe Paste nur kurz durch.

4 Befeuchten Sie ein Stück dünnen Baumwollstoff und wringen ihn gut aus. Geben Sie eine Portion der grünen und darauf eine Portion der gelben Mischung in das Tuch. Nehmen Sie die Ecken des Tuches hoch und drehen es gut zu. Wenn die beiden Mischung fest aneinander gepresst sind, öffnen Sie das Tuch und geben das Plätzchen auf einen Teller. Servieren Sie diese kalt.

SUKIYAKI

HIERFÜR BENÖTIGEN SIE EINE GUSSEISERNE SUKIYAKIPFANNE MIT RECHAUD (SUKIYAKI-NABE) ODER EINEN FONDUETOPF. DIESES GERICHT IST IDEAL FÜR EINLADUNGEN, DA SICH DIE GÄSTE IHR ESSEN BEI TISCH SELBST ZUBEREITEN UND IHRE LIEBLINGSZUTATEN AUSWÄHLEN KÖNNEN.

4 PORTIONEN

ZUTATEN
- 1 kg Rindfleisch, dünn geschnitten
- Schmalz, zum Braten
- 4 Stangen Lauch oder Frühlingszwiebeln, diagonal in 1-cm-Stücke geschnitten
- 1 Bund Shungikublätter, ohne Stiele, gehackt (nach Wunsch)
- 1 Bund Enokipilze, ohne braune Wurzeln (nach Wunsch)
- 8 Shiitake-Pilze, ohne Stiele
- 300 g Shiratakinudeln, 2 Minuten gekocht, abgeschüttet und halbiert
- 2 Stücke gebratener Yaki-Tofu, in 3-cm-Würfel geschnitten
- dazu 4 frische Eier

Für den Sukiyakifond
- 100 ml Mirin (süßer Reiswein)
- 45 ml/3 EL Zucker
- 105 ml/7 EL japanische Sojasoße

Für die Würze
- 200 ml Dashi (Fond aus Kombu und Bonito) oder Instant-Dashi
- 100 ml Sake oder trockener Weißwein
- 15 ml/1 EL japanische Sojasoße

1 Für den Sukiyakifond gießen Sie Mirin in eine Pfanne und bringen ihn zum Kochen. Rühren Sie Zucker und Sojasoße ein, lassen den Fond erneut aufkochen und nehmen ihn vom Herd.

2 Für die Würze erhitzen Sie Dashi, Sake oder Wein und Sojasoße in einer kleinen Pfanne. Sobald die Mischung aufkocht, nehmen Sie diese vom Herd.

3 Fächern Sie die Rindfleischscheiben auf einem großen Teller aus und geben Sie das Schmalz dazu. Arrangieren Sie alle anderen Zutaten außer den Eiern auf Servierplatten.

4 Stellen Sie das Rechaud auf einen festen Untersetzer, um der Tisch zu schonen. Schmelzen Sie das Schmalz im Topf, geben Sie einige Scheiben Fleisch und Lauchstücke hinein und gießen mit Sukiyakifond auf. Fügen Sie nach und nach die anderen Zutaten, außer den Eiern, dazu.

5 Geben Sie jedes Ei in ein Schälchen, verschlagen es leicht mit Stäbchen und verteilen die Schälchen an die Gäste. Wenn Fleisch und Gemüse gar sind, bedienen sich die Gäste selbst aus dem Topf, und tauchen Fleisch, Tofu und Gemüse nacheinander in das rohe Ei.

6 Wenn der Fond angedickt ist, rühren Sie langsam die Würze unter und lassen den Fond weiter kochen, bis alle Zutaten aufgegessen sind.

CHAP CHAE

Ein koreanisches rührgebratenes Gericht mit gemischtem Gemüse und Nudeln, das mit den typischen gelben und weissen Ei-Rauten verziert ist.

4 PORTIONEN

ZUTATEN
- 225 g Rumpsteak oder Lendenstück
- 115 g Glasnudeln, 20 Minuten in heißem Wasser eingeweicht
- 4 chinesische Trockenpilze, 30 Minuten in warmem Wasser eingeweicht
- Erdnussöl, zum Rührbraten
- 2 Eier, getrennt
- 1 Möhre, in Stifte geschnitten
- 1 Zwiebel, geschnitten
- 2 Zucchini oder ½ Gurke, in Stifte geschnitten
- ½ rote Paprika, in Streifen geschnitten
- 4 Champignons, geschnitten
- 75 g Bohnenkeime, gewaschen und abgetropft
- 15 ml/1 EL helle Sojasoße
- Salz und gemahlener schwarzer Pfeffer
- geschnittene Frühlingszwiebeln und Sesamsamen, zum Garnieren

1 Legen Sie das Steak ins Gefrierfach bis es fest genug ist, um davon dünne Scheiben und dann 5 cm lange Streifen zu schneiden.

2 Mischen Sie die Zutaten für die Marinade (s. Tip), und legen Sie das Fleisch hinein. Schütten Sie die Nudeln ab und kochen sie 5 Minuten in Wasser. Gießen Sie die Nudeln wieder ab und schneiden sie kurz. Schütten Sie die Pilze ab und schneiden Sie die Kappen fein.

3 Für die Garnitur erhitzen Sie Öl in einer kleinen Pfanne. Verquirlen Sie die Eigelbe und gießen sie in die Pfanne. Wenn sie gestockt sind, lassen Sie die Eigelbe auf einen Teller gleiten. Mit dem Eiweiß verfahren Sie genauso. Schneiden Sie aus beiden Rauten aus.

TIPP
Für die Marinade mischen Sie 1 EL Zucker, 2 EL helle Sojasoße, 3 EL Sesamöl, 4 klein gehackte Frühlingszwiebeln, 1 zerdrückte Knoblauchzehe und 2 TL geröstete, zerstoßene Sesamsamen.

4 Schütten Sie das Fleisch ab. Erhitzen Sie Öl im Wok und rührbraten das Fleisch, bis es Farbe annimmt. Geben Sie Möhre und Zwiebel dazu und braten beide 2 Minuten mit. Dann fügen Sie die anderen Gemüse dazu und rühren um, bis sie gar sind.

5 Geben Sie die Nudeln dazu und würzen mit Sojasoße, Salz und Pfeffer. Garen Sie alles noch 1 Minute. Füllen Sie das Gericht in eine Schüssel und garnieren mit Eirauten, Zwiebeln und Sesamsamen.

KIMCHI

Koreaner nehmen ihr geliebtes Kimchi überall hin mit. Früher wurden grosse Steinguttöpfe mit dem eingelegten Kohl für den Winter im Boden vergraben.

6–8 PORTIONEN

ZUTATEN
- 700 g Chinakohl, klein geschnitten
- 1 große oder 2 mittlere Yamsbohnen, insgesamt 700 g oder 2 harte Birnen, geschält und dünn geschnitten
- 60 ml/4 EL Salz
- 200 ml Wasser
- 4 Frühlingszwiebeln, klein gehackt
- 4 Knoblauchzehen, zerdrückt
- 2,5 cm frischer Ingwer, geschält und klein gehackt
- 10–15 ml/2–3 TL Chilipulver

1 Geben Sie Chinakohl und Yamsbohnen oder Birnen in eine Schüssel und salzen sie gleichmäßig. Mischen Sie gut durch und pressen Sie alles zusammen.

2 Gießen Sie Wasser darüber und lassen den Kohl abgedeckt über Nacht stehen. Am nächsten Tag schütten Sie die Lake in eine Schüssel ab. Kneten Sie Frühlingszwiebeln, Knoblauch, Ingwer und Chilipulver unter. Geben Sie die Mischung in einen Steinguttopf und begießen sie mit der Lake.

3 Decken Sie den Topf mit Klarsichtfolie ab und stellen ihn 2–3 Tage an ein sonniges Fenster. Danach bewahren Sie Kimchi im Kühlschrank auf, wo es sich mehrere Wochen hält.

Marinierte Beefsteaks

Bulgogi ist beim Grillen und bei ausgedehnten Picknicks sehr beliebt. Traditionell wird es auf einem Genghis-Khan-Grill gegart, der wie eine Hutkrempe geformt ist, aber eine gerillte Grillpfanne oder ein Wok sind auch geeignet.

3–4 PORTIONEN

ZUTATEN

- 450 g Rinderfilet oder Rumpsteak, am Stück
- Sesamöl, zum Braten

Für die Marinade

- 150 ml dunkle Sojasoße
- 30 ml/2 EL Sesamöl
- 30 ml/2 EL Sake oder trockener Weißwein
- 1 Knoblauchzehe, Späne geschnitten
- 15 ml/1 EL Zucker
- 30 ml/2 EL geröstete, zerstoßene Sesamsamen
- 4 Frühlingszwiebeln, in längere Stücke geschnitten
- Salz und gemahlener schwarzer Pfeffer

1 Legen Sie das Fleisch ins Gefrierfach, bis es fest genug ist, um daraus dünne Scheiben zu schneiden. Geben Sie diese in eine Glasschüssel.

2 Für die Marinade mischen Sie Sojasoße, Öl, Sake, Knoblauch, Sesamsamen und Frühlingszwiebeln. Würzen Sie nach Geschmack.

3 Gießen Sie die Marinde über das Fleisch und mischen gut durch. Stellen Sie es abgedeckt mindestens 3 Stunden oder über Nacht in den Kühlschrank.

4 Geben Sie wenig Öl in eine Pfanne, heizen sie sehr hoch. Braten Sie die abgetropften Fleischscheiben wenige Sekunden beidseitig. Servieren Sie sofort.

Pfannkuchen mit Schweinefleisch

BINDAEDUK *GILT ALS EINE ART KOREANISCHE PIZZA, OBWOHL ES EIGENTLICH AUS BOHNEN BESTEHT. DIE FÜLLUNG KANN AUCH AUS KIMCHI, MÖHREN UND INGWER BESTEHEN, ÜBLICH SIND ABER SCHWEINEFLEISCH UND FRÜHLINGSZWIEBELN.*

4–6 PORTIONEN

ZUTATEN

- 225 g geschälte, geteilte Mungobohnen
- 50 g Klebreis
- 15 ml/1 EL helle Sojasoße
- 15 ml/1 EL geröstete Sesamsamen, zerstoßen
- 2,5 ml/½ TL Backnatron
- 115 g Bohnenkeime, blanchiert
- 1 Knoblauchzehe, zerdrückt
- 4 Frühlingszwiebeln, gehackt
- 115 g gekochtes mageres Schweinefleisch, klein geschnitten
- 30 ml/2 EL Sesamöl und mehr zum Beträufeln
- Salz und gemahlener schwarzer Pfeffer
- frischer Schnittlauch zum Garnieren
- dazu helle Sojasoße

1 Geben Sie die Mungobohnen in eine Schüssel. Fügen Sie den Reis hinzu und gießen mit Wasser auf. Lassen Sie alles 8 Stunden einweichen. Dann geben Sie Bohnen und Reis in ein Sieb, spülen sie unter kaltem Wasser und schütten sie ab. Verarbeiten Sie beides in einer Küchenmaschine zur Konsistenz von Créme Fraîche.

2 Geben Sie Sojasoße, Sesamsamen und Backnatron dazu und mischen kurz durch. Mischen Sie die Masse kurz vor dem Braten mit Bohnenkeimen, Knoblauch, Frühlingszwiebeln und Fleisch. Würzen Sie nach Geschmack.

3 Erhitzen Sie 2 EL Öl in einer Pfanne und verteilen Sie die Hälfte des Teiges mit einem Löffel gleichmäßig darin.

4 Beträufeln Sie die Oberseite des Pfannkuchen mit Sojasoße und braten ihn, bis er unten gar ist. Legen Sie einen geölten Teller kopfüber auf die Pfanne. Nehmen Sie die Pfanne vom Herd und drehen sie um, damit der Pfannkuchen auf dem Teller landet. Lassen Sie den Pfannkuchen zurück in die Pfanne gleiten und braten die andere Seite noch 3–4 Minuten. Halten Sie den ersten Pfannkuchen warm, während Sie den Zweiten backen. Legen Sie die Pfannkuchen auf Servierplatten, schneiden sie in Stücke und garnieren mit Schnittlauch. Dazu gibt es Sojasoße.

ADRESSVERZEICHNIS

Deutschland

Asia Mekong
Hertha-Lindner-Str. 10
D-01067 Dresden
0351/4965108 oder
0351/4965185

Duong Due Tung
Asiatischer Minimarkt
Maximilianallee 18
D-04129 Leipzig
0341/9012137

Pazifik Handelsges. mbH
Asia Supermarkt
Berlinerstr. 15
D-10715 Berlin
Tel. 030/86397780
Fax 030/86397775

Asian Foodland
Handelsges.mbH
Wilmersdorfer Str. 60
D-10627 Berlin
Tel. 030/3244062
Fax 030/3247584

Vinh-Loi Asiatische
Spezialitäten Duong KG
Rheinstr. 45
D-12161 Berlin
Tel. 030/8593678
Fax 030/8591593

Thang Long
Hellersdorfer Str. 79
D-12619 Berlin
030/5630030

Chan's China Food
Service GmbH
Haldesdorfer Str. 17
D-22179 Hamburg
040/6069863

Asiatische Lebensmittel KIM
Mundsburger Damm 39
D-22087 Hamburg
040/222031

HEI NUN
China Food Service GmbH
Lange Reihe 2
D-20099 Hamburg
040/284072-0

Hafez
Asiatische Lebensmittel
Muhliusstr. 49A
D-24103 Kiel
0431/552020

ASIA SHOP
Asiatische Lebensmittel
Martinistr. 68/70
D-28195 Bremen
Tel. 0421/1690917
Fax 0421/1692974

ASIA MEKONG
Asiatische Lebensmittel
Joachimstr. 8
D-30159 Hannover
0511/3326453

India House
Aegidiendamm 9
D-30169 Hannover
0511/887972

Vermani Vinay
Indische Gewürze und
Spezialitäten
Marienstr. 9-11
D-30171 Hannover
0511/3631711

New Oriental Shop
Asiatische Spezialitäten,
Geschenkartikel
Paulinenstr. 53
D-32756 Detmold
Tel. 05231/28722
Fax 05231/39478

ASIA-KAUF GmbH
Bismarckstr. 71
D-40210 Düsseldorf
0221/363855

TAIN KIM HENG
Asiatischer Supermarkt
Kettwiger Str. 6
D-40233 Düsseldorf
0211/7308881

EURASIA
Asiatische Lebensmittel,
Geschenke
Überwasserstr. 5
D-48143 Münster
Tel. 0251/518273
Fax 0251/54264

Dae-Yang
Asiatische Lebenmittel GmbH
Immermannstr, 21
D-40210 Düsseldorf
0211/357227

Thiruselvam
Asiatische Lebensmittel
Lange Str. 78
D-44579 Castrop-Rauxel
02305/547148

Ngo-Pobehay Ngan Ha
Asia-Feinkost
Bonner Str. 19
D-50677 Köln
0221/3100142

Sukhotothai
Thailändische Spezialitäten
Luxemburger Str. 181
D-50939 Köln
0221/9411049

Sun-Hing / Asien-Shop
Hohenfelder Str. 14
D-56068 Koblenz
Tel. 0261/35962

Shiitake / International Food
Neustr. 51
D-54290 Trier
0651/9944137

Asia Market
Großstr. 63
D-66740 Saarlouis
06831/3472

Asiatischer Lebensmittelladen
Schwabstr. 127
D-70193 Stuttgart
0711/6333247

ASIA MARKT
Hoheneimer Str, 67
D-70184 Stuttgart
0711/2360032

Asia Le
Asiatische Lebensmittel
Obertorstr. 13
D-73728 Esslingen
0711/355463

Bambushain
Gabelsbergerstr. 70
D-80333 München
089/52389595

Nguyen Lien
Asia Markt
Barer Str. 65
D-80799 München
089/2722585

Chinaladen
Reichenbachstr. 15
D-80469 München
089/268234

Eurasia Feinkost
Vorderer Lech 18
D-86150 Augsburg
0821/5083271

Oy's Asia Shop
Bahnhofstr. 2
D-87435 Kempten
0831/201688

ASIA Shop Günzburg
Denzingen
Ichenhausener Str. 42d
D-89312 Günzburg
08221/251351

ASIA-GIANG
Kopernikusstr. 20
D-90459 Nürnberg
0911/457225

Orient-Express
Kernstr. 5
D-90429 Nürnberg
0911/2875565

DThai-Multi-Center
Peter-Henlein-Str. 56
D-90459 Nürnberg
0911/436841

Lhan-Thai
Untere Bachgasse 1
D-93047 Regensburg
0941/563879

Asia Markt Bambus
Semmelstr. 36/38
D-97070 Würzburg
0931/55122

Schweiz

Yang's Asia Shop
Südbahnhofstr. 9
CH-3007 Bern
031/3710072

Isaan Market GmbH
Rösslimattstr. 39
CH-6005 Luzern
Tel. 041/3606260

Lanna Asia-Shop Greutmann
Neustadt 20
CH-8200 Schaffhausen
052/6254806

Asia Land-Thalong & Co
Asiatische Lebensmittel
Zürichstr. 7
CH-8610 Uster
Fax 01/9423748

Österreich

Ding-How Lebensmittel
Naschmarkt 186-187
A-1060 Wien
01/5817301

Asia Center
Kaiserstr.5
A-1070 Wien
01/5261784

Asia Markt
Asiatische Lebensmittel
Waldeggstr. 65
A-4020 Linz
T/Fax 0732/606407

Asia-Shop
Universitätsstr. 17/P
A-6020 Innsbruck
T/Fax 0512/580286

Aoy China Shop
Ghegag 29
A-8020 Graz
T/Fax 0316/715149

Danksagung

Sallie Morris dankt ihrer Familie, Johnnie, Alex und James für ihre Unterstützung; Beryl Castles für die Hilfe bei der Erstellung des Manuskripts; Beth Ware für die Hilfe bei philippinischen Rezepten; Rupert Welchman für die Hilfe bei japanischen Rezepten; John Phengsiri vom Wang Thai Supermarkt in Richmond/Großbritannien; Bart's Spices Ltd; Cherry Valley Farms, die Enten zum Testessen geliefert haben; Ken, der Fischer aus Grimsby/Großbitannien und Magimix für die Bereitstellung einer Küchenmaschine, einer Eismaschine und eines elektrischen Dämpftopfes für die Testphase.

Deh-ta Hsiung dankt Sallie Morris für ihre Unterstützung beim Verfassen des Kapitels über südostasiatische Lebensmittel.

REGISTER

Bildernachweis

Alle Fotos von Nicki Dowie und Janine Hosegood, außer: S. 8, Tony Stone/Glen Allison, Cephas/Nigel Blythe; S. 9 Cephas/ Alain Proust, Cephas/ Nigel Blythe; S. 10 Tony Stone/Ron Dahlquist